Henryk Deter / Michael Diegelmann (Hg.)

Creditor Relations

Beziehungsmanagement mit Fremdkapitalgebern

Bankakademie Verlag GmbH

Sonnemannstr. 9-11 60314 Frankfurt am Main
Telefon 0 69 / 95 91 63-0 Fax 0 69 / 95 91 63-95

Bibliografische Information Der Deutschen Bibliothek
Die Deutsche Bibliothek verzeichnet diese Publikation in der Deutschen Nationalbibliografie; detaillierte bibliografische Daten sind im Internet über http://dnb.ddb.de abrufbar

Bibliographic information published by Die Deutsche Bibliothek
Die Deutsche Bibliothek lists this publication in the Deutsche Nationalbibliografie; detailed bibliographic data are available in the Internet at http://dnb.ddb.de

1. Auflage 2003

Coverfoto: Getty Images, München / Patrick Ingrand

Printed in Germany
ISBN 3-933165-84-9

Geleitwort

Unternehmensneugründungen waren im Jahr 2002 rückläufig, Unternehmensinsolvenzen nahmen deutlich zu. Die Erklärung: Am Schnittpunkt der Umstrukturierung und Konsolidierung der Bankenlandschaft, der konjunkturellen Stagnation und der Finanzierungsprobleme des Mittelstandes wird die Kreditaufnahme – das in der deutschen Wirtschaftskultur dominierende Finanzierungsinstrument schlechthin – für mittelständische Unternehmen und Konzerne immer schwieriger.

Die Notwendigkeit der Risikobegrenzung für die Banken wird jedoch noch lange, nachdem die akute Misere vorübergegangen sein wird, anhalten. Mit dem Inkrafttreten der Basel-II-Bestimmungen Ende 2006 werden sich die Bedingungen klar in Richtung risikoadjustierte Kreditzinsen entwickeln. Dabei muss es nicht zu dem oft skizzierten Horrorszenario kommen, in dem Banken mit hohen Zinsforderungen bei Unternehmen mit mäßiger Bonität zunächst den Unternehmensgewinn und damit sukzessive die Eigenkapitaldecke des Unternehmens verringern, um in Folge nochmals mehr Zinsen wegen des steigenden Verschuldungsgrades und dem dadurch erhöhten Ausfallrisiko zu verlangen.

Ob ein Unternehmen notwendige Kredite erhält, wird signifikant vom eigenen Verhaltensmuster beeinflusst. Unternehmen müssen ihre Beziehungen zu den Banken grundlegend neu begreifen und einsetzen. Gute Creditor Relations-Arbeit beinhaltet, sich mit den Anforderungen der Kreditgeber auseinander zu setzen und sich optimal auf die Kreditgespräche vorzubereiten.

Die Herausgeber des vorliegenden Werkes haben die wesentlichen Aspekte einer kontinuierlichen und erfolgreichen Creditor Relations-Arbeit zusammengetragen: Experten aus Forschung und Praxis berichten aus ihrer Erfahrung in der Unternehmensarbeit, beleuchten die Strukturen und Vorgänge innerhalb der Banken und leiten Handlungsempfehlungen für Unternehmen ab. Damit gehört das Buch in die Hand eines jeden, der am Prozess der Kreditvergabe auf der einen oder anderen Seite beteiligt ist.

Ich wünsche dem Buch eine weit reichende Akzeptanz und Verbreitung als Voraussetzung für die erhoffte Impulswirkung.

Prof. Dr. Udo Steffens
Präsident der Hochschule für Bankwirtschaft
Vorstandsvorsitzender der Bankakademie e.V.

Definition

„Creditor Relations" umfasst das kontinuierliche Beziehungsmanagement des Unternehmens mit dessen bestehenden und/oder potenziellen Fremdkapitalgebern (Creditors) in Form einer vollständigen, zeitnahen, transparenten und ehrlichen Kommunikation.

Ziel von Creditor Relations ist es, die Bonitätseinstufung des eigenen Unternehmens seitens des Fremdkapitalgebers zu optimieren und somit die Fremdkapitalfinanzierung bei gleichzeitiger Minimierung der Fremdkapitalkosten langfristig zu sichern.

Wesentlicher Inhalt der Creditor Relations-Arbeit ist die wahrheitsgetreue und nachvollziehbare Darstellung der gegenwärtigen und zukünftigen Unternehmenssituation, aufbauend auf vergangenheitsorientierten Informationen. Ziel der Argumentationskette ist dabei, die Kapitaldienstfähigkeit des Unternehmens zu dokumentieren, d. h. die Fähigkeit, die Zahlung von Tilgung und Zinsen der Fremdkapitalfinanzierung (des Kredits bzw. der Anleihe) in Zukunft leisten zu können.

Henryk Deter/Michael Diegelmann

Inhalt

Creditor Relations –
Instrument zur langfristigen Finanzierungssicherung

Henryk Deter/Michael Diegelmann

1 Einleitung

„Wir bewegen uns in dem schwersten Bankenjahr seit Kriegsende“, sagte Dr. Albrecht Schmidt, Vorstandssprecher der HypoVereinsbank, dem zweitgrößten privaten deutschen Kreditinstitut, bei Vorlage seiner Bilanz Ende Juli 2002.[1]

Dieser Satz rüttelte Banken und Mittelständler gleichermaßen auf. Während andere Kreditinstitute eine Bankenkrise standhaft dementieren, befürchten Unternehmen – vor allem Mittelständler – in Deutschland einen „Credit Crunch“, also eine massive Verknappung der Kredite seitens der Banken. Basel II, die Strukturprobleme der Geldhäuser, Insolvenzen von Großunternehmen wie Philipp Holzmann, Babcock Borsig, Kirch Media, Peguform oder Fairchild Dornier bestimmten die öffentliche Berichterstattung in Deutschland in den vergangenen Monaten. Wirtschaftsflaute, schlechte Zahlungsmoral und ungenügende Eigenkapitalausstattung führten im Jahr 2002 für rund 38 000[2] deutsche Unternehmen in die Insolvenz. Dadurch gingen 590 000[3] Arbeitsplätze verloren und allein die drei größten privaten deutschen Bankhäuser klagen über Kreditausfälle in Höhe von zusammen etwa 6,6 Mrd. EUR[4]. Wer also diese Daten begutachtet und die überwiegend negativen Einzelaussagen in den Mittelpunkt stellt, für den scheint die Beziehung zwischen Banken und Unternehmen zu zerbrechen.

Eine wesentliche Begleiterscheinung der beschriebenen Situation ist, dass der zunehmende nationale und internationale Wettbewerb im Bankensektor und der Druck der Kapitalmärkte zu der klaren Zielsetzung der Kreditinstitute führte, die Rendite zu steigern. Risikoreiche Kredite werden demzufolge von den Banken abgestoßen oder erst gar nicht mehr eingegangen. Geschäfte werden gemieden, deren Risiko aufgrund unzureichender Informationen als unüberschaubar eingestuft werden muss. Das betrifft Unternehmen aus nahezu allen Wirtschaftszweigen, denn traditionell sind mittelständische Unternehmen in Deutschland gegenüber ihrer Hausbank eher zurückhaltend hinsichtlich der Weitergabe von Informationen.

Der Wettbewerb um fremdes Geld ist somit aus Sicht der Unternehmen zunehmend härter geworden. Kapital steht nicht mehr für jedes Unternehmen in ausreichendem Umfang zur Verfügung, sondern muss oft mühsam aktiv akquiriert werden. Dies ist ein zeitaufwändiger Prozess, in dem sich die Unternehmensführung mit vielen Fragen konfrontiert sieht und einer harten Prüfung unterzogen wird. Darüber hinaus gilt es, die Kosten der Kapitalbeschaffung zu minimieren, da diese die Grundlage für die Bewertung des Erfolgs einer Investition und damit auch des Unternehmenserfolgs darstellen. Zusätzlich müssen Unternehmen bedacht sein, die ohnehin schmale Gewinnmarge nicht durch hohe Zinskosten noch stärker zu belasten. Aus diesen Gründen kommt es darauf an, sich mit den Anforderungen der Geldgeber auseinander zu setzen und sich optimal auf die Verhandlungen um Fremdkapital vorzubereiten. Im Besonderen für kleine und mittlere Unternehmen bedeutet dies eine große Umstellung, waren doch bislang die Bankengespräche häufig eine eher informelle Pflichtübung. Für große Gesellschaften birgt der verstärkte Wettbewerb um Kapital tendenziell weniger Anpassungsbedarf, da häufig die Strukturen schon sehr viel professioneller auf Kapitalgeber ausgerichtet sind. Grundsätzlich sind jedoch alle Unternehmen, unabhängig von ihrer Betriebsgröße gefordert, sich dem Fremdkapitalgeber gegenüber zu öffnen.

Aufgrund der polarisierenden Medienberichterstattung sowie der häufig einseitigen Darstellung von Einzelschicksalen ergeben sich folgende Fragen: Wie angespannt ist das Verhältnis zwischen Banken und Unternehmen? Werden Kredite auch weiterhin vergeben werden? Was muss die Unternehmensführung tun, um ihr Unternehmen auch in Zukunft ausreichend zu finanzieren?

2 Situationsanalyse der Kunde-Bank-Beziehung

Besonders auffällig in der öffentlichen Darstellung der problematischen Beziehung zwischen Bank und Unternehmen sind die gegenseitigen Schuldzuweisungen beider Parteien. Während die Banken die mangelhafte Transparenz und eine unterkapitalisierte Finanzstruktur der Unternehmen beklagen, bemühen Unternehmenslenker häufig das Zitat des amerikanischen Schriftstellers Mark Twain:

> „Banker sind Menschen, die Dir bei gutem Wetter einen Schirm leihen,
> ihn aber zurückfordern, sobald es zu regnen beginnt."

Im Rahmen der Recherche für diesen Beitrag gaben 55 Unternehmen und 34 Banken intensiv Auskunft über ihre ganz eigene Sichtweise der Realität.[5] Die wesentlichen Erkenntnisse sind im Folgenden zusammengefasst:

- Im Gegensatz zur negativen Berichterstattung in den Medien beurteilen sowohl die Firmenkundenberater als auch die Unternehmensverantwortlichen das Verhältnis zwischen Banken und Unternehmen als nicht so schlecht wie oft unterstellt. Es wird eindeutig belegt, dass eine beidseitige grundsätzliche Zufriedenheit hinsichtlich der Bank-Kunden-Beziehung herrscht. Trotzdem sehen beide

Seiten noch Optimierungspotenziale, insbesondere im Dialog untereinander und in der Bereitstellung gegenseitiger Informationen.

- Kompetente Ansprechpartner (100 %), günstige Konditionen (95 %) und eine auf Langfristigkeit ausgelegte Geschäftsbeziehung (85 %) sind für die Unternehmensführung die wichtigsten Kriterien bei der Auswahl ihrer Hausbank.

- Etwa 60 % der befragten Vertreter von Unternehmensseite fühlen sich von ihrer Bank gut bzw. sehr gut beraten. Die erstaunlich positive Beurteilung ist eine solide Basis für weiterhin gute Geschäftsbeziehungen und ein Indiz dafür, dass die Beziehung zwischen Banken und Unternehmen nicht so marode ist wie häufig angenommen.

- Fast 40 % der Unternehmen sind jedoch mit der Beratungsleistung der Bank nur bedingt zufrieden. Eine Kundenzufriedenheit von 100 %, wie sie in zahlreichen anderen Dienstleistungsbranchen angestrebt wird, ist also für deutsche Banken kurzfristig keine realistische Zielsetzung. Auf die Frage, wie die Unternehmensverantwortlichen die Kenntnisse des Bankberaters bezüglich der Branche, des Produkts und der Kunden des Unternehmens beurteilten, gaben diese sogar zu jeweils 80 % als Antwort „mittel" oder „schlecht" an. Diese mangelnden Kenntnisse können eine Erklärung für die Unzufriedenheit hinsichtlich der Beratungsleistung sein. Die Schuld ausschließlich bei den Firmenkundenberatern zu suchen, wäre jedoch ein Fehler. Die restriktive Informationspolitik des deutschen Mittelstandes trägt zu dieser Wissenslücke entscheidend bei. Schließlich ist es Aufgabe des Unternehmens, der Bank alle erforderlichen Informationen einschließlich einer Darstellung möglicher Zukunftsszenarien zur Verfügung zu stellen, um ihr eine klare Beurteilung des Risiko-Profils zu ermöglichen.

- Zusätzlich wird den Firmenkundenberatern in diesem Zusammenhang allerdings auch häufig vorgeworfen, dass sich ihre Bewertung der Kundenbonität zumeist auf das vergangenheitsorientierte Zahlenwerk des Kunden stützt. Zusätzliches Know-how zur Branche und weiterführendes Interesse über das Geschäft des Kunden ist eher selten zu erkennen. Gerade aber im Rahmen von Basel II und den damit verbundenen gestiegenen Anforderungen an die Risikovorsorge der Banken ist Know-how über den Kunden und dessen wirtschaftliches Umfeld dringend erforderlich. Es gilt, zukünftige Cashflows und damit die Kapitaldienstfähigkeit des Kunden abzuschätzen und keine Fehlentscheidungen zu treffen. Schließlich stellt dies auch die zentrale Bewertungsgrundlage für Rating-Agenturen dar. Eine Fokussierung der Firmenkundenberater auf einige wenige

Branchen ist demnach sowohl aus Qualitätsüberlegungen als auch aus Risikoaspekten erstrebenswert. In der Praxis ist dies wohl jedoch nicht durchführbar, da immer mehr Banken eher Personal abbauen. Das heißt für die Unternehmen: Je besser die Kreditunterlagen vom Unternehmen aufbereitet sind und je intensiver der Kontakt mit dem Firmenkundenberater ist, desto eher kann das Unternehmen mit einer positiven Kreditentscheidung rechnen – solange die Fundamentaldaten im Rahmen sind.

- Nach Angabe der Kreditinstitute werden etwa 8 % ihrer Kunden in naher Zukunft aufgefordert werden, sich eine andere Bank zu suchen. Das beträfe auf alle Unternehmen hochgerechnet etwa 1/4 Mio. Unternehmen in Deutschland. Als Hauptgründe hierfür werden genannt:

  - Eigenkapitalausstattung der Unternehmen
  - Qualität des Managements
  - Ertragslage des Unternehmens

  In wiederum jedem zehnten der genannten Fälle wird als eine der wichtigsten Ursachen für das Beenden der Geschäftsbeziehung die unzureichende Transparenz der Unternehmen angegeben. Würden diese Zahlen auf alle der rund drei Mio. Unternehmen in Deutschland übertragen, könnte daraus geschlossen werden, dass nur bei verbesserter Transparenz etwa 25 000 Unternehmen in Deutschland weiterhin Kredite von ihrer Hausbank erhalten könnten und sich über die bestehende Bankbeziehung keine Sorgen machen müssten. Sicherlich basiert diese Zahl auf einer stark vereinfachten Hochrechnung. Sie verdeutlicht jedoch den großen Nachholbedarf vieler Unternehmen hinsichtlich der Bringschuld von Informationen. Dabei ist ein großer Teil der Unternehmen aus Gründen mangelnder Zeit bzw. fehlender Ressourcen gar nicht in der Lage, die gewünschten Informationen zu erarbeiten. Die Realität zeigt jedoch auch, dass bei zahlreichen Gesellschaften die Erkenntnis noch nicht gereift ist, dass die Vorlage aussagekräftiger Unterlagen erforderlich ist.

- Zweigeteilt stellt sich die Situation bei den Finanzierungsinstrumenten dar. Zum einen ist erkennbar, dass alternative Finanzierungsformen wie Mezzanine, Asset Backed Securities oder Factoring aus Unternehmenssicht in den nächsten drei Jahren hohe Wachstumsraten aufweisen werden. Für die Banken besteht hier die Möglichkeit, an einem wachstumsstarken und ertragsreichen Markt teilzuhaben, neue Kunden zu gewinnen und diese an sich zu binden. Zum anderen werden die genannten Formen der Unternehmensfinanzierung im Vergleich zum Bankkredit mittelfristig (d.h. in drei bis fünf Jahren) weiterhin eine untergeordnete Rolle spielen. Die Befragung zeigt, dass der Kredit aus Sicht der Unternehmen das vorherrschende Instrument der Kapitalbeschaffung in Deutschland bleiben wird.

Besonders augenscheinlich ist in diesem Zusammenhang die Diskrepanz zwischen 70 % der Unternehmenslenker, die alternative Finanzierungsformen in der Zukunft für „sehr wichtig" halten und nur 23 %, die ihrer Hausbank bei diesem Kriterium ein „sehr gut" attestieren. Das bedeutet für über 3/4 der Banken, dass sie entweder ihre Angebotspalette stärker auf die Kundenbedürfnisse ausrichten sollten oder – falls dies schon geschehen ist – diese Produkte auch aktiv verkaufen sollten.

Fazit: Auch vor dem Hintergrund starker Veränderungen auf dem Finanzierungssektor hat ein grundlegender makroökonomischer Zusammenhang nach wie vor Gültigkeit: Ersparnisse von Einkommen und Kapital privater Haushalte werden weiterhin von Unternehmen dazu genutzt werden, um dieses Kapital für die gewinnbringende Anschaffung neuer Kapitalgüter zu verwenden. Der Vermittler dieses Kapitals bleibt in den meisten Fällen eine Bank, welche die Sparvermögen unter Aufschlag einer Marge an Unternehmen weiter verleiht. Dabei ist das Kreditinstitut jedoch nicht nur sich selbst und seinen Gesellschaftern gegenüber verantwortlich, die Risiken zu begrenzen. Insbesondere auch gegenüber den Sparern besteht die Verantwortung zur Sicherung und zur gewinnbringenden Anlage ihrer Einlagen. Schließlich sind häufig die Existenzen zahlreicher Unternehmen und Privatpersonen eng an diese Einlagen gebunden.

3 Wesentliche Konsequenz für die Unternehmen

Eine wesentliche Erkenntnis der Empirie ist, dass Unternehmen nach wie vor Kredite als vorherrschende Quelle für Kapital nutzen werden, jedoch die Prüfung für die Unternehmen härter wird. Die Herausforderung erschwerter Kreditbeschaffung, insbesondere für kleine und mittlere Unternehmen ist von der Unternehmensführung anzunehmen. Der Unternehmensverantwortliche muss sich durch optimale Darstellung und intensive Vorbereitung für seinen Kredit qualifizieren und sich im Wettbewerb um Kapital gegen andere Unternehmen durchsetzen. Stellt er sich nicht diesem Wettbewerb und vertraut allein auf eine langfristige Beziehung, könnten die Konsequenzen im schlimmsten Fall existenzbedrohend werden.

3.1 Nähere Betrachtung des Umfelds einer Bank

Um auf sein Gegenüber in der Kreditverhandlung optimal eingehen zu können, ist es hilfreich, sich zuvor mit der Situation des Geschäftspartners auseinander zu setzen. Was sollte ein Unternehmenslenker über sein Gegenüber – die Bank – wissen? Augenscheinlich ist zunächst, dass deutsche Banken im internationalen Vergleich offensichtlich ein Strukturproblem haben. Als wesentliche Gründe dafür sind zu nennen:

1. Als Folge der relativ niedrigen Marktanteile und der hohen Bankendichte in Deutschland ist der Verwaltungsaufwand (Overhead-Kosten) bei den deutschen Banken sehr hoch. Zum Vergleich kann das Verhältnis zwischen Aufwand und Ertrag herangezogen werden. Bei deutschen Universalbanken liegt es bei etwa 70–80 %[6], während die amerikanische Citibank als Benchmark sehr gute 45 %[7] vorweisen kann.

2. Die hohe Wettbewerbsintensität im klassischen Firmenkundengeschäft in Deutschland belastet zudem die Margen. Die Substituierbarkeit der Kredite unterschiedlicher Banken wirkt sich auf den Preis (Zinsen) aus. Dies hat zur Folge, dass in Deutschland im Vergleich zu anderen Industrienationen die Zinsen auf Kredite außerordentlich niedrig sind. So sank im Jahr 2002 trotz der Diskussion um Basel II und die Kreditverknappung der durchschnittliche Zinssatz für langfristige Kredite bis 5 Mio. EUR um zehn Basispunkte auf 6,13 %.[8] In Zukunft ist deshalb davon auszugehen, dass die Kreditinstitute versuchen werden, ihre Ausleihungen zu verteuern und insbesondere bei einer Erhöhung der Leitzinsen die Kreditkosten für bonitätsschwache und intransparente Unternehmen überproportional zu steigern. Die Möglichkeit, sich als Kreditinstitut gegen drohende Kreditausfälle zu versichern, die inzwischen auch von deutschen Banken erwogen wird[9], impliziert ebenfalls steigende Kreditkosten für die Unternehmen. Es kann angenommen werden, dass die Banken derartige Versicherungsprämien auf die Kreditkosten umwälzen werden.[10]

3. Neben dem niedrigen Zinsniveau wirken sich auch die vergleichsweise hohen Refinanzierungskosten der Banken auf ihre Margen aus. In den USA liegt der Leitzins bei 1,25 %[11], während die Europäische Zentralbank (EZB) den Leitzins im März 2003 auf 2,50 %[12] gesenkt hat. Die Refinanzierung ist in den USA also um die Hälfte billiger, während die Kreditzinsen und damit die Zinsmargen gleichzeitig vergleichsweise höher als in Deutschland sind.

Die Ausgangslage der Banken ist also grundsätzlich angespannt. Hinzu kommt eine Eigenart des Kreditgeschäfts: Bei vereinfachender Annahme einer durchschnittlichen Gewinnmarge von 1 % im Firmenkundengeschäft einer Bank ergibt sich bei Ausfall eines Kredits von 1 Mio. EUR ein erschreckendes Bild für das Geldhaus: Um diesen Verlust zu kompensieren, müsste die Bank rein rechnerisch neue Kredite in Höhe von 100 Mio. EUR vergeben. Dieses Risiko ist aktuell kaum eine Bank bereit zu tragen. Abbildung 1 zeigt diesen Zusammenhang.

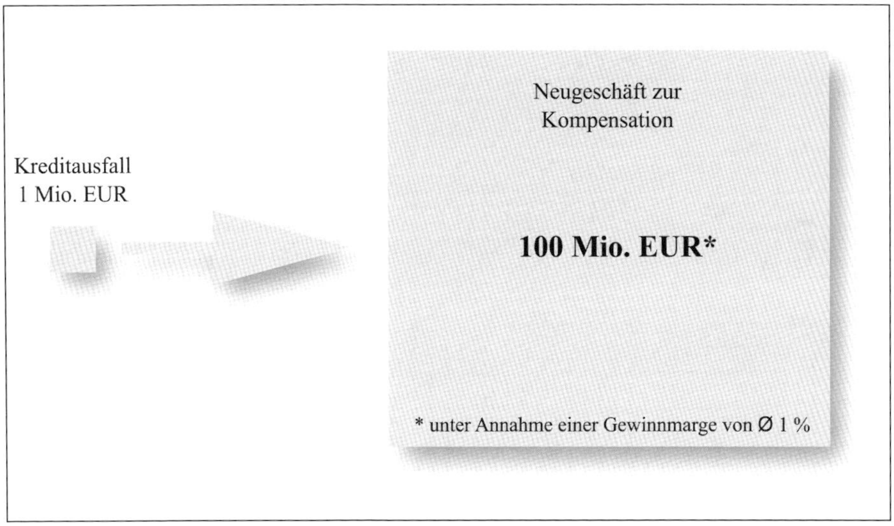

Abbildung 1: Konsequenz eines Kreditausfalls aus Sicht der Bank (Quelle: cometis AG)

Die Konsequenzen dieser Tatsachen hat der Kunde zu tragen. Mit dem Wissen, dass Banken zum einen schwere Zeiten durchschreiten und ihre Risiken daher sehr exakt abgrenzen, zum anderen aber nach wie vor Kredite vergeben werden, ist der Unternehmenslenker gefordert, sich auf die gegebene Situation einzustellen. Versetzt er sich in die Situation der Bank, muss er sich fragen: „Welche Erwartungen hätte ich, wenn ich Geld verleihe?“

3.2 Potenzial zur Verbesserung der Bonitätseinstufung

Eine transparente Eigendarstellung und proaktive Creditor Relations-Arbeit kann insbesondere für Unternehmen mit mittleren wirtschaftlichen Verhältnissen die Ausgangslage bei der Bonitätseinstufung sprunghaft verbessern. Diejenigen Unternehmen, die bereits ein sehr gutes Rating vorweisen können, haben kein großes

Potenzial zur Verbesserung ihrer Bonitätseinstufung. Am unteren Ende des Spektrums der wirtschaftlichen Leistungsfähigkeit hätten Unternehmen hingegen viel Verbesserungspotenzial. Doch in diesen Fällen bedarf es in der Regel einer umfangreichen Restrukturierung der Geschäftstätigkeit. Bei Betrachtung der breiten und sehr heterogenen Masse an Gesellschaften hingegen, die positive Erträge erzielen, eine gute Kundenbasis besitzen und trotzdem auf Kredite für die eigene Expansion angewiesen sind, wird klar, dass der Hebel für eine verbesserte Bonitätseinstufung und damit für einen niedrigeren Zinssatz in diesen Fällen günstiger ist. Abbildung 2 verdeutlicht dies.

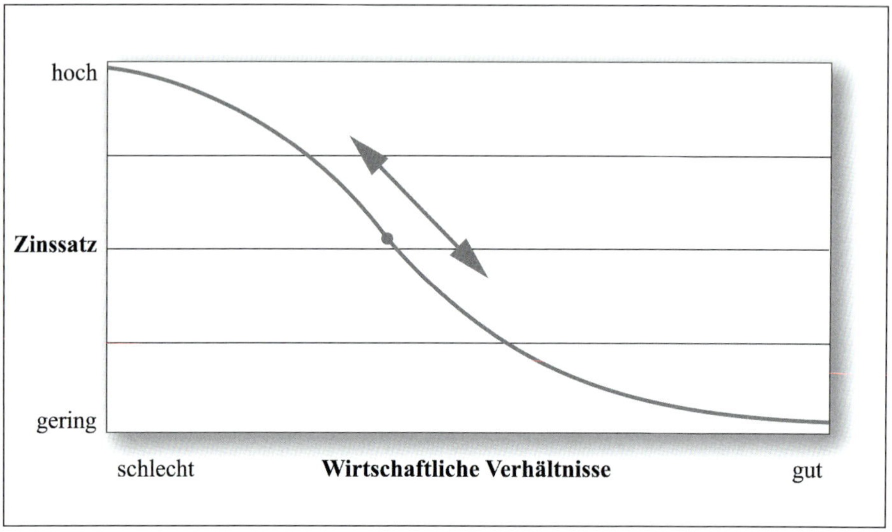

Abbildung 2: Mögliche Auswirkung einer klaren Darstellung der eigenen Bonität (Quelle: cometis AG)

3.3 Notwendigkeit des Handlungsbedarfs für Unternehmen

Ob ein Unternehmen weiterhin Kredite erhält bzw. die Konditionen verhandeln kann, liegt also zum großen Teil an der Unternehmensführung selbst. Voraussetzung für die Banken bei der Kreditvergabe ist es, sich ein umfassendes Bild von der Bonität des Kunden machen zu können. Sie fordern daher eine transparente, offene und klare Kommunikation der Geschäftsrisiken seitens der Unternehmen. Bei der Einstufung in eine bestimmte Risikoklasse spielen in hohem Maße aktuelle vergangenheitsbezogene Zahlen, wie die Bilanz, die Gewinn- und Verlustrechnung, die Cashflow-Entwicklung sowie auch zukunftsbezogene quantitative Faktoren wie die Finanzplanung mit verschiedenen Vorschaurechnungen eine maßgebliche Rolle. Eine frühere Bankenbefragung vom Juni 2002[13] zeigt, welche Bedeutung gerade die letzteren zukunftsbezogenen Faktoren haben. Alle befragten Banken verlangen demnach von ihren Kunden die Vorlage von Planzahlen – etwa die Hälfte davon sogar über einen Zeitraum von drei Jahren. 80 % der befragten Unternehmen stellen jedoch keine derartigen Informationen bereit. Ähnlich stellt sich die Situation bei der Strategie des Unternehmens dar. Für fast 90 % der Firmenkundenberater ist dies ein sehr wichtiger Punkt. Mehr als 3/4 ihrer Kunden legen hingegen keine plausible Darstellung dessen, wie die Ziele erreicht werden sollen, vor. Abbildung 3 verdeutlicht dies.

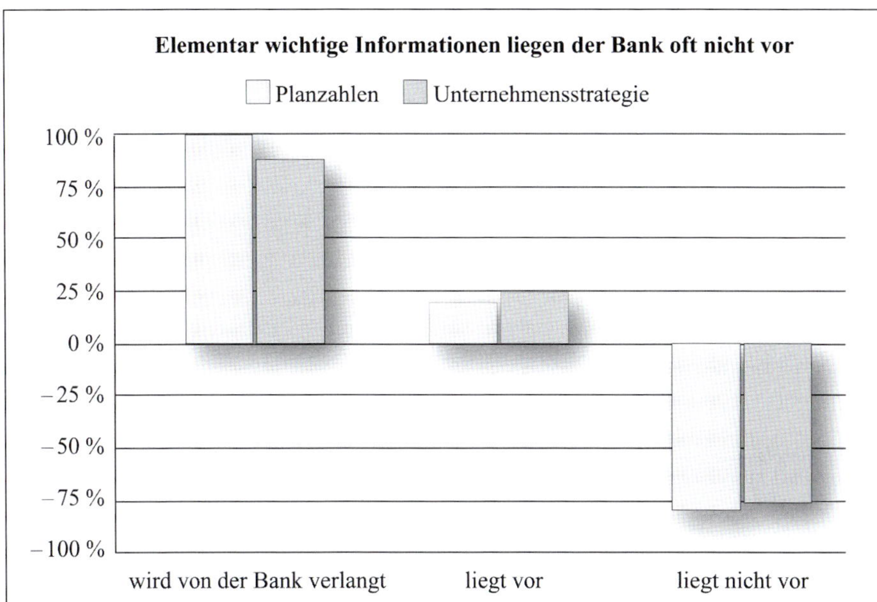

Abbildung 3: Diskrepanz zwischen Anspruch und Wirklichkeit (Quelle: cometis AG)

Darüber hinaus verlangen Banken, dass die Geschäftszahlen in der Regel nicht älter als drei Monate sein sollten: eine Anforderung, der das Management aus den verschiedensten Gründen häufig nicht nachkommt. Je älter Zahlen jedoch sind, desto geringer ist ihre Aussagekraft darüber, ob und wie in Zukunft die Kredite aus dem Cashflow getilgt werden können. Außerdem lässt das späte Liefern des Zahlenwerks häufig negative Rückschlüsse auf die Qualität des Managements zu. Immer mehr Banken steuern ihr Firmenkundengeschäft nach risikokonformen Kennzahlen wie dem RORAC (Return on Risk-adjusted Capital), die eine Aussage über die Kapitalrendite der Bank treffen. Der Faktor Risiko spielt hier eine gewichtige Rolle. Wie soll die Bank jedoch dieses Risiko beurteilen, wenn acht von zehn Kunden ihre unternehmerische Zukunft nicht zahlenmäßig geplant haben und auch sonst die wichtigsten Unterlagen schuldig bleiben?

Zusätzlich zeigt sich in der Praxis, dass die Aufbereitung ausgewählter Kennzahlen eine hilfreiche Vorbereitung für die Unternehmensführung sein kann. Auch wenn der Firmenkundenbetreuer, respektive dessen Analyst, derartige Ratios ohnehin selbst ausrechnet, dienen Kennzahlen dem Unternehmenslenker als hilfreiche Vorbereitung und Argumentationsgrundlage für die Erläuterung des Geschäftsverlaufs. Werden aktuelle Kennzahlen mit denen der Vergangenheit oder mit Zahlen des Wettbewerbs verglichen, treten häufig bislang unbekannte Zusammenhänge zu Tage, welche die Situation des betreffenden Unternehmens in einem anderen Licht darstellen könnten. Die Interpretation der Kennzahlen sollte die Unternehmensführung nicht allein der Bank überlassen. Dazu ist es wichtig, im Vorfeld mit der Bank abzustimmen, welche Kennzahlen zur Bonitätseinstufung herangezogen werden. Wer der Bank argumentativ einen Schritt voraus sein möchte, errechnet und interpretiert zusätzlich wesentliche Kennzahlen für die spezifische Branche sowie den relevanten Markt[14] des Unternehmens.

Von zunehmender Bedeutung für die Beurteilung der Zukunftsfähigkeit eines Unternehmens sind auch qualitative bzw. so genannte weiche Faktoren. Die Befragung der Banken ergibt in diesem Zusammenhang, dass die Bedeutung von weichen gegenüber harten Faktoren deutlich zugenommen hat und sie inzwischen etwa gleich bedeutend sind. Verlangt wird, dass der Unternehmensverantwortliche beispielsweise plausibilisiert, worin seine Kompetenzen bestehen, das Unternehmen auch in Zukunft erfolgreich führen zu können. Ziele und die Strategie eines Unternehmens zählen genauso zu den „soft facts“ wie die Existenz eines aussagekräftigen Controlling-Systems, die klare Definition des relevanten Marktes, Kenntnisse über den eigenen Wettbewerb oder eine plausible Nachfolgeregelung. Bei all diesen Punkten kommt es vor allem darauf an, den Kundenberater der Bank durch eine verständliche und transparente Darstellung der Informationen zu überzeugen. Denn alles, was dieser nicht versteht, kann er nicht beurteilen. Die Folgen hat das Unternehmen zu tragen.

Der Unternehmenslenker sollte den Begriff der „weichen Faktoren“ jedoch nicht allzu wörtlich verstehen. Es geht nicht darum, den Firmenkundenberater durch ausschweifende Erläuterungen zu umgarnen. Auch hier vertrauen die Banken in hohem Maße objektiv nachvollziehbaren Parametern. Ob das Management eine gute Einstufung erhält, liegt weniger an dem charmanten Lächeln des Firmenlenkers als vielmehr an seiner fachlichen Ausbildung, seinen Führungsfähigkeiten, seiner überzeugenden Präsentation, Fortbildungsmaßnahmen sowie einer funktionierenden zweiten Management-Ebene, die häufig in den Rating-Prozess miteinbezogen wird. Überzeugend wirkt in diesem Zusammenhang eine detaillierte Auflistung des „Track Records“ des Managements, der die bisherigen Erfolge der Verantwortlichen belegt.

Die Qualität und Verständlichkeit der vorliegenden Informationen hat direkte Konsequenzen auf die Fähigkeit der Bank, eine adäquate Risikoeinstufung des Unternehmens vorzunehmen. Nach den gesetzlichen Vorgaben, welche die Bank für Internationalen Zahlungsausgleich (BIZ) in Basel für alle Banken erarbeitet, muss eine Bank umso mehr teures Eigenkapital zur Unterlegung des Darlehens zur Verfügung stellen, je schlechter die Kreditwürdigkeit des Kunden beurteilt wird. Und je mehr Eigenkapital auf Seiten der Bank aufgebracht wird, desto höher muss der Gewinn aus diesem Geschäft ausfallen, um eine angemessene Eigenkapitalrendite zu erzielen. Folge: Die Marge muss erhöht werden – der Zins steigt.

3.4 Zentrale Hindernisse beim Dialog zwischen Bank und Unternehmen

Ein wichtiger Grund dafür, dass Verhandlungen um frisches Kapital häufig scheitern, liegt in der mangelnden und missverständlichen Kommunikation zwischen den Parteien. Beide Seiten haben eines gemeinsam: Sie wollen grundsätzlich miteinander ins Geschäft kommen. Die Ausgangssituationen weichen jedoch grundlegend voneinander ab. Firmenkundenberater und mittelständische Unternehmenslenker verfügen in den meisten Fällen über sehr unterschiedliches Wissen und Können. Während ein Firmenkundenberater mit einem finanzwirtschaftlichen und kaufmännischen Hintergrund häufig viele ganz verschiedene Unternehmen aus unterschiedlichen Branchen kennen lernt, sind ihm der relevante Markt des Einzelnen und vor allem dessen Produkte und Kunden oft unbekannt. Den generell kopf- und zahlenlastigen Finanzexperten auf Seiten der Banken, die ihrem Arbeitgeber verpflichtet sind, risikoavers eingestellt zu sein, sitzen Unternehmenslenker gegenüber, deren Denken und Handeln vielfach durch Aktivismus und Visionen geprägt ist. Sie wollen etwas bewegen, sind ihrem Unternehmen zu 100 % verbunden, krempeln die Ärmel hoch und stürzen sich ins unternehmerische Risiko. Viele Unternehmensverantwortliche sind Ingenieure, die eigene Produktionsverfahren entwickelt haben, Biologen, die auf dem Gebiet der Genforschung eigene Erfindungen patentiert haben oder auch klassische Familienunternehmer, die alte Traditionen gerne bewahren wollen. Abbildung 4 zeigt die unterschiedlichen Ausgangspositionen dieser beiden Seiten im Kommunikationsprozess.

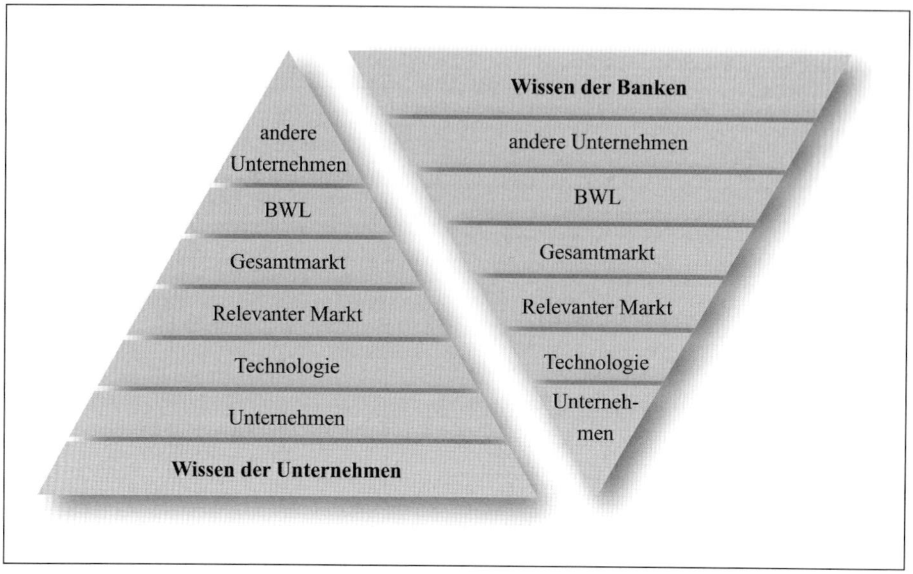

Abbildung 4: Unterschiedliche Ausgangspositionen von Banken und Unternehmen im Kommunikationsprozess (Quelle: cometis AG)

Für das Management gilt es, sich über den Erwartungs- und Wissenshorizont des Firmenkundenberaters klar zu werden, um nicht aneinander vorbei zu reden und um Sicherheit in der Entscheidungsfindung zu schaffen. Denn die Erteilung eines einzelnen Kredits ist für das Unternehmen immer von größerer Bedeutung als für die Bank. Sollte diese zu dem Ergebnis kommen, das Risiko des Geschäftes sei zu hoch, liegt es oft daran, dass die Unternehmensführung im Kommunikationsprozess eher Unsicherheit als Klarheit geschaffen hat.

3.5 Konkrete Maßnahmen im Vorbereitungsprozess

Jeder Unternehmenslenker sollte sich vor den Kreditverhandlungen die grundlegende Frage stellen: „Wie gut bin ich auf die Herausforderungen der Kreditvergabe vorbereitet?“ Dazu ist es hilfreich, die Fragen der folgenden Checkliste für das eigene Unternehmen zu beantworten.

Frage	Ja	Nein
Sind mir die genauen Anforderungen meiner Bank hinsichtlich Informationstiefe und -breite bekannt?		
Existiert ein nachvollziehbarer und plausibler Investitionsplan?		
Kann der Grund für die Höhe und die Verwendung des Kredits verständlich kommuniziert werden?		
Sind meine Ziele und die Strategie klar dokumentiert?		
Kann ich der Bank verlässliche Unterlagen zur Markt- und Branchenentwicklung vorlegen?		
Kann der Track Record des Management-Teams überzeugend dargelegt werden?		
Sind die Stärken und Schwächen meines Unternehmens für die Bank transparent?		
Habe ich eine überzeugende Antwort auf die Frage: „Was unterscheidet Sie von Ihren Wettbewerbern?“		
Kann ich der Bank meine Finanzlage anhand aussagekräftiger Kennzahlen belegen?		
Existiert in meinem Unternehmen eine übersichtliche Finanzplanung für die kommenden Jahre, die ich meiner Bank vorlegen kann?		
Gibt es ein etabliertes Controlling-System, um rechtzeitig gegensteuern zu können?		
Bin ich in der Lage, die wesentlichsten Chancen und Risiken für den Geschäftsverlauf meines Unternehmens zu benennen?		
Kann ich darüber hinaus darstellen, wie ich auf das Eintreten dieser Risiken vorbereitet bin?		

Tabelle 1: Checkliste für die Vorbereitung auf Kreditverhandlungen

Wichtig beim Punkt „Risiko“ ist das proaktive Ansprechen von Risiken, bevor die Bank dies tut. Ausbleibende oder oberflächliche Antworten auf Fragen zu diesem Thema können das Ende des Gesprächs bedeuten, denn die Beurteilung möglicher Risiken bilden den Kern der Kundeneinschätzung und damit der Kreditvergabe.

Um die Geschäftsbeziehung zur Bank vorteilhaft zu gestalten, sollten alle Fragen mit „Ja“ beantwortet werden können. Dies erwarten kreditgebende Banken neben physischen Sicherheiten von ihren Kunden.

1. Stellenwert des Businessplans

Neben dem Eindruck, den das Management hinterlässt, sind für eine erfolgreiche Verhandlung mit der Bank aussagekräftige Unterlagen entscheidend. Dabei erleichtert ein Businessplan, indem alle relevanten Daten und Sachverhalte enthalten sind, der Bank die Entscheidungsfindung bei der Kreditvergabe. Im Businessplan sollten die Märkte analysiert werden sowie die Ziele und die Strategie klar erläutert sein. Darüber hinaus sollten Kennzahlen eine klare Sprache sprechen. Dabei ist darauf zu achten, dass ein Businessplan stets in die Zukunft gerichtet ist. Da sich aber zukünftige Kennzahlen in der Gegenwart nicht beweisen lassen, ist es wichtig, die Herleitung dieser Zahlen zu plausibilisieren. Auch für die Erstellung des Businessplans gilt: Der Empfänger muss ihn verstehen können.

Ein Firmenkundenberater betreut in Deutschland im Durchschnitt etwa 90 Unternehmen, im Einzelfall sogar bis zu 300. Die Zeit, sich mit einem einzigen Unternehmen zu befassen, um das spezifische Geschäft, den Markt, die Produkte sowie die Kunden- und Lieferantenstruktur zu verstehen, ist stark begrenzt. Doch der Firmenkundenberater ist darauf angewiesen, eine eindeutige Beurteilung anhand der ihm vorliegenden Informationen zu fällen. Das Unternehmen sollte es ihm also nicht zu schwer machen. Die Kunst liegt außerdem darin, die wesentlichen Informationen kurz und knapp zusammenzufassen, anstatt sich in Details zu ergehen. Der Businessplan sollte auf die Informationsbedürfnisse der Bank eingehen und so geschrieben sein, dass der Leser die geplanten Schritte nachvollziehen kann.

In der mittelfristigen Betrachtung ist es zudem empfehlenswert, in zweijährigem Turnus immer wieder ein Update des Businessplans zu erstellen sowie einen Soll-Ist-Vergleich des Zahlenwerks durchzuführen. So unterstreicht das Management seine Planungskompetenz und die regelmäßige Aktualisierung der unterschiedlichen Parameter dient einer langfristig und soliden Kunde-Bank-Beziehung. Das Management kann somit außerdem ganz klar dokumentieren, ob man in der Lage war, die gesteckten Meilensteine in die Tat umzusetzen. Wichtig ist daher grundsätzlich eine eher konservative Planung. Gleichzeitig dient die regelmäßige Überprüfung der eigenen Performance auch dem Unternehmer selbst als hilfreiches Controlling-Instrument. Aufgrund der umfassenden und übersichtlichen Aussagekraft eines Businessplans wird in Zukunft die Entwicklung dahin gehen, dass jedes Unternehmen ein solches Dokument bei der Kreditvergabe vorlegen muss.

2. **Maßnahmen zur optimalen Vorbereitung des Managements**

Eine moderne Führungskraft sollte im Dialog mit der Bank auch überprüfen, ob sie ganz persönlich auf die kommende Herausforderung vorbereitet ist. Dabei sollte jeder den Mut haben, auch sich selbst in Frage zu stellen. Das Management sollte alle Argumente abrufbar im Kopf haben und diese überzeugend und glaubhaft in einem kurzen Gespräch vermitteln können.

Fragen Sie sich darüber hinaus: „Wie reagiere ich auf kritische Aspekte?“

Häufig wird vergessen, dass sich auch in der Situation des Kreditgesprächs menschliche Wesen gegenübersitzen. Beide Seiten verfolgen ihre eigenen Ziele, die zum Teil in durchaus gegensätzliche Richtungen gehen können. Neben den Inhalten, die kommuniziert werden, ist es auch wichtig, dass der Gesprächspartner durch unbedachte Äußerungen seines Gegenübers nicht das Gesicht verliert oder dass sich Diskussionen ergeben, die nicht zielführend sind. Häufig ist in solchen Fällen das „WIE“ entscheidend! Eine entsprechende Vorbereitungsrunde, in der ganz gezielt die verschiedenen Situationen des Kreditgesprächs durchgespielt werden, kann später helfen, heikle Fragen souverän zu beantworten.[15] Im Sport, in der Politik oder in den Vorstandsetagen börsennotierter Gesellschaften gehört das Training spezieller Situationen bereits zum Berufsalltag. Der große Nutzen einer solchen Vorbereitung: Das Management wird nicht überrascht, strahlt Sicherheit aus und kann das Gespräch bewusst angehen, anstatt es einfach auf sich zukommen und passieren zu lassen.

4 Fazit

Insbesondere im Prozess der Kreditvergabe, aber auch bei der Inanspruchnahme alternativer Finanzierungsformen, muss dem Kapitalgeber eine eindeutige Bonitätseinstufung möglich sein. Ist dies nicht der Fall, schrecken alle Kapitalgeber zurück: Aktionäre, Private Equity-Investoren, Anleihegläubiger und auch die Bank. Immer muss die Unternehmensführung eine Frage absolut zufriedenstellend und plausibel beantworten: „Was machen Sie mit dem Ihnen überlassenen Kapital?“ Um weiterhin Kredite zu erhalten und flexibel bei der Finanzierung zu bleiben, ist die Unternehmensführung daher gefordert, die Kommunikation mit Geldgebern aktiv anzugehen und sich frühzeitig auf die Herausforderungen vorzubereiten.

Durch eine professionelle Creditor Relations-Arbeit werden die Gespräche bedeutend erfolgversprechender verlaufen. Schafft es die Unternehmensführung, die Bank umfassend zu informieren und damit von der Zukunftsfähigkeit ihrer Firma zu überzeugen, sinkt das Risiko des unvorhergesehenen Kreditausfalls und das Interesse der Bank an der Geschäftsbeziehung wird lebendig gehalten. Es besteht die Möglichkeit günstigerer Kredite und flexiblerer Konditionen. Dadurch kann die Bank zu dem starken und langfristigen Partner werden, den sich jedes Unternehmen wünscht.

5 Referenzen und Anmerkungen

[1] Vgl. Hegmann, G. (2002): HVB rutscht erstmals in die Verlustzone, in: Financial Times Deutschland, 26.07.2002, S. 20.

[2] Creditreform: im Internet: http://www.creditreform.de/presse/00050.php.

[3] Ebenda.

[4] Vgl. Heismann, G. (2002): Ertragsprobleme, aber keine Liquiditätsengpässe, in: Financial Times Deutschland, 11.10.2002, S. 23.

[5] Vgl. cometis AG (2003): Kunde-Bankbeziehung im deutschen Mittelstand, Studie aus dem Januar 2003, Frankfurt am Main.

[6] Vgl. Löchel, H. (2002): „Entwicklung des deutschen Bankensektors im europäischen Vergleich“, Vortrag beim volkswirtschaftlichen Forum der Kreditanstalt für Wiederaufbau (KfW) am 06.11.2002, im Internet: http://www.hfb.de/Dateien/KfW.pdf.

[7] 9-Monatsbericht 2002 der Citigroup: im Internet unter http://www.citigroup.com/citigroup/fin/data/rev3q02.pdf.

[8] Monatsbericht der Deutschen Bundesbank (Dezember 2002).

[9] Vgl. Eigendorf, J. (2003a): Deutsche Bank versichert ihre Kredite, in: Die Welt, 24.02.2003, S. 11.

[10] Vgl. Eigendorf, J. (2003b): Kreditversicherung wälzt das Bankgeschäft um, in: Die Welt, 24.02.2003, S. 13.

[11] Am 06.11.2002 senkte das Federal Open Market Committee der Federal Reserve Bank (Fed) in den USA den Leitzinssatz um 50 Basispunkte auf 1,25 %, im Internet: http://www.federalreserve.gov/boarddocs/press/monetary/2002/2021223/-attachment.pdf.

[12] Am 06.03.2003 senkte die Europäische Zentralbank (EZB) den Leitzins um 25 Basispunkte auf 2,50 %, im Internet: http://www.ecb.int/index.html.

[13] Interne Studie der cometis AG, Juni 2002, Frankfurt am Main.

[14] Der relevante Markt beschreibt konkret, welches Kundenbedürfnis welche Zielgruppe in welchem geografischen Markt durch Einsatz einer bestimmten Technologie (Produkt, Dienstleistung) befriedigt.

[15] In der Praxis zeigt sich, dass es häufig sinnvoll ist, externe Berater für eine solche Vorbereitungsrunde hinzuzuziehen. Mitarbeiter des eigenen Unternehmens haben in der Regel nicht die Position, die eigene Geschäftsführung im Rahmen eines solchen Trainings in Frage zu stellen.

Risikoadjustierte Preise als Basis eines zukunftsfähigen Firmenkundengeschäfts –

Erklärungen und Handlungsempfehlungen für Unternehmer aus Sicht einer Großbank

Günter Tallner

1 Firmenkundengeschäft und „Creditor Relations“

Marktteilnehmer und Beobachter reduzieren die Beziehungen zwischen Banken und Firmenkunden – wie auch der Titel dieses Buches nahe legt – quasi automatisch auf „Creditor Relations“. Offenbar hat das Produkt Kredit also eine Sonderstellung im umfangreichen Produktspektrum einer Bank, das neben Krediten in verschiedenen Ausprägungen unter anderem auch Advisory, Anlageprodukte, Derivate und Transaktionsdienstleistungen umfasst. In der Theorie ist der Bankkredit *ein* möglicher Baustein der Unternehmensfinanzierung neben vielen anderen. In der Realität ist diese in Deutschland jedoch bekanntlich stark bankbasiert. Die Gründe hierfür diskutieren wir im Folgenden nicht. Die Tatsache als solche erklärt jedoch auch die mit dem Bankkredit verbundene politisch aufgeladene Diskussion.

Aus Sicht der Firmenkunden ist der Kredit damit oftmals von allen Bankleistungen die objektiv oder subjektiv am dringendsten benötigte und gleichzeitig am schwersten erhältliche. Aus Sicht der Banken ist der Kredit de facto ein wesentlicher „Umsatz“-bringer. Wir reden hier wohlgemerkt von Bruttoerträgen, d. h. der „Top Line“ der Gewinn- und Verlustrechnung der Bank und lassen zunächst die „Bottom Line“ außer Betracht. Gehen wir also von der Wahrnehmung aus, dass in der Beziehung „Bank“ und „Firmenkunde“ der Kredit Dreh- und Angelpunkt ist.

In der folgenden Darstellung wollen wir deutlich machen, wie es um die Creditor Relations aus Sicht der Vertriebsorganisation einer deutschen Großbank aktuell steht und warum sich die Creditor Relations tief greifend ändern müssen. Wir wollen uns dabei überwiegend auf die Aspekte fokussieren, die von den Relationship-Partnern – der Bank als Fremdkapital-Investor und dem Firmenkunden als Fremdkapitalnehmer – unmittelbar beeinflusst werden können; auf Marktgegebenheiten soll nur dann hingewiesen werden, wo dies der Erläuterung dienlich ist. Die hinlänglich diskutierten Themen wie zum Beispiel Basel II und Kreditklemme stehen nicht im Mittelpunkt der Betrachtung.

Der Gedankengang sieht wie folgt aus:

- Wo stehen die deutschen Banken und das deutsche Firmenkundengeschäft aktuell?
- Worin liegen die tieferen Gründe für die strukturelle Wertvernichtung im Firmenkundengeschäft?

- Hat das Firmenkundengeschäft alter Prägung mit dem Bankkredit als Dreh- und Angelpunkt eine Zukunft?

- Sind risikoadjustierte Preise ein unabdingbarer Baustein eines künftigen Firmenkundengeschäfts?

- Wie können sich Unternehmen als Fremdkapitalnehmer professionell auf die künftigen Marktgegebenheiten einstellen?

- Fazit: Die „neuen Creditor Relations“

2 Wo steht das deutsche Firmenkundengeschäft aktuell?

Die Frankfurter Allgemeine Zeitung schreibt am 03.01.2003 unter der Überschrift „Deutschlands Banken unter Druck“: „(...) deutsche Kreditinstitute dürften auch in diesem Jahr zu Europas Schlusslichtern gehören.“ Die Marktkapitalisierung der börsennotierten Institute habe sich im Jahre 2002 im Schnitt mehr als halbiert, Rückstellungen für notleidende Kredite seien um beinahe das Doppelte gestiegen, eine Trendwende sei nicht in Sicht.

Das Firmenkundengeschäft ist Teil des Problems. Es vernichtet nach allgemeiner Auffassung in erheblichem Maße Wert (vgl. beispielsweise bereits Stehmann, 1999). Die besonders massiven Schwierigkeiten in der aktuellen Situation der Jahre 2001, 2002 und aller Wahrscheinlichkeit nach auch noch im Jahre 2003 und darüber hinaus dürfen nicht zu der Annahme verleiten, dass das deutsche Firmenkundengeschäft in seiner jetzigen Verfasstheit bei Ausklammerung der zyklischen Faktoren in der Lage wäre, Wertschöpfung zu generieren: Das **Firmenkundengeschäft** ist in seiner heutigen Geschäftsausrichtung **strukturell** – nicht zyklisch – **wertvernichtend**. Banken vernichten im Kreditgeschäft mit Firmenkunden Vermögen in Milliardenhöhe. Die Wertvernichtung im Firmenkundengeschäft kommt dabei wesentlich aus dem Firmen*kredit*geschäft, die Erträge aus den übrigen Produkten und Dienstleistungen können diese Wertvernichtung im Schnitt bei weitem nicht kompensieren. Damit ist das Firmen*kredit*geschäft wesentlich kausal für die Wertvernichtung im gesamten Firmenkundengeschäft – und somit gewinnt auch unter diesem Aspekt der Titel „Creditor Relations“ Bedeutung.

Worin liegen die tieferen Gründe für die strukturelle Wertvernichtung im Firmenkundengeschäft ?

Sicherlich besteht ein komplexes Ursachen-Wirkungs-Geflecht mit sowohl bankenexternen als auch bankeninternen Ursachen. Vor monokausalen Erklärungen wollen wir uns hüten, wagen es allerdings doch bezogen auf unser Thema provokativ vom einstigen „Naturschutzpark Firmenkundengeschäft" zu sprechen. Warum? Unseres Erachtens sind an dieser Stelle zwei Faktoren besonders hervor zu heben: der Shareholder Value-Gedanke und das traditionelle Hausbankprinzip.

2.1 Der Shareholder Value-Gedanke

Ob es nötig war, eine Trivialität von der Art, dass der Kapitalgeber eine vernünftige Verzinsung seines Kapitals erwarten kann, zu einem Dogma zu erheben, sei dahingestellt. Zu allerlei unter diesem Namen verbreiteten Erstaunlichkeiten wollen wir hier keine Stellung nehmen, als Korrektiv zu der früher verbreiteten Auffassung, der Aktionär sei dumm und frech (dumm, weil er sein Geld in die Gesellschaft investiert und frech, weil er dafür auch noch eine Dividende verlangt), war es jedoch offenbar notwendig, diesen Gedanken zu thematisieren. Nicht nur in anderen Branchen, sondern – mit zeitlicher Verzögerung – auch in der Bankenindustrie setzt sich also „der Shareholder Value-Gedanke" durch.

Es bestand noch vor nicht allzu langer Zeit kein Handlungsdruck für das verantwortliche Management, das Firmenkundengeschäft als Geschäftssparte wertschöpfend zu betreiben. Wenn wir von Wertschöpfung oder Wertvernichtung sprechen, so ist die zutreffender Weise anzuwendende Beurteilungsgrundlage eine Economic Value Added- oder, kurz, EVA-Betrachtung. Unter dem grundsätzlich richtigen Blickwinkel der Erfordernis der ökonomisch begründbaren, das heißt risikoertragsorientierten, Allokation von Kapitalressourcen erkennt man, dass die deutschen Banken – bei isolierter Betrachtung – im Firmenkundengeschäft seit vielen Jahren die Kapitalkosten nicht verdienen. Dies hat Gründe, die im Marktumfeld begründet liegen und Gründe, die selbstverursacht sind. Jedenfalls kommen die fünf führenden Banken im Land im Jahre 2002 auf eine Eigenkapitalrentabilität von durchschnittlich 1,7 % (über alle Geschäftsaktivitäten). Damit hätte sich ein Investor mit einem Bundesschatzbrief in absoluten Zahlen gesehen besser gestellt und dabei ist das deutlich unterschiedliche Risikoprofil noch nicht einmal in Betracht gezogen. Der europäische Bankenschnitt liegt im Jahre 2002 immerhin bei 11 %. Eine andere Dimension.

Noch vor zehn Jahren operierten die Banken in einem vermeintlich gesicherten Geschäftsumfeld, in dem die Margen auskömmlicher waren. Die Preise für Kredite sind alleine im Zeitraum von 1995 bis 1998 um 25 % gefallen. Der „normale" („plain vanilla") Bankkredit ist eine „commodity". Weil die Kapitalkostenbetrachtung keine Rolle spielte, haben Banken das (in absoluter Höhe reichlich) zur Verfügung stehende Kapital zu unökonomischen Konditionen investiert, dies führte zu einem Überangebot an Kapital am Kreditmarkt mit einem entsprechenden Preisverfall.

In früheren Zeiten konnten Banken signifikante stille Reserven aufbauen, die zumindest seit Beginn der 1990er Jahren immer öfter zur Glättung der Ergebnisse herangezogen werden konnten und auch mussten. In der zweiten Hälfte der 1990er Jahre halfen die Geschäftserfolge in Verbindung mit den nachträglich erkannten Übertreibungen der New Economy, die strukturellen Defizite durch nicht nachhaltige „Sondererträge" zu übertünchen. Mit dem Verfall der Märkte ist gewissermaßen die Tünche ausgegangen und die grundlegenden Strukturen treten klar zutage.

2.2 Das traditionelle Hausbankprinzip

Prägend für das Firmenkundengeschäft ist traditionell das so genannte Hausbankprinzip: Der Firmenkunde nutzt eine Bank exklusiv oder überwiegend – oftmals auf Basis langjähriger persönlicher Kontakte zu einem Kundenbetreuer oder leitenden Bankmanager. Gegen eine langfristige Geschäftsbeziehung ist selbstredend nichts einzuwenden, ganz im Gegenteil. Dennoch meinen wir, dass das Hausbankprinzip im traditionellen Sinn Teil der strukturellen Probleme ist. Warum? Was bedeutet „Hausbankprinzip" in der Praxis?

2.2.1 Informationsasymmetrien und die Rolle des Kundenbetreuers

Das Hausbankprinzip ist de facto ein Vehikel, um das grundsätzliche Problem der Informationsasymmetrie zwischen dem Firmenkunden als Kapitalnehmer und der Bank als Fremdkapital-Investor im Rahmen des klassischen Bankkredits zu überwinden.

Der Kundenbetreuer ist in der Regel in seiner Person verantwortlich für die Geschäftsakquise *und* die Beschaffung der Informationen, die der Beurteilung des dem Kreditgeschäft zugrunde liegenden Risikos sowie dem primären Monitoring der laufenden Geschäftsbeziehung in all ihren Facetten, insbesondere risikorelevanter

Veränderungen, dienen. Durch eine oftmals falsch verstandene Kundenzufriedenheit (getrieben durch die Notwendigkeit, Geschäft in Verbindung mit guten persönlichen Kontakten zu generieren) *und der gleichzeitigen* Notwendigkeit, die existenziell notwendigen Informationsbedürfnisse einer Risikoeinkaufsorganisation befriedigen zu müssen, ist damit der Konflikt vorprogrammiert. Deutlich verschärft wird dieser Konflikt durch ein marktbedingtes Überangebot an Krediten und unzureichender oder fehlender Steuerung des Vertriebs auf der Grundlage einer EVA-Betrachtung. Der engagierte Vertriebsmitarbeiter kann jedenfalls nicht zum Verantwortlichen dieser strukturbedingten Friktionen gemacht werden.

Diese Überlegungen werden gestützt durch einen Blick auf traditionelle Kreditverträge: Diese Verträge sind typischerweise wenig detailliert, beispielsweise selten mit exakten Auflagen für die Mittelverwendung versehen. Dies impliziert daher, dass dem Kundenbetreuer die Aufgabe zukommt, als „lebende Generalklausel" die „angemessene" Umsetzung der Kreditbeziehung zu gewährleisten („angemessen" im Sinne der Geschäftspolitik der jeweiligen Bank). Dies ist alleine angesichts der Gefahren, die für die Bank daraus resultieren, dass beispielsweise die dem Kunden zur Verfügung gestellten Mittel in riskantere Projekte fließen als die ursprünglich vorgesehenen (die eben nicht kreditvertraglich eingegrenzt sind), sehr bedenklich.

2.2.2 Hausbankprinzip und seine Implikationen für die traditionelle Preisgestaltung

Die besondere Beziehung führt dazu, dass einzelne Transaktionen nicht oder nur selten „stand alone" beziehungsweise ausgerichtet an den aktuellen Marktverhältnissen bepreist werden, da der Kundenbetreuer beziehungsweise die jeweiligen Entscheidungsträger sich langfristig weitere Geschäfte aus der Beziehung versprechen beziehungsweise sich versprechen lassen. Einzelne (insbesondere Kredit-)Transaktionen werden nicht nach einem differenzierten Risiko-Ertrags-Profil beurteilt, sondern man begnügt sich mit einer undifferenzierten Cost-Income-Betrachtung, der in den meisten Fällen (Teil-)Portfolien zugrunde liegen. Diese Form der Preisgestaltung wird deswegen zugelassen beziehungsweise faktisch gefördert, da nur wenige Banken in der Lage sind, ihre Kosten sachgerecht zu allokieren sowie eine feine Differenzierung ihrer Risiken (mit der entsprechenden Kostenimplikation) vorzunehmen. Faktisch unterstützt oder zumindest geduldet wird dies durch die noch bis 2006 geltenden Basel-I-Regeln von 1988, die für alle Kredite unabhängig von der Bonität der Schuldner eine Eigenkapitalunterlegung von 8 % des Kreditvolumens fordern.

Das traditionelle Hausbankprinzip unterstellt, dass sich über längere Zeiträume hinweg der Verkauf diverser Produkte und Dienstleistungen an einen Firmenkunden „insgesamt schon irgendwie rechnet".

Zusammenfassend wollen wir aus einer Vielzahl von Ursachen und Wirkungen die unseres Erachtens folgenden wesentlichen Deutungselemente für die strukturellen Probleme des Firmenkundengeschäfts nennen: Der Shareholder Value-Gedanke und das traditionelle Hausbankprinzip, wobei das erste Element dazu beigetragen hat, die Schwächen des zweiten aufzudecken. Hinzu kommen andere bedeutsame Entwicklungen wie Globalisierungseffekte, technologischer Fortschritt und andere mehr. Tatsache ist, dass eine betriebswirtschaftliche Betrachtungsweise mit Blick sowohl auf die einzelne Kundenbeziehung als auch auf die Metaebene Portfolio sehr wenig ausgeprägt war und dies weithin noch ist.

3 Hat das Firmenkundengeschäft alter Prägung mit dem Bankkredit als Dreh- und Angelpunkt eine Zukunft?

3.1 Strukturelle Wertvernichtung stellt das Geschäftsmodell in Frage

Noch eine Anmerkung zum Shareholder Value. Der eingeleitete Paradigmenwechsel, dessen Grundgedanke der wesentlich stärkeren Berücksichtigung der Eigentümerinteressen zu begrüßen ist, führt zu einer Machtverschiebung vom Management hin zu den Eigentümern. Die Eigentümer werden oftmals faktisch repräsentiert von Analysten, deren Hauptinteresse darin besteht, Transparenz über die zu analysierenden Unternehmen zu erhalten. Daraus resultiert auch der Wunsch nach näherer Betrachtung einzelner Geschäftssegmente, wie zum Beispiel des Firmenkundengeschäfts, dessen Spartenergebnisse zuvor (allenfalls) dem Management bekannt waren. Quersubventionierungen verschiedener Geschäftssparten waren die Regel, nicht die Ausnahme. Eine saubere Deckungsbeitragsanalyse als Voraussetzung für eine gezielte Geschäftsfeldsteuerung wurde nicht geleistet und ist weithin heute noch im Aufbau begriffen. (In diesem Sinne erfährt der Ausdruck „Creditor Relations" daher noch eine Weiterung: denn die Bank ist nicht nur Creditor, sie sieht sich neben ihren Eigentümern auch einem oder mehreren Creditors [im Falle der Aufnahme von Fremdkapital zur Refinanzierung ihrer Aktivitäten] gegenüber, denen sie rechenschaftspflichtig ist. Mit anderen Worten: die Bank investiert also das Geld anderer Leute in Unternehmen: ihre Kunden.)

Durch die eingeforderte größere Transparenz wird auch genauer danach gefragt, wie Banken das ihnen zur Verfügung gestellte (Eigen- oder auch Fremd-)Kapital nutzen, und daraus resultiert faktisch eine Einengung der Handlungsspielräume des Managements, das detaillierter über einzelne geschäftliche Aktivitäten Rechenschaft ablegen muss.

Damit steht aber aufgrund der gegebenen strukturellen Wertvernichtung in der Geschäftssparte Firmenkundengeschäft das gesamte Geschäftsmodell auf dem Prüfstand. Die Banken arbeiten derzeit unter Hochdruck an einer Profitabilisierung dieses Segments. Ob einzelnen Marktteilnehmern hierzu mehr einfällt als nur Kosten zu sparen, darf mit Spannung beobachtet werden. Grundsätzlich kann man hierzu sagen, dass Kosteneinsparungen unter allen Blickwinkeln dringend erforderlich sind. Sie dürfen richtigerweise jedoch immer nur Nebenaspekte einer in sich geschlossenen strategischen Ausrichtung sein. Die Investoren beobachten – qua Analysten oder unmittelbar – alle diesbezüglichen Bewegungen mit Argusaugen. Die Wirtschaftspresse berichtet seit geraumer Zeit beinahe täglich über einschlägige Bewegungen.

3.2 Wie wird die Zukunft des Firmenkundengeschäfts in Deutschland aussehen?

Dazu vier Thesen:

1. These: Kurz- bis mittelfristig wird eine **massive Konsolidierung der Banken** stattfinden, das Angebot an Investorenkapital zum Betreiben des Firmenkundengeschäftes wird tendenziell abnehmen, bis sich ein „Gleichgewicht der Rentabilität" eingestellt haben wird. Mittelfristig wird Kapital nur noch den Banken zur Verfügung gestellt werden, die in der Lage sind, das Firmenkundengeschäft wertschöpfend zu betreiben. Die Kursentwicklungen der börsennotierten deutschen Banken im Jahre 2002 und zu Beginn des Jahres 2003 sprechen für sich. Die strategische Ausrichtung der wesentlichen Marktteilnehmer verfolgen die interessierten Marktteilnehmer mit hohem Interesse. Es ist wesentliches marktwirtschaftliches Petitum, dass alle Marktteilnehmer denselben Spielregeln unterliegen, um Marktverzerrungen und damit volkswirtschaftliche Fehlleitung von Allokationen zu vermeiden. Getrieben durch den Wegfall der Gewährträgerhaftung wird der Staat es sich nicht mehr leisten können, unprofitable Banken zu subventionieren, er wird vielmehr einem Privatisierungsdruck ausgesetzt sein. Auch dieser Teil des – in diesem Falle durch den Steuerzahler alimentierten – Naturschutzparks wird also geschlossen werden.

2. These: Die Kapitalmarktperspektive (Shareholder Value) wird weiter an Boden gewinnen. Damit wird auch das „Kreditgeberverhalten" der Banken unter Investorenperspektive, d. h. der Perspektive ökonomisch begründbaren Vorgehens, immer detaillierter analysiert werden. In der Folge werden sich die Kreditmargen auf Kapital- und Kreditmärkten (da grundsätzlich das Risiko identisch ist) stark annähern, weil es für eine Diskrepanz kein ökonomisches Argument gibt. Die an den Kapitalmärkten beobachtbaren Spreads zeigen – ökonomisch erklärbar – eine deutlich stärkere Differenzierung als die Margen im klassischen Kreditgeschäft.

Was für den Unternehmer der Einkauf einer Finanzierung ist, ist für die Bank der Einkauf eines Risikos (nur eben bilateral und nicht an einem [liquiden] Markt). Die Rechtfertigung für das Betreiben eines Firmenkunden*kredit*geschäfts ist aus Sicht der in die Bank Investierenden nur dann gegeben, wenn der Risikoeinkauf durch die Sparte „Firmenkunden" nach allen Kosten mindestens dieselbe Wertschöpfung generiert wie ein alternativer Risikoeinkauf (Risiko ist *kein* knappes Gut gemessen an dem zur Verfügung stehenden Risikokapital, Voraussetzung für dessen Bereitstellung ist jedoch professionelles Management und ein ökonomisch begründbares Risiko-Ertrags-Profil).

3. These: Die Gesamtvolumina der traditionellen Kreditfinanzierung werden – mittelfristig – abnehmen, beispielweise durch die lange überfällige Stärkung der Eigenkapitalbasis der Unternehmen, einer Zunahme von Asset Finance, einer Reduzierung der Fremdkapitalinanspruchnahme durch die Unternehmen aufgrund der absolut steigenden Kosten für Fremdkapital (Just-in-time-Verfahren etc.) sowie der Entstehung funktionierender Debt Capital Markets auf Sicht von fünf bis zehn Jahren.

Der Bankkredit wird jedoch **insgesamt weiterhin ein wesentlicher Baustein der Unternehmensfinanzierung in Deutschland sein** und dies künftig als ein rentables Geschäftsfeld für professionell agierende Banken. Der Kredit wird sich als eigenständiges Produkt reetablieren und nicht weiter als Türöffner zu einer Kundenbeziehung degenerieren, in der der Hoffnungsträger „Cross Selling" gründlich enttäuscht hat.

4. These: Das Firmenkundengeschäft wird in Deutschland eine Zukunft haben, allerdings unter geänderten Vorzeichen und in einer deutlich geänderten Form. Es wird mittelfristig nicht mehr das Firmenkundengeschäft geben, es wird die „Firmenkundengeschäfte“ geben.

Unseres Erachtens kann es aufgrund der oben angerissenen strukturellen Defizite nur den Weg geben, dass sich die Anbieter dieser Leistungen konsequent an den Kundenbedürfnissen und deren Nachfrageprofilen orientieren sowie ihre Leistungspaletten stringent danach ausrichten. Aufgrund der massiven Konsolidierung werden die am Markt verbleibenden Player in den jeweiligen Kundensegmenten die erforderliche kritische Menge an Kunden vorfinden, um die Profitabiliätsgrenze überschreiten zu können. Schaffen es die deutschen Banken nicht, sich in einem überschaubaren Zeitraum so aufzustellen, werden ausländische Banken den deutschen Markt erobern. Nutzenorientierung muss daher die Leitmaxime der Firmenkundenbetreuung sein. Dabei ist das Maß des Agierens die Gesamtrentabilität einer Kundenbeziehung. Darin sollten sich im Übrigen Unternehmen und Banken nicht unterscheiden. Für jede wirtschaftliche Organisation ist letztlich „der Kunde“ das Profitcenter, an dem sich der Erfolg messen lassen muss. Die konsequente Ausrichtung am Kunden muss dazu führen, dass *alle* durch die jeweilige Bank dem Kunden angebotenen Produkte und Dienstleistungen über *eine einzige* verantwortliche Schnittstelle, den Kundenbetreuer oder neudeutsch „Relationship Manager“ an den Kunden herangetragen werden müssen. Einhergehend mit einer Verbesserung der Steuerungssysteme kann dann zu jeder Zeit beurteilt werden, ob die einzelne Geschäftsbeziehung wertschöpfend ist oder nicht. Aber, und hier kommen wir zum entscheidenden Aber: Cross Selling alleine wird es über das gesamte Portfolio hinweg – gleich wie umfangreich die Produktpalette der Bank ist – auch in Zukunft nicht richten.

Um die Zukunft des Produktes Firmenkundenkredit und damit letztlich des Firmenkundengeschäftes insgesamt sicherzustellen, ist eines unabdingbar: Risikoadjustierte Preise im Firmenkreditgeschäft.

4 Risikoadjustierte Preise als Basis eines zukunftsfähigen Firmenkundengeschäfts

„In der öffentlichen Diskussion in Deutschland kann man nicht selten den Eindruck gewinnen, dass der Kredit von manchen als eine Art Grundrecht des Kreditnehmers missverstanden wird. Der Unternehmenskredit ist aber keine Subventionsleistung an notleidende Firmen, sondern eine Transaktion, von der beide Seiten profitieren wollen“ (vgl. Frühauf, 2002).

Auf Dauer können in einer Marktwirtschaft nur Produkte und Dienstleistungen produziert und vertrieben werden, die für den Produzenten Gewinn abwerfen. Diese Aussage, von der wir annehmen, dass alle Unternehmer sie unterschreiben, muss auch für das Firmenkundengeschäft gelten und hier insbesondere für das Firmen*kredit*geschäft.

Was sind risikoadjustierte Preise im Firmenkreditgeschäft?

Dem voraus geht die fundamentale Frage: was ist Kreditrisiko? Ohne zu theoretisch werden zu wollen, beschreibt man Kreditrisiko am besten durch zwei Maße:

1. „Erwartete Verluste“: Dabei handelt es sich um eine durchschnittliche jährliche Schadensquote, also um vorhersehbare „Kosten“ des Kreditgeschäfts und damit nicht um eigentliches „Risiko“ im Sinne des Investors, sondern unter diesem Blickwinkel um einen Aufwandsposten, der unmittelbar die Zielrendite beeinflusst.

2. „Unerwartete Verluste“: Man weiß, *dass* sie eintreten, mangels Verfügbarkeit einer hinreichend präzise arbeitenden „Kristallkugel“ können diese aber *nicht ex ante und schon gar nicht periodengerecht quantifiziert werden.*

   „Unerwarteter Verlust“ klingt wie ein Widerspruch in sich. Eine andere, eventuell plastischere Umschreibung ist: „maximaler möglicher Verlust“ oder genauer „maximaler möglicher Verlust auf der Grundlage eines bestimmten statistischen Konfidenzniveaus“. Unerwartete Verluste bewirken eine Volatilität der Erträge im Zeitablauf, sind definitiv unvermeidbar und erfordern ein Rücklagenpolster im Sinne des ökonomischen Kapitals. Technisch formuliert ist der unerwartete Verlust eine Funktion der Elemente des erwarteten Verlustes (nämlich: erwartete Ausfallwahrscheinlichkeit, eintretender Verlust im Verzugsfall und erwartete Ausnutzung des vereinbarten Limits), deren Volatilitäten und der Diversifikation des Kreditportfolios. Dieser letzte Punkt hat erhebliche Implikationen, die wir später nochmals aufgreifen wollen: bei einer „großen“ Bank mit einem „umfangreichen“ und „guten“ Portfolio (d. h. auch optimal diversifiziert) entstehen geringere unerwartete Verluste und damit bestehen theoretisch differenziertere Möglichkeiten der Preisstellung. Theoretisch deshalb, weil die praktische Umsetzung der oben genannten Punkte die Verfügbarkeit und Anwendung entsprechender Instrumente voraussetzt. In der (Ex-ante-)Preisgestaltung sind unerwartete Verluste kein unmittelbarer kalkulatorischer Faktor.

Eine vertiefte Diskussion der sehr komplexen Grundlagen mit ihren erheblichen statistischen Implikationen führt an dieser Stelle nicht weiter.

Wichtig ist jedoch festzuhalten, dass das Produkt Kredit aus Sicht des Risikoeinkäufers beziehungsweise Fremdkapital-Investors Bank folgende kalkulatorischen Elemente zwingend enthalten muss:

Faktoren der Kalkulation des Kreditpreises	Signifikante Einflussfaktoren
• Refinanzierungskosten der Bank	• Rating der Bank
• Erwarteter Verlust	• Bonität des Kreditnehmers – Allgemein: Qualität des „Risikoeinkaufsprozesses“
• Sach- und Personalkosten	• Strategische Ausrichtung – Kostenmanagement
• Kapitalkosten im Sinne eines EVA	• Kapitalmärkte
• Steuern	• Standort

Tabelle 1: Kalkulatorische Elemente des Produkts Kredit

Der Firmenkredit wird künftig *grundsätzlich* nach einer differenzierten Risikoeinschätzung „stand alone“ bepreist werden, die im Wesentlichen von der Bonität des Kreditnehmers und den Sicherheiten abhängig ist. Die Entwicklung wird wesentlich getrieben durch die weiter oben angesprochenen Entwicklungen des Marktes.

Rating-Klasse	Kreditrisiko/Ausfallwahrscheinlichkeit
1–2	• Unzweifelhafte Fähigkeit zur Kapitalrückzahlung
3–4	• Große Fähigkeit zur Kapitalrückzahlung
5–6	• Fähigkeit zur Kapitalrückzahlung auch noch in schwierigen Konjunkturphasen
7–8	• Fähigkeit zur Kapitalrückzahlung mit Einschränkungen in schwierigen Konjunkturphasen
9	• Fähigkeit zur Kapitalrückzahlung mit Einschränkungen
10	• Fähigkeit zur Kapitalrückzahlung beeinträchtigt
11–12	• Erhöhte Anfälligkeit für Zahlungsverzug
13–14	• Ausgeprägte Anfälligkeit für Zahlungsverzug
15–16	• Kreditnehmer ist in Zahlungsverzug

Tabelle 2: Bonitäts- bzw. Rating-Klassen und Kreditrisiko der Dresdner Bank

Ein differenziertes Preissystem aufgrund einer differenzierten Ratingsystematik (vgl. Tabelle 2) erlaubt einer Bank, die Kredite ökonomisch fundiert zu bepreisen und sie wird daher in der Lage sein, guten Bonitäten gute Preise zu stellen, ohne dabei unkontrolliert Risiken einzukaufen. Unweigerlich werden die Banken mit dem differenziertesten System eine Migration der „guten Risiken" zu sich selbst auslösen, mit entsprechend negativen Konsequenzen für die übrigen Marktteilnehmer. Nochmals: Basel II ist hierbei lediglich ein Katalysator dieser Entwicklung hin zu einer ökonomisch fundierten Kapitalallokation.

Natürlich besteht weiterhin die Möglichkeit einer Mischkalkulation und damit der Subventionierung eines für sich genommen zu billigen Kredits. Dieser Punkt wird häufig unter dem Stichwort „Strategic Lending" diskutiert. Diese Mischkalkulation wird aber wesentlich stärker von konkreten Zusatzgeschäften und weniger von nur teilweise gedeckten Hoffnungswechseln auf die Zukunft abhängen müssen. Die Kalkulierbarkeit der gesamten Geschäftsverbindung ist absolut erforderlich. Selbstverständlich schließt dies „Investitionen in eine Geschäftsverbindung" nicht per se aus, es stellt sich jedoch die kaufmännisch zu beantwortende Frage nach den konkreten Erfolgsaussichten in jedem Einzelfall.

Dies heißt aber auch: es ist unseres Erachtens keine Renaissance des Hausbankprinzips in dem oben erörterten herkömmlichen Sinne zu erwarten.

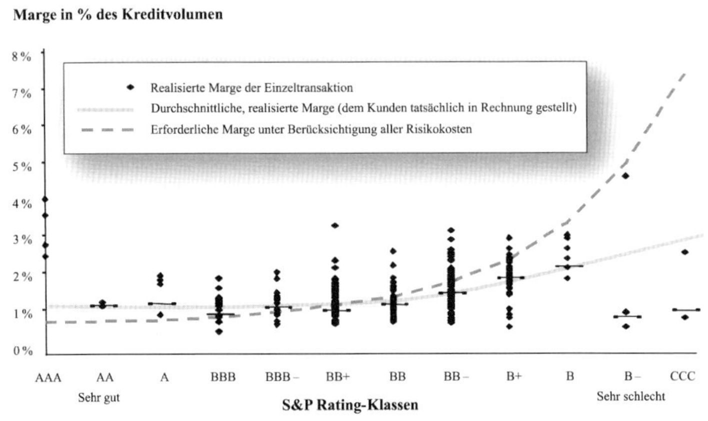

Abbildung 1: Preise sind für jede Risikoklasse weit gestreut, obwohl sie unter ökonomischer Betrachtung nahe an der gestrichelten Linie liegen müssten. Die Fläche zwischen der gestrichelten Kurve und der durchgezogenen Kurve rechts des Ratings BB bildet das Kernproblem des deutschen Firmenkundengeschäfts ab.

5 Wie können sich Unternehmen als Fremdkapitalnehmer professionell auf die künftigen Marktgegebenheiten einstellen?

Im Folgenden wollen wir – abgeleitet aus den oben angeführten Argumenten – Handlungsempfehlungen für Unternehmen ableiten, die auch künftig mit Fremdkapital, genauer Bankkrediten, arbeiten müssen oder wollen.

5.1 Strategie und Infrastruktur

Unternehmen müssen sich ein geschlossenes strategisches Konzept in einer präsentationsfähigen Darstellung erarbeiten. Ein führender Inhaber oder Manager eines Unternehmens, der nicht schlüssig die Strategie seines Unternehmens erläutern kann, kennt diese vermutlich auch nicht. Unternehmen ohne eine schlüssige Strategie sind in dem heutigen Wirtschaftsumfeld gefährdet.

Unternehmen müssen eine professionelle betriebswirtschaftliche Infrastruktur mit einer funktionierenden Planung, einem professionellen und transparenten Rechnungswesen und – besonders wichtig – der Installation einer vertrauenswürdigen und kompetenten Unternehmensführung sicherstellen.

5.2 Risikomanagement

Die Unternehmen müssen sich mit allen verfügbaren Formen des Risikomanagements systematisch auseinander setzen. Dabei müssen professionelle Banken unterstützen können. Ein gutes Risikomanagement reduziert das Risiko des Unternehmens und damit gleichzeitig das Risiko des Investors. Es führt oft zu einem verbesserten Rating, womit die Kosten optimalerweise für das Risikomanagement (zumindest teilweise) kompensiert werden können. Bisher begegnen nach unserer Erfahrung viele Unternehmen den zur Verfügung stehenden Instrumenten aufgrund von Unkenntnis mit Vorurteilen. Dies erschwert jedoch unnötigerweise die Zusammenarbeit zwischen Firmenkunden und Bank. Der Themenkreis ist jedoch maßgeblich geeignet, gemeinsam Vorteile zu erzielen. Schlüssel ist eine intelligente Platzierung von Risiken am Markt. Diese Platzierung wird durch die Bank übernommen. Das Resultat ist eine für beide Partner gut kalkulierbare Win-win-Position.

5.3 Eigenkapitalbasis und Sicherheiten

Es ist den Unternehmen weiterhin dringend zu raten, die Eigenkapitalbasis zu stärken. Dieser Punkt steht jedoch unseres Erachtens in der öffentlichen Diskussion zu sehr im Vordergrund. Zumindest ist zu differenzieren und auf die „tatsächliche" Eigenkapitalbasis nach einer marktorientierten Bewertung der Aktiva und Passiva abzustellen. Eine solche Differenzierung erfordert wiederum überdurchschnittliche Transparenz und Offenheit in der Kommunikation, denn Kreditwürdigkeitsprüfung ist insoweit nichts anderes als Unternehmensbewertung. Diese Unternehmensbewertung wird sich sinnvollerweise nicht an historischen Daten beziehungsweise Substanzwerten orientieren, sondern muss zukunftsgerichtet sein. Zins- und Tilgungsleistungen können grundsätzlich nur aus freien Cashflows erfolgen. Daher spielen Zukunftsfähigkeit der Unternehmung mit all ihren Implikationen für eine professionelle Kreditwürdigkeitsprüfung eine sehr maßgebliche Rolle. Unter diesem Blickwinkel ist die Eigenkapitalbasis selbstverständlich sehr wichtig, aber letztlich nicht entscheidend. Denn ein nicht zukunftsfähiges Unternehmen wird auch über kurz oder lang keine zufriedenstellende Eigenkapitalbasis mehr besitzen.

Eine solche zukunftsgerichtete Denkweise macht langsam Schule. Die Tage der Kreditsachbearbeiter alter Provenienz, auf sichernde aktuelle Vermögenswerte und eine makellose Bilanz fixiert, nicht vorwärtsgewandt, scheinen gezählt. Der moderne Kreditmanager wird vor allem ein Rating-Analyst sein, der die zukünftigen Ertragsaussichten bewertet. In der Tat müssen beim Rating alle betriebswirtschaftlichen Elemente eines Unternehmens unter die Lupe genommen und einer Bewertung unterzogen werden, von der Managementkompetenz, dem Mitarbeiterpotenzial, der Zukunftsfähigkeit des Produktportfolios, den Marketinganstrengungen, dem Kunden- und Lieferantenstamm, den Risiko- und Gefährdungspotenzialen bis hin zu Qualität und Umfang des Planungs- und Berichtswesens.

Die Unternehmen sollten zudem eine hohe Bereitschaft zeigen, Sicherheiten zu stellen. Dabei herrschen nach unserer Erfahrung sehr oft Missverständnisse über die Funktion von Sicherheiten. Sicherheiten dürfen lediglich Auswirkungen auf den Preis des Kredits haben, jedoch per se nicht die Kreditentscheidung determinieren. Denn die Fremdkapital-Investition in ein Unternehmen muss sich durch das finanzierte Projekt rechnen. Unter Zugrundelegung einer aussagekräftigen Investitionsrechnung, der Leistungskraft des Unternehmens und der gesamten Bonitätsbetrachtung wird die Bank eine Investitionsentscheidung treffen. Sicherheiten erhöhen nicht die Wahrscheinlichkeit, dass ein Unternehmen seinen Kredit aus laufenden Einnahmeüberschüssen bedienen kann. Die so genannte Pfandleihe ist nicht Geschäftsgegenstand einer professionell agierenden Bank. Allerdings können Sicherheiten die Verluste begrenzen, wenn ein Unternehmen in Schwierigkeiten geraten ist. Dies wiederum kann die Höhe des Eigenkapitals verringern, mit dem die Banken den Kredit unterlegen müssen. Je werthaltiger die Sicherheiten sind, desto geringer sind die zu kalkulierenden Kosten aus Kreditausfällen. Dies eröffnet Gestaltungsspielraum bei der Preisfindung.

5.4 Transparenz

Die Unternehmen müssen sich dem Fremdkapital-Investor transparent präsentieren. Die Beseitigung der Informationsasymmetrie ist von essenzieller Bedeutung. Kooperation erfordert Offenheit. Offenheit führt zu einer präzisen Rating-Einstufung mit entsprechenden Auswirkungen auf die Preisgestaltung. Aber die Preisgestaltung ist nur ein Aspekt. Durch die notwendige offene Kommunikation entsteht die Möglichkeit, im Dialog Schwachstellen oder besonders positive Merkmale des Unternehmens zu erkennen und die entsprechenden Konsequenzen daraus zu ziehen. Dies wiederum führt gegebenenfalls zu einer verbesserten Positionierung des Unternehmens und damit zu einer verbesserten Rating-Einstufung mit entsprechender Auswirkung auf die Preisgestaltung.

Zur Offenlegung gehört auch die Transparenz über die Bankverbindungen und der entsprechenden „wallets", das heißt eine Auskunft über den Geschäftsumfang mit allen Bankverbindungen des Unternehmens. Eine proportionale Geschäftszuweisung und Gleichbehandlung der Banken – dies auch festgeschrieben durch entsprechende Klauseln – fördert ganz erheblich das Vertrauen des Fremdkapital-Investors.

Die Unternehmen sollten zu regelmäßigen intensiven Rating- und Konditionen-Gesprächen bereit sein.

5.5 Strategisches Bankenmanagement

Wir empfehlen den Unternehmen,

1. **die Bank beziehungsweise die Banken zu raten** und den gewünschten Bankpartner auch unter Rating-Gesichtspunkten zu betrachten. Dies unter zweierlei Gesichtspunkten: zum einen wird das Rating der Banken selbst künftig wesentlich differenzierter sein als bislang und sich ganz erheblich auf deren Refinanzie-

rung auswirken. Diese ist wiederum, wie wir oben angemerkt haben, ein wesentliches Element für die Preisbildung gegenüber dem Firmenkunden. Zum anderen kann künftig vernünftiger weise immer weniger die Devise aus Unternehmersicht gelten: „Hauptsache, wir können nun über die Kreditmittel verfügen...“. Ein gutes (Langfrist-)Rating der Bank ist auch ein Hinweis auf Stabilität und damit auf stabile Eigentümerstrukturen mit einer verlässlichen und kalkulierbaren Kreditvergabepolitik ohne Überraschungen für den Kunden.

2. **mit einer begrenzten Zahl von Banken partnerschaftlich zusammenzuarbeiten**, also gegebenenfalls die Bankenbeziehungen auf eine „sinnvolle“ Zahl zu reduzieren. Was sinnvoll ist, muss jedes Unternehmen für sich selbst definieren. In jedem Falle ist es vorteilhaft, mit einem stabilen Kreis aus wenigen, aber verlässlichen Partnern zusammenzuarbeiten. Dieser Kreis aus gut informierten Partnern ist im Falle einer Unternehmenskrise deutlich besser „zusammenzuhalten“. Auch und gerade in guten Zeiten ist es einem Unternehmen nicht zu empfehlen, durch „cherry picking“ zu viele Banken in einem Preiswettkampf gegeneinander auszuspielen und ausschließlich oder überwiegend unter Preisgesichtspunkten einzukaufen. Der Aufbau verlässlicher Partnerschaften sollte immer Priorität besitzen.

Denkbar ist in diesem Zusammenhang beispielsweise auch die Entwicklung gemeinsamer „Geschäftspläne“. Diese Rahmenverträge regeln, wie die künftige Zusammenarbeit aussehen soll und können etwa Vereinbarungen über Provisionen für geleistete Beratungen, deren Anrechnung auf Geschäfte etc. enthalten, um mittelfristige Kalkulierbarkeit der Geschäftsbeziehung herzustellen.

Kreditverträge müssen künftig sehr viel detaillierter sein. In einer Kurzformel zusammengefasst heißt das: „Loan pricing follows loan structure“. Die Banken haben hier in Deutschland noch Entwicklungsarbeit bei sich selbst und gemeinsam mit den Kunden zu leisten. Klauseln – im Bankjargon auch „covenants“ genannt – sind individuell der Unternehmenssituation angepasste Vertragsbedingungen und haben einen unmittelbaren Einfluss auf das Risiko-Ertrags-Profil einer Fremdkapital-Investition und damit auf den Preis.

Gängige Covenants sind beispielsweise „negative pledge“, „pari-passu“, „cross default“ oder „ownership maintenance“. Ökonomisch sinnvoll ist eine covenantgesteuerte gleitende Preisstellung, die unterschiedliche Zahlungsströme seitens des Kreditnehmers bei veränderter Risikosituation innerhalb der Vertragslaufzeit auslöst. Es ist aber auch vorstellbar und wünschenswert, dass die Initiative insoweit vom Unternehmer ausgeht, der beispielsweise einen Preis nennt, den er für ein bestimmtes Projekt oder Kreditvolumen zu zahlen bereit oder in der Lage ist und die professionell agierende Bank strukturiert eine zu dieser Zahlung passende Finanzierung mit entsprechendem Risiko-Ertrags-Profil, welche wiederum zu der Finanzierungspolitik des Unternehmens passt.

Partnerschaftliches Agieren heißt dabei insbesondere auch eine adäquatere Risikoverteilung als bisher. Banken als Fremdkapital-Investoren werden nicht mehr wie bisher einen erheblichen Teil des Risikos mit limitierter Gewinnaussicht – nämlich maximal dem vereinbarten Zins – tragen können. Es wird zu Differenzierungen kommen: „Low risk – low return“ – „middle risk – middle return“ – „high risk – high return“. Es spricht für den erheblichen Spielraum, der hier besteht, wenn die Börsenzeitung am 28.12.2002 schreibt, dass die „Nische Mezzanine kaum ausgefüllt“ wird, wobei Mezzanine steht für „middle risk – middle return“.

Insgesamt müssen beide Geschäftspartner daran arbeiten beziehungsweise akzeptieren, eine geschäftliche Basis herzustellen, die ohne wesentliche Asymmetrien funktioniert – Asymmetrien bezogen auf den Informationsstand und auf die Risikoverteilung gemessen am Risiko-Ertrags-Profil.

Der Entwicklung weiterer Ideen und Ansatzpunkte sollen hiermit keinesfalls Grenzen gezogen werden. Gute Gespräche setzen Kreativität frei.

3. **sich eine Bank als Partner zu suchen, die mit einem differenzierten Ratingsystem arbeitet**. Mittel- bis langfristig werden sich bei diesen Banken aus den oben bereits erwähnten Gründen überproportional viele Unternehmen mit einem überdurchschnittlich guten Rating konzentrieren. Dies hat wiederum einen positiven Effekt auf die Kunden. Es dürfte dann insgesamt aufgrund eines gegebenen Portfolioeffektes möglich sein, die Kapitalbasis für die Begleitung überdurchschnittlich riskanter Projekte der Kunden zu nutzen.

6 Fazit: Die „neuen Creditor Relations“

Der Wettbewerb ist härter geworden – für die meisten Unternehmen und für die Banken. Dies erfordert eine Professionalisierung – auf beiden Seiten.

Eine Bank ist heute eine unter vielen – es sei denn, sie kann sich differenzieren. Differenzierung heißt insbesondere auch, einen nachhaltigen Beitrag zu der Wertschöpfung des Kunden zu leisten, den Wettbewerber in dieser Form nicht bieten können. Ihre Kernkompetenzen müssen dabei Beratung, Research, Risikotransformation und Risikomanagement sein.

Eine klare Strategie und deren konsequente Umsetzung wird auch von den Kapitalmärkten honoriert werden und verschafft dem Management den erforderlichen Spielraum.

Die Entpolitisierung des Bankkredits sollte zu einer professionellen partnerschaftlichen Zusammenarbeit zwischen Bank und Unternehmen über den Tag hinaus führen und damit zu „neuen Creditor Relations". Die Bank beziehungsweise die verantwortlichen Mitarbeiter entwickeln ihre Motivation, hochwertige Leistungen zu erbringen, aus einer anspruchsvollen und fordernden Kundenverbindung mit langfristigem Ertragspotenzial. Der Firmenkunde entwickelt die erforderliche Motivation für die Zusammenarbeit, da er einen Geschäftspartner hat, mit dem er verlässlich seine unternehmerischen Projekte auch über Fremdkapital finanzieren kann und ihm die Bank darüber hinaus ein weit über die bloße Fremdkapitalkompetenz hinausgehendes Expertenteam an die Seite stellt. Die Banken erkennen, was sie tun müssen, um sich auf das künftige Umfeld vorzubereiten. Sie arbeiten mit unterschiedlicher Intensität daran. Die Zeit drängt jedoch sehr. Dabei werden die Banken, die sich am schnellsten modernisieren, eine „Eisbrecherfunktion" wahrnehmen müssen. Dies führt mit Sicherheit zu Dellen am Bug, schont aber die Schraube – und die sorgt bekanntlich für das Vorwärtskommen. Die Börsen-Zeitung schrieb am 28.12.2002: „Viele deutsche Banken werden eher weiter billige Kreditzinsen nehmen, als einen Teil der Finanzierung in teureres, aber risikoadäquateres Mezzanine-Kapital umzuwandeln, denn sonst würden sie den Kunden verlieren." Wir sagen den umgekehrten Effekt vorher: Es wird nicht mehr lange dauern, dann werden die Kunden diese Banken verlieren. Es bleibt kein anderer Weg: die Banken werden in einen schwierigen Dialog mit ihren Kunden eintreten müssen. Dieser Dialog wird hoffentlich von beiden Seiten zunehmend professionell geführt werden.

7 Literatur

Barthold, H.-M. (2002): Der Kreditmanager ist tot, es lebe der Ratinganalyst, in: F.A.Z., 21.12.2002.

Caouette, John B. et al. (1998): Managing Credit Risk, New York.

Dahmen, A.; Jacobi, P.; Roßbach, P. (2003): Corporate Banking – Zukunftsorientierte Strategien im Firmenkundengeschäft, Frankfurt.

Fischer, T. R. (1999): Die Risiken des klassischen Kreditgeschäfts werden stets unterschätzt, (Interview mit Inge Klöpfer), F.A.Z., 29.11.1999.

Frühauf, M. (2002): Kredite müssen sich lohnen, in: Börsen-Zeitung, 12.12.2002.

Greenwich Associates (2001): Financial Services without borders, New York.

Juncker, K.; Priewasser, E. (2002): Handbuch Firmenkundengeschäft, Frankfurt.

Jung, K. R. (1999): Das Firmenkundengeschäft wandelt sich schneller als erwartet, in: F.A.Z., 03.07.2000.

Paul, S.; Stein, S. (2002): Rating, Basel II und die Unternehmensfinanzierung, Köln.

Stehmann, A. (1999): Das Firmenkundenkreditgeschäft als Wertfalle deutscher Banken, in: F.A.Z., 09.08.1999.

Steiner, M. (2001): Finanzierungspraxis unter dem Einfluss des Kapitalmarkts, in: F.A.Z., 12.11.2001.

Wolff, R. (2002): Kapital der Kaufmannstugend, in: F.A.Z., 18.11.2002.

Konsequenzen des Strukturwandels im deutschen Finanzsektor für die Mittelstandsfinanzierung und -förderung

Dr. Norbert Irsch

1 Einleitung

Wie kaum ein anderes Land wird Deutschland durch seine mittelständische Wirtschaftsstruktur geprägt. Kleine und mittlere Unternehmen treiben die wirtschaftliche Dynamik voran, beleben den Wettbewerb und schaffen bzw. sichern Arbeitsplätze. Die Beseitigung ihrer größenbedingten Nachteile – beispielsweise bei der Finanzierung von Investitionen – ist daher eine wichtige Aufgabe der Strukturpolitik. Zur Zeit stellen insbesondere die (im Abschnitt 2 dieses Beitrags beschriebenen) tief greifenden Veränderungen auf den Finanzmärkten eine große Herausforderung für den Mittelstand und die Mittelstandsförderung dar. Wie in Abschnitt 3 ausgeführt wird, müssen sich mittelständische Unternehmen auf die veränderten Finanzierungsbedingungen einstellen und ihre Finanzierungsstruktur anpassen. Aber auch die Mittelstandspolitik muss ihr Förderinstrumentarium überprüfen: In Abschnitt 4 wird beschrieben, mit welchen Maßnahmen die KfW auf die veränderten Rahmenbedingungen reagiert, um zum einen den klassischen Förderkredit zukunftsfähig zu machen und zum anderen auch die neuen Möglichkeiten zu nutzen, die z. B. Finanzinnovationen bieten, um die Förderpolitik effizienter zu gestalten.

2 Struktureller Wandel des deutschen Finanzsektors

Der deutsche Finanzsektor befindet sich in einer Phase des tiefen Umbruchs, der durch die IuK-Technologie, die Globalisierung, ein verändertes Anlegerverhalten und neue Regulierungen bedingt ist. Infolge dessen haben viele Kreditinstitute einen z. T. erheblichen Rückgang ihrer Rentabilität zu verzeichnen. Als Reaktion darauf verfolgen sie sehr unterschiedliche Strategien und gestalten dabei auch das Kreditgeschäft neu. Ihr Kreditvergabeverhalten ist restriktiver geworden.

2.1 Treibende Kräfte des Strukturwandels

Der Strukturwandel wird ganz wesentlich durch die IuK-Technologie getrieben: Die IuK-Technologie erlaubt es, dass Informationen fast jederzeit und überall zu Grenzkosten nahe von Null verfügbar werden und große Datenmengen in kurzer Zeit verarbeitet werden können. Kosten und Erträge lassen sich wesentlich genauer als bisher bestimmten Transaktionen und Engagements zuordnen. Damit wird für die Banken unter Verwendung fortschrittlicher Rating-Verfahren der Aufbau einer leistungsfähigen und zuverlässigen Risikokontrolle und -steuerung ermöglicht. Schließlich können weite Teile von Geschäftsprozessen des Bankgeschäfts – vom Geldautomaten bis hin zur Kreditvergabe mit computergestützter Risikoeinschätzung – über eine Standardisierung und Automatisierung „industrialisiert“ werden. Durch den Einsatz der IuK-Technologie entstehen zwar hohe Fixkosten, doch bei hinreichender Auslastung lässt sich langfristig aufgrund der positiven Skaleneffekte ein niedrigeres Kostenniveau erreichen. Die möglich gewordene Risikomessung ist wesentliche Voraussetzung für das Entstehen von neuen Märkten, auf denen Risiken gehandelt werden.

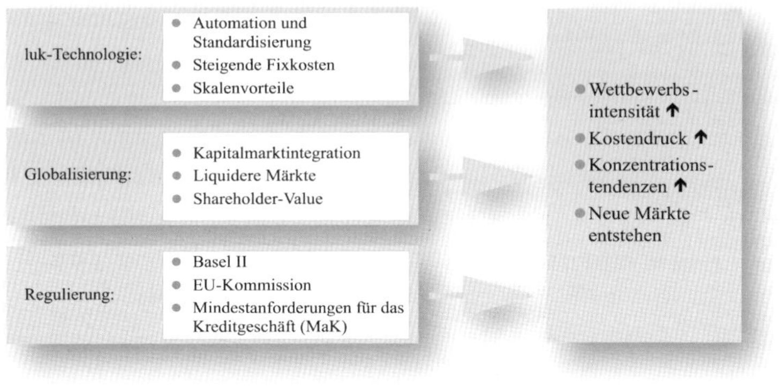

Abbildung 1: Treibende Kräfte des Strukturwandels auf den Finanzmärkten

Rolle der Globalisierung

Die Globalisierung als weitere treibende Kraft des Strukturwandels wird durch die IuK-Technologie ermöglicht und ist durch die Deregulierung der Märkte bedingt. Die Deregulierung der Märkte befreit die Banken von alten Fesseln und beinhaltet unter anderem die Abschaffung von Kapitalverkehrskontrollen oder die Niederlassungsfreiheit für gebietsfremde Finanzinstitute, was ihnen erlaubt, ihren Aktionsradius zu erweitern und in neue Geschäftsfelder vorzustoßen. Dadurch wird der Wettbewerb auf den Finanzmärkten erheblich verstärkt und es entsteht langfristig ein weltweit einheitlicher Finanzmarkt: Im Zuge der Globalisierung der Märkte findet eine Harmonisierung der Rahmenbedingungen statt, einerseits durch politikdeterminierte Vereinheitlichung (wie die Einführung der Einheitswährung in Europa) oder andererseits infolge des Wettbewerbs (wie die freiwillige Anwendung der US-GAAP durch deutsche Kreditinstitute). Es entstehen größere und liquidere Märkte, die direkte Finanzierungen am Kapitalmarkt für Schuldner guter Bonität erleichtern. Weiterhin führt die Globalisierung in Kombination mit der durch die IuK-

Technologie gestiegenen Transparenz und den kurzen Reaktionszeiten dazu, dass Banken international stärker als bisher um Anleger konkurrieren müssen. Anteilseigner fordern eine Verzinsung ihres eingesetzten Kapitals – eine Steigerung des Shareholder Values –, die der Verzinsung im internationalen Vergleich entspricht. Gleichzeitig werden Sparer renditebewusster und erwarten eine höhere Verzinsung der Einlagen. Die Refinanzierung verteuert sich deshalb tendenziell für alle Kreditinstitute.

Rolle der Veränderungen in der Finanzmarktregulierung

Für den Strukturwandel mit verantwortlich sind auch Änderungen auf dem Gebiet der Regulierung des Finanzsektors. Hier stehen zukünftig für die deutschen Kreditinstitute die Umsetzungen von Basel II und der Mindestanforderungen für das Kreditgeschäft (MaK) an. Basel II wird die meisten Institute veranlassen, beschleunigt eigene Rating-Verfahren zu implementieren. Risikodifferenzierte Konditionen werden sich im Kreditgeschäft deshalb schneller durchsetzen. Die Erfüllung der MaK wird unter anderem eine Anpassung der Aufbau- und Ablauforganisation nötig machen. Die interne Umsetzung dieser Regulierungsänderungen wird Kosten verursachen, denen aber eine Verminderung der Risiken im Finanzsystem als gesamtwirtschaftlicher Ertrag gegenüber steht. Für den Sparkassensektor ist zudem nach der Einigung mit der EU-Kommission der zukünftige Wegfall der Gewährträgerhaftung eine Herausforderung.

Der deutsche Bankensektor befindet sich in einer Rentabilitätskrise

Aufgrund der beschriebenen Entwicklungen steigt die Wettbewerbsintensität im Finanzsektor und der Kostendruck nimmt zu. Kreditinstitute kommen dabei von mehreren Seiten unter Druck: Herabstufungen beim Rating haben die Refinanzierung verteuert, Shareholder fordern höhere EK-Renditen und Sparer erwarten eine höhere Verzinsung der Einlagen. Die Eigenkapitalrendite der Kreditinstitute in Deutschland lag im Jahr 2001 vor Steuern bei 6,23 %, im Jahr 2000 waren es noch 9,32 %, bei den Großbanken nur 6,34 %. Viele ausländische Großbanken wiesen im Jahr 2000 dagegen eine Eigenkapitalrentabilität zwischen 15 und 30 % auf. Auch die Aufwands-Ertrags-Relation deutscher Großbanken lag im Jahr 2000 bei ca. 0,8, während die internationale Konkurrenz mit 0,6 um 25 % besser lag. Gerade das Kreditgeschäft ist wenig profitabel: Die Wertberichtigungen aller Bankengruppen auf das ausstehende Kreditvolumen nehmen seit 1995 aufgrund steigender Insolvenzzahlen zu und betrugen im Durchschnitt der Jahre 1994–2000 rund 44 % des Teilbetriebsergebnisses (Zins- und Provisionsüberschuss abzüglich Allgemeine

Verwaltungsaufwendungen), während der entsprechende Anteil 2001 mit 85 % deutlich höher lag und auch in diesem Jahr wahrscheinlich weiter steigen wird. In 2001 fiel die Zinsspanne in Deutschland weiter auf ein historisches Tief von 1,12 %. Es ist offensichtlich, dass sich die Banken in einer Rentabilitätskrise befinden und Strategien finden müssen, um dieser zu entgehen.

2.2 Strategien der Kreditinstitute im Strukturwandel

Die Strategien der Kreditinstitute im Strukturwandel zur Überwindung der Rentabilitätskrise gehen weit auseinander. Zum einen werden Fusionen durchgeführt, um unter anderem bei Standardprodukten aufgrund steigender Stückzahlen Skalenerträge zu realisieren. Auch kann nach einer Fusion das Filialnetz verkleinert und Personal abgebaut werden. Damit nimmt der Konzentrationsgrad im Bankensektor zu, es ist ein Rückgang der Anzahl der Banken zu beobachten.

Zum anderen erfolgen Expansionen in potenziell ertragstarke Geschäftsfelder: Bis vor kurzem bauten viele Banken das Investment-Banking aus, während sie heute das Gewicht vermehrt auf das Asset-Management als ertragstarkes Geschäftsfeld legen. Weiterhin geben andere Institute das Universalbankenprinzip zugunsten einer Spezialisierung auf Regionen, Produkte und Zielgruppen auf. Dies ermöglicht (Spezialisierungs-)Vorteile wie einfachere Prozesse, bessere Anpassung an die Bedarfssituation und die Akkumulierung von Spezialwissen.

Spezialisierung auf einzelne Prozesse der Wertschöpfungskette

Als weitere Strategie kommt die Spezialisierung auf einzelne Prozesse der Wertschöpfungskette in Betracht, um erhebliche Skalenvorteile zu erzielen: Durch die Zerlegung der Prozess- oder Wertschöpfungskette, die Standardisierung sowie Vereinfachung von Teilprozessen und durch die Auslagerung und institutsübergreifende Zusammenfassung von hochstandardisierten Prozessen können insgesamt in großem Umfang Skalenvorteile erzielt werden, die erhebliche Einsparungen bei den Prozesskosten ermöglichen. Schließlich ist die Bildung von Allfinanzkonzernen zu beobachten, um Netzwerkvorteile und Cross-Selling-Potenziale zu nutzen. Die deutsche Bankenlandschaft wird daher – im Vergleich zur Zeit vor 10 oder 20 Jahren – bedeutend vielfältiger werden.

2.3 Auswirkungen auf das Verhalten der Kreditinstitute

Die Kreditinstitute müssen angesichts ihrer niedrigen Eigenkapitalrentabilität die Ertragskraft steigern. Gilt das für alle Bankengruppen? Beispielsweise muss dies für Sparkassen nicht unbedingt gelten, da sie nicht unmittelbar das Ziel der Gewinnmaximierung verfolgen. Allerdings sind auch die Sparkassen von der Entwicklung auf den Finanzmärkten betroffen und müssen eine gewisse Mindestrendite erwirtschaften, um am Markt bestehen zu können. Aus diesem Grund kommen auch Sparkassen nicht daran vorbei, ihre Rentabilität zu stärken.

Ein Weg, die Rentabilität zu verbessern, ist die geschäftspolitische Steuerung nach der risikoadjustierten Rendite (Risk-adjusted Return on Capital [RAROC]): Diese wird möglich durch die exakte Erfassung von Prozesskosten und Risiken, die bestimmten Produkten und Engagements direkt zugerechnet werden können. Hierbei soll das knappe Eigenkapital der Banken in die rentabelste Verwendung gelenkt werden. Im Rahmen der RAROC-Steuerung konkurrieren dann alle Geschäftsfelder des Kreditinstituts um die Verwendung des (knappen) Eigenkapitals. Aus diesem Grund werden Kreditinstitute Kreditengagements von ihrer zu erwartenden Rentabilität (nach Risiko) abhängig machen und entsprechend ihre Konditionen ausgestalten: Die exakte Messung von Risiken mittels fortschrittlicher Rating-Verfahren erlaubt eine Ausgestaltung der Konditionen im Kreditgeschäft nach dem jeweiligen Risiko und den Kosten, sodass Rendite-/Risikoziele direkt bei einzelnen Kreditengagements berücksichtigt werden. Es wird damit zu einer Spreizung der Kreditkonditionen kommen – ähnlich wie z. B. bei der Konditionendifferenzierung für Anleihen. Dies führt dazu, dass die Kreditfinanzierung für viele Mittelständler mit schlechterer Bonität ungünstiger wird.

Für die Mittelstandfinanzierung stellt sich die Frage, wie sich die Konditionen der Kreditvergabe im Durchschnitt verändern werden. Einerseits bedeutet eine risikoadäquate Konditionengestaltung noch nicht, dass Kredite sich ceteris paribus durchschnittlich verteuern müssen. Andererseits ist eine zunehmende Konzentration im Finanzsektor zu beobachten. Diese kann – theoretisch – unterschiedliche Auswirkungen auf die Kreditkonditionen haben und muss nicht zu einer Konditionenverschlechterung führen. Zum einen ist damit zu rechnen, dass größere am Markt verbleibende Institute die Möglichkeit haben, Marktmacht auszuüben und entsprechend höhere Preise durchzusetzen. Dem steht entgegen, dass durch zunehmende Konzentration aufgrund des größeren Geschäftsvolumens positive Skalenerträge und Effizienzgewinne möglich werden, die – bei anhaltendem Wettbewerbsdruck – an die Kunden weitergegeben werden müssen. Die Erfahrungen aus der Schweiz und den USA[1] zeigen, dass sich im frühen Stadium der Konsolidierung eine Verschlechterung der Finanzierungsbedingungen des Mittelstands ergeben hatte, während sich langfristig keine Verschlechterung zeigte. Dies weist auf die positiven Skaleneffekte und Effizienzgewinne hin, die an die Unternehmen weitergegeben wurden. Von der zunehmenden Konzentration kann für Deutschland deshalb nicht der Schluss auf eine durchschnittliche Verschlechterung der Konditionen im Kreditgeschäft gezogen werden.

Konditionen werden sich für den Mittelstand im Durchschnitt verschlechtern

Es ist aber zu berücksichtigen, dass die Kreditinstitute sich in einer strukturellen Rentabilitätskrise befinden. Sie müssen neben Kostensenkungen auch höhere Erträge realisieren, sodass die Bankenmargen im Durchschnitt eher steigen werden. Kredite waren in Deutschland bisher relativ günstig, wie die im internationalen Vergleich niedrige Zinsbelastung deutscher Unternehmen zeigt: Trotz hoher Fremdkapitalquoten gaben deutsche Unternehmen des verarbeitenden Gewerbes 1999 nur etwas mehr als 1 % ihres Umsatzes für Zinsen aus, während Unternehmen in den USA, den Niederlanden oder Italien alle über 2 % ausgaben. Gründe für niedrige Zinsbelastungen waren unter anderem die hohe Wettbewerbsintensität des deutschen Finanzsektors, entwickelte öffentliche Förderinstrumente und gute Besicherungsmöglichkeiten.

Die Unternehmen spüren das veränderte Verhalten der Banken schon heute: Bei der Unternehmensbefragung im Jahr 2001 der KfW (in Zusammenarbeit mit 20 Verbänden) gab etwa ein Drittel der Unternehmen an, dass die Kreditaufnahme im letzten Jahr schwieriger geworden ist. Besondere Schwierigkeiten hatten Klein- und Kleinstunternehmen bis einschl. 2,5 Mio. Jahresumsatz:[2] Diese wiesen die höchste Ablehnungsquote auf. Gründe für die Ablehnungen waren häufig eine unzureichende Eigenkapitalausstattung bzw. unzureichende Sicherheiten (vgl. Abbildung 2). Eine weitere Studie der KfW bestätigt die restriktivere Kreditvergabe der Banken:[3] Das Ausmaß der Kreditneuzusagen ist in 2001 stärker zurückgegangen als es die konjunkturelle Situation hätte erwarten lassen. Eine allgemeine Kreditverknappung („credit crunch"), die dazu führt, dass auch Schuldner guter Bonität keine Kredite mehr erhalten, liegt aber nicht vor. Das Verhalten der Kreditinstitute ist „lediglich" risiko- und kostenbewusster geworden.

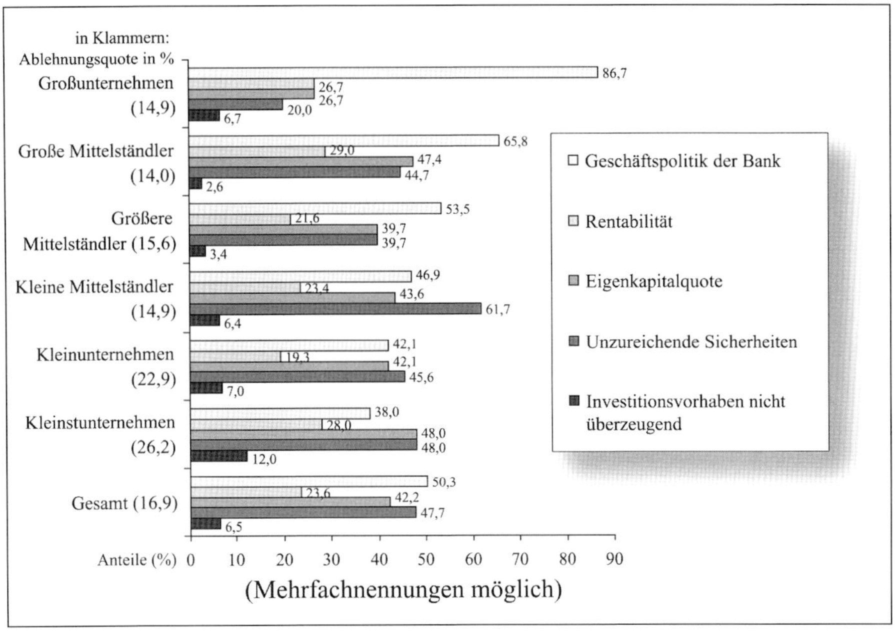

Abbildung 2: Kreditablehnungen und ihre Gründe (Ergebnis der Unternehmensbefragung 2001)

3 Herausforderungen für mittelständische Unternehmen

Mittelständische Unternehmen kommen nicht daran vorbei, sich auf den Strukturwandel im Finanzsektor einzustellen und dabei selbst initiativ zu werden. Da risikoadäquate Kreditkonditionen sich durchsetzen werden und die Kreditinstitute wegen Basel II Eigenkapital in Abhängigkeit vom Risiko der vergebenen Kredite vorhalten müssen, wird die Bedeutung des Ratings für die Kreditfinanzierung der Unternehmen immer größer. Eine wichtige Einflussgröße auf das Rating ist die Höhe der Eigenkapitalquote. Gerade kleine und mittlere Unternehmen weisen in Deutschland aber im Vergleich zu größeren Unternehmen eine geringe Eigenkapitalquote auf. Auch im internationalen Vergleich (1999) haben vor allem deutsche Kleinunternehmen eine schwache Eigenkapitalquote (vgl. Abbildung 3).

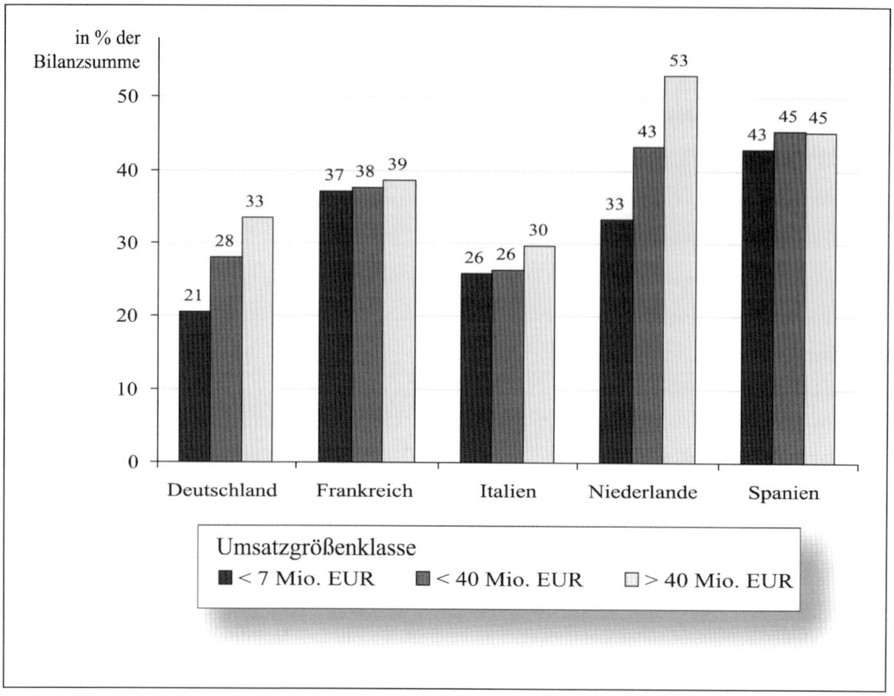

Abbildung 3: Eigenkapitalquote im Verarbeitenden Gewerbe nach Unternehmensgröße 1999 in europäischen Ländern

Finanzierungsstruktur ist systemabhängig

Bevor man zum Schluss kommt, dass deutsche Unternehmen ihre Eigenkapitalquote erhöhen sollten, muss man bedenken, dass der Mittelstand seine Eigenmittelausstattung und Fremdkapitalaufnahme im Großen und Ganzen im Einklang mit dem herrschenden institutionellen Umfeld steuert:[4] Die Besonderheiten des deutschen Finanzierungs-, Insolvenz- und Steuersystems haben zusammen mit dem Hausbankprinzip und den in Deutschland typischen hohen Rückstellungen und stillen Reserven dazu geführt, dass die deutschen Unternehmen eine im internationalen Vergleich niedrige Eigenkapitalquote haben. Der hohe Anteil von Einzelfirmen mit ihrer wenig trennscharfen Unterscheidung zwischen Privat- und Firmenvermögen und steuerliche Optimierungskalküle vor allem bei dieser Rechtsform haben die großen Unterschiede der Eigenkapitalausstattung zwischen großen und kleinen Unternehmen hervorgerufen. Kleinere Unternehmen kamen in Deutschland offenbar auch mit weniger Eigenkapital als im Ausland über die Runden – nicht zuletzt, weil in Deutschland der Zugang zu langfristigen Fremdmitteln leichter und günstiger war. Dies bedeutet jedoch nicht, dass jedes einzelne Unternehmen oder auch jede Branche ein ausreichendes Eigenkapitalpolster aufweisen.

Weil das Finanzierungsumfeld in Bewegung geraten ist und sich in den kommenden Jahren weiter verändern wird, können die Finanzierungsstrukturen aber nicht so bleiben, wie sie derzeit sind: Sie werden sich den geänderten Bedingungen anpassen und das risiko- und kostenbewusstere Verhalten der Banken berücksichtigen müssen. Mit einer Verbesserung ihrer Eigenkapitalquote können kleine und mittlere Unternehmen eine Verbesserung ihrer Bonität signalisieren. Viele Mittelständler kommen deshalb nicht daran vorbei, ihre Eigenkapitalposition zu stärken.

Finanzierungsalternativen zum Kredit müssen geprüft werden

Weiterhin müssen mittelständische Unternehmen Finanzierungsalternativen prüfen, um die Finanzierungsstruktur des Unternehmens zu verbessern, damit sie eventuell ein besseres Rating erreichen und Spielraum für weitere Kredite schaffen können. Ein weiterer Grund hierfür ist darin zu sehen, dass Kredite sich relativ zu anderen Finanzierungsalternativen verteuern: Die risikoadäquate Preissetzung für Kredite bedeutet auch eine Änderung der relativen Preise der Finanzierungsinstrumente. Für viele kleine und mittlere Unternehmen heißt das, dass es zu einer relativen Verteuerung des Bankkredits kommen wird. Das bedeutet im Umkehrschluss eine relative Verbilligung alternativer Finanzierungen. Die Rolle des Bankkredits in der mittelständischen Unternehmensfinanzierung wird zwar weiterhin eine wichtige Rolle spielen, seine Bedeutung in den Unternehmensbilanzen wird aber abnehmen.

Das Spektrum der Finanzierungsmöglichkeiten wird in Deutschland immer größer. So ist in Deutschland seit Mitte der 1990er Jahre ein bedeutender Beteiligungskapitalmarkt für mittelständische Unternehmen entstanden. Der Verbriefungsmarkt befindet sich im Aufbau und könnte in mittlerer Zukunft auch großen Mittelständlern zur Verfügung stehen. Ein Markt für Factoring entsteht, auch wenn er in Deutschland erst von wenigen und eher größeren mittelständischen Unternehmen genutzt wird. Instrumente, die aufgrund hoher Mindesttransaktionsvolumina bisher ausschließlich Großunternehmen vorbehalten waren, wie z. B. Unternehmensanleihen, Commercial Papers oder Schuldscheindarlehen, werden zunehmend auch für den größeren Mittelstand erschlossen.

Von den möglichen alternativen Finanzierungsquellen wird vor allem die Beteiligungsfinanzierung weiter an Bedeutung gewinnen. Ein Börsengang kommt allerdings nur für eine Minderheit der mittelständischen Unternehmen in Betracht. Nach den Kriterien Rendite, Kapitalvolumen und Wachstumsaussichten qualifiziert sich nur ein kleiner Teil der mittelständischen Unternehmen – nämlich einerseits größere, etablierte Mittelständler und andererseits wachstumsstarke, junge innovative Unternehmen in Zukunftsbranchen für ein Going Public oder Private Equity. Für die meisten mittelständischen Unternehmen bedeutet Beteiligungsfinanzierung daher etwas anderes, nämlich eigenkapitalähnliche Finanzierungen – die Aufnahme von stillen Gesellschaftern, Nachrangdarlehen oder anderen Formen von Mezzanine-Kapital.

Nachfrage nach Beteiligungskapital häufig gering

Damit die Bedeutung der Beteiligungsfinanzierung zunimmt, müssen aber zunächst auch subjektive Hürden auf Seiten des Mittelstands überwunden werden: Beteiligungen werden nach wie vor nur von einer – wenn auch wachsenden – Minderheit der Unternehmen ernsthaft als Alternative in Betracht gezogen. Autonomiestreben und „Herr im Hause"-Mentalität, Furcht vor mangelnder eigener Kontrolle über das selbst aufgebaute Unternehmen, Erhaltung der Unabhängigkeit und andere Gründe weisen darauf hin, dass die Finanzierungskultur in Deutschland in diesem Punkt noch zu sehr in alten Traditionen verwurzelt ist. Es genügt nicht, die „Unternehmerkultur" zu stärken, noch wichtiger ist es, die Inhalte und das Selbstverständnis von „Unternehmertum" insbesondere im Mittelstand zeitgemäß und problemgerecht zu deuten und in der unternehmerischen Praxis zu leben.

Relevante Finanzierungsalternativen von der verstärkten Innenfinanzierung über Beteiligungen (einschließlich Mezzanine-Kapital), Anleihen bis hin zu Leasing und Factoring müssen vorurteilsfrei bewertet und realisiert werden. Dabei stehen nicht allen Unternehmen die gleichen Finanzierungsalternativen zur Verfügung (vgl. Tabelle 1). Kleinere Unternehmen werden sich eher auf die Innenfinanzierung, die Kreditfinanzierung und gegebenenfalls auf die Hereinnahme neuer Gesellschafter konzentrieren, vor allem, wenn sie in eher traditionellen Sektoren tätig sind. Für junge sowie wachstums- und technologieorientierte Unternehmen werden vor allem Mezzanine-Finanzierungen und Beteiligungen in Form von Venture Capital bzw. auch – nach Erreichen einer Mindestgröße – die Notierung an der Börse in Frage kommen. Mittlere und besser positionierte oder etablierte größere Unternehmen werden sich über Börsengänge finanzieren können. Die Begebung von Anleihen ist noch immer eher den größeren etablierten Mittelständlern vorbehalten.

Unternehmen/ Finanzierungsalternativen	Innenfinanzierung	Kreditfinanzierung	Beteiligungen	Börsengang	Anleihen	Leasing	Factoring
Kleinere Unternehmen	x	x	(x)			x	(x)
Mittlere Unternehmen	x	x	x		(x)	x	x
Junge wachstums- und technologieorientierte Unternehmen	x	x	x	(x)		x	(x)
Etablierte größere Unternehmen	x	x	x	x	x	x	x

Tabelle 1: Finanzierungsalternativen für bestimmte Unternehmenstypen (Quelle: KfW)

Rating als Herausforderung und Chance

Eine weitere Herausforderung für mittelständische Unternehmen stellt die Bonitätseinschätzung der Hausbank, d. h. das (interne) Rating dar. Ein externes Rating durch eine Agentur kommt aufgrund der hohen Kosten wohl nur für größere Mittelständler in Betracht. Neben harten Fakten spielen beim Rating auch „soft facts" – die Verfügbarkeit von Informationen und die subjektive Einschätzung des Analysten über das Unternehmen – eine Rolle. Daher sind für den Mittelstand die Creditor Relations von großer Bedeutung: Gerade mittelständische Unternehmen können das Resultat der Bonitätseinschätzung im Dialog mit den Kreditinstituten durch ein geeignetes Informationsmanagement beeinflussen. Dies macht eine frühzeitige Beschäftigung mit dem Instrument Rating und eine sorgfältige Vorbereitung des Gesprächs mit dem Kreditinstitut notwendig. Für viele mittelständische Unternehmen – auch größere – bedeutet das, den Grad an Offenheit und Transparenz in Bezug auf ihre wirtschaftlichen Aktivitäten und Finanzen zu erhöhen, das Rechnungswesen auszubauen und das Controlling zu verbessern – nicht wenige müssen dafür überhaupt erst einmal leistungsfähige Strukturen aufbauen.

Großer Wert wird auf eine zeitnahe Erfassung sowie plausible Dokumentierung und Strukturierung der Informationen gelegt. Die erforderlichen Daten müssen rechtzeitig und konsistent ermittelt werden; dies umfasst nicht nur den Jahresabschluss, sondern auch die Erhebung unterjähriger Zahlen und die Ermittlung von Planzahlen, gegebenenfalls mit Hilfe des Wirtschaftsprüfers oder des Steuerberaters. Unternehmen sollten anstreben, das Rating-Ergebnis mit dem Kreditinstitut zu besprechen und auch konkret nachfragen, was sie für eine Rating-Verbesserung tun müssen. An dieser Stelle kann das Kreditinstitut in die Pflicht genommen werden. Rating ist damit eine Chance, die Unternehmensorganisation und die Unternehmensfinanzierung auf den Prüfstand zu stellen und zu verbessern. Der Mittelstand wird deshalb – zumindest ab einer bestimmten Unternehmensgröße – die Unternehmensführung – und hier insbesondere die strategische Unternehmensplanung und das Finanzmanagement – professionalisieren müssen.

4 Herausforderungen für Förderbanken

Auch Förderbanken – wie die KfW – müssen auf den Strukturwandel im Finanzsektor reagieren und ihr Förderinstrumentarium überarbeiten, um es an die neuen Gegebenheiten anzupassen. Zum einen sollten die klassischen Förderinstrumente – bei denen es sich hauptsächlich um Förderkredite handelt – optimiert und weiterentwickelt, zum anderen neue innovative Förderansätze verfolgt werden. Hier geht es unter anderem darum, mittelständischen Unternehmen Finanzierungsalternativen zu erschließen, die sonst nur größeren Unternehmen offen stünden.

4.1 Weiterentwicklung und Verbesserung der „klassischen" Förderkredite

In Deutschland kommt bei der Vergabe von günstigen Förderkrediten (bei denen der Effektivzins in der Regel am unteren Ende des Marktspektrums liegt) das „Durchleitungsprinzip" zur Anwendung. Demnach vergibt die KfW ihre Förderkredite nicht direkt, sondern über ein „durchleitendes" Kreditinstitut, das gegen Zahlung einer einheitlichen Bankenmarge auch ganz oder teilweise das Ausfallrisiko übernimmt. Dieses Verfahren stärkt die Hausbankbeziehung des Unternehmens und gewährleistet die Wettbewerbsneutralität der Förderbanken. Darüber hinaus wird auf diese Weise sichergestellt, dass eine marktmäßige Selektion förderwürdiger Vorhaben erfolgt: Weil die durchleitende Bank das Risiko trägt, wird sie eine sorgfältige Bonitätsprüfung und Projektbeurteilung durchführen. Hierzu ist sie auch besser in der Lage als staatliche Institutionen, da sie den Kunden in der Regel kennt und die Marktchancen seiner Investition besser einschätzen kann.

Einheitsmarge bei Förderkrediten nicht mehr zweckmäßig

Wenn Banken und Sparkassen aber – wie bisher üblich – eine vom Risikogehalt des individuellen Engagements unabhängige Marge erhalten und gleichzeitig dank des technischen und methodischen Fortschritts individuelle Risikoprämien berechnen können, die sich an der Bonität, der Laufzeit und der Besicherung ausrichten, ist es für die Kreditinstitute sinnvoll, Risiken durch Kreditrationierung zu begrenzen. Wenn die individuellen Risikokosten durch die Einheitsmarge nicht mehr abgedeckt werden, ist es für die Kreditinstitute naheliegend, dem Unternehmen den Förderkredit zu verweigern, da sie andernfalls Verluste erwirtschaften. D. h., schlechter eingestuften Schuldnern wird kein Förderkredit mehr gewährt, selbst wenn diese bereit wären, eine höhere Risikoprämie zu zahlen. Vor allem bei kleinen und Kleinstunternehmen reicht die Einheitsmarge auch nicht aus, um die Bearbeitungskosten zu decken. Die Mittelstandspolitik muss diese durch Prozess- und Risikokosten bzw. die Margengestaltung eingeschränkte Durchleitungsbereitschaft der Kreditinstitute berücksichtigen, da sie nicht dauerhaft gegen den Markt fördern kann. Der klassische Förderkredit ist deshalb an die neuen Bedingungen anzupassen.

Ein Verzicht auf das bewährte Durchleitungsprinzip oder verstärkte *pauschale* (und nicht individuell gepreiste) Haftungsübernahmen der öffentlichen Hand in der Breitenförderung erscheinen dabei nicht zielführend. Die Direktkreditvergabe ist zum einen ordnungspolitisch bedenklich, weil sie einen massiven Eingriff in den Wettbewerb darstellt. Zum anderen können die Förderbanken die Hausbanken nicht ersetzen. So besitzen sie keine eigene Vertriebsschiene und verfügen nicht über die Informationen, die für die Beurteilung und Bepreisung der Ausfallrisiken notwendig sind. Letzteres spricht auch gegen den verstärkten Einsatz von *pauschalen* (und nicht individuell gepreisten) Haftungsfreistellungen, die zudem – weil sie eine zusätzliche Kreditwürdigkeitsprüfung und Kontrollen bei der Förderbank voraussetzen – kein effizientes Instrument sind und gegen den Grundsatz verstoßen, dass Förderung „schnell, einfach und berechenbar“ sein soll. Die entscheidenden Voraussetzungen für eine Renaissance des Förderkredits sind vielmehr kostendeckende Durchleitungsmargen.

Risikodifferenziertes Margensystem

Die Durchleitungsmarge für einen Förderkredit muss den Risikogehalt des Engagements berücksichtigen und gleichzeitig sicher stellen, dass die Banken die günstigen Refinanzierungskonditionen an die Endkreditnehmer weiter geben. Ziel für die KfW ist es daher, mit den Banken ein an deren internen Rating-Systemen orientiertes, risikodifferenziertes Margensystem zu vereinbaren. Das bedeutet, dass für jede Risikoklasse eine Höchstmarge festgelegt wird, die es einerseits der Bank erlaubt, sämtliche Kosten (einschließlich Risikokosten) abzudecken und die andererseits dem mittelständischen Unternehmen eine Finanzierung zu günstigen Konditionen am unteren Ende des für ihn relevanten Marktspektrums ermöglicht.

Mit Hilfe dieser Maßnahmen kann sicher gestellt werden, dass weiterhin alle mittelständischen Unternehmen unabhängig von ihrer Rating-Klasse Zugang zum Förderkredit haben. Allerdings ist denkbar, dass es dabei für bonitätsschwächere Mittelständler zu einem deutlichen Zinsanstieg kommt. Dies kann nur vermieden werden, sofern die öffentliche Hand in erheblichem Umfang Mittel für zusätzliche Zinsverbilligungen oder nicht kostendeckend kalkulierte Haftungsfreistellungen und Bürgschaften bereit stellt. Da diese Maßnahmen die Marktsteuerung verzerren und einen hohen Subventionswert aufweisen, müssen sie auf spezielle, besondere Förderzwecke beschränkt werden und sich auf einen breiten politischen Konsens stützen.

Neue Technologien senken Transaktionskosten

Der Einsatz neuer Technologien auf allen Stufen des Förderweges trägt schließlich dazu bei, den Produktvertrieb kostengünstiger und damit für alle Beteiligten attraktiver zu gestalten. Bausteine sind etwa der elektronische Kreditantrag oder die Datenfernübertragung zwischen Förder- und Durchleitungsbank. Als Zukunftsvision ist die papierlose Abwicklung der Förderung von der Antragstellung bis zur online-Zusage vorstellbar. Darüber hinaus trägt eine kundenorientierte Beratung durch die Förderinstitute zur Senkung der Transaktionskosten bei.

4.2 Entwicklung von neuen, innovativen Förderansätzen

Es reicht für Förderbanken aber nicht aus, sich allein auf die Optimierung und Weiterentwicklung des bestehenden Instrumentariums zu konzentrieren. Vielmehr muss darüber hinaus versucht werden, den Mittelstand bei der Anpassung an neue Entwicklungen zu unterstützen. Insbesondere geht es darum, den mittelständischen Unternehmen möglichst schnell – und zu vertretbaren Kosten – den Zugang zu neuen Finanzierungsinstrumenten zu eröffnen und nach Möglichkeiten zu suchen, wie die Eigenkapitalausstattung des deutschen Mittelstands verbessert werden kann.

Innovative Förderansätze

Neue, innovative Förderansätze setzen meist nicht am individuellen Unternehmen bzw. am Einzelkredit, sondern an den Rahmenbedingungen des Finanzierungssystems an. Ziel ist es, eine breitenwirksamere und effizientere Förderung dadurch zu erzielen, dass Effizienz und Anpassungsfähigkeit des Finanzierungssystems als Ganzes gesteigert werden (z. B. durch die Entwicklung neuer Märkte). Ein Instrument zur Verschlankung und Flexibilisierung der Förderung, das die KfW erfolgreich etabliert hat, sind Globaldarlehen an Geschäftsbanken. Hierbei handelt es sich um großvolumige Darlehen an Kreditinstitute, die daraus – unter Beachtung bestimmter vorgegebener Förderkriterien – eine Vielzahl von Kleinkrediten mit risikodifferenzierter Marge an mittelständische Unternehmen vergeben können. Globaldarlehen sind für Banken und Unternehmen nicht nur wegen der einfacheren Abwicklung, sondern auch wegen der großen Flexibilität attraktiv; so erlauben sie z. B. an den Abschreibungsverlauf des Investitionsguts angepasste Finanzierungen.

Ein weiteres Beispiel für einen innovativen Förderansatz ist die Förderung des Kreditverbriefungsmarkts. Mittels Verbriefungen wird kleinen und mittleren Unternehmen indirekt Zugang zum Kapitalmarkt verschafft: Einzelne Kreditinstitute können die Risiken eines Mittelstandskreditportfolios an eine Zweckgesellschaft übertragen, die auf das Portfolio Wertpapiere begibt und diese an institutionelle Investoren verkauft. Weil ein großer Teil des Ausfallrisikos auf den Kapitalmarkt verlagert wird, können die Banken ihre Eigenkapitalbelastung senken. Auf diese Weise erhalten die Kreditinstitute neuen Spielraum in der Kreditvergabe an kleine Unternehmen. Für die Mittelstandsförderung empfiehlt es sich deshalb, die Entwicklung des Verbriefungsmarktes für Mittelstandskredite zu fördern: Die KfW hat mit der Bereitstellung ihrer Verbriefungsplattform einen sehr erfolgreichen Standard geschaffen, der der Verbriefung von Mittelstandskrediten in Deutschland einen großen Schub gegeben hat. Das Zusammenspiel zwischen Verbriefung und Globaldarlehen erweist sich zudem als überaus sinnvoll (vgl. Abbildung 4): Die Verbriefung von Kreditbeständen setzt bei den Banken Eigenmittel frei und schafft damit Raum für Neugeschäft (Risikoentlastungskomponente). Das Neugeschäft kann – risikogerecht bepreist, aber unter Weitergabe der günstigen Konditionen an den Kunden – mit Globaldarlehen refinanziert werden (Liquiditätskomponente). So wird praktisch ein „Förder-Kreislauf" in Gang gesetzt, denn die neu vergebenen Förderkredite können wiederum verbrieft und am Kapitalmarkt platziert werden, wonach das freigesetzte Eigenkapital wieder für Neugeschäft zur Verfügung steht usw.

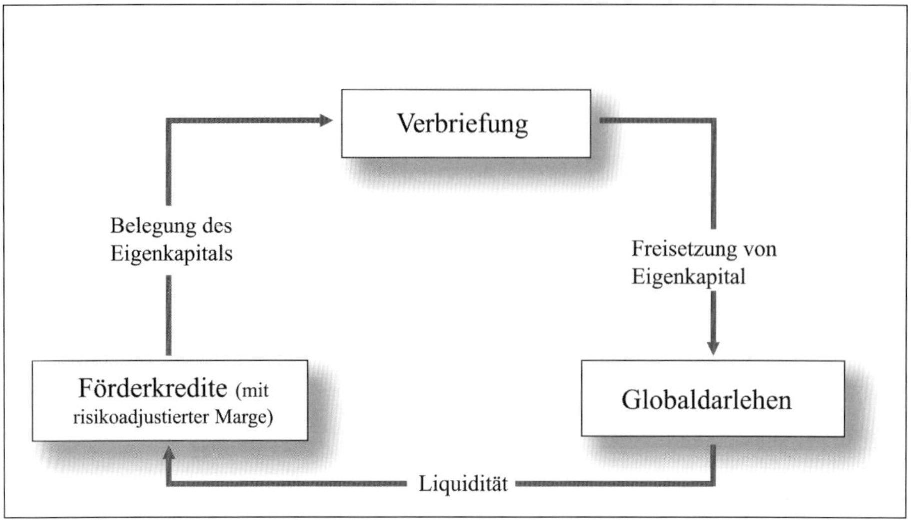

Abbildung 4: Zusammenspiel von Verbriefung und Globaldarlehen

Um den Markt weiter zu entwickeln und auch kleineren Banken die Teilnahme an Verbriefungen zu ermöglichen, arbeitet die KfW daran, so genannte Multi-Seller-Transaktionen durchzuführen, bei denen Portfolien mehrerer kleinerer Banken und Sparkassen gebündelt werden, deren Portfolien zu klein und zu wenig diversifiziert sind für eigene Verbriefungstransaktionen.

Förderung der Eigenkapitalbildung im Mittelstand

Globaldarlehen und Verbriefung tragen zur Sicherung der Kreditfinanzierung mittelständischer Unternehmen bei. Darüber hinaus ist es wichtig, die Bildung von Eigenkapital im Mittelstand zu fördern. Die Finanzierung durch Beteiligungskapital hat in jüngster Zeit, nicht zuletzt dank der verbesserten institutionellen und rechtlichen Rahmenbedingungen sowie der Intensivierung der Förderpolitik, an Bedeutung gewonnen. Die deutsche Fremdfinanzierungskultur erfährt damit eine wichtige Ergänzung, die es weiter auszubauen gilt. Dabei geht es nicht nur darum, die Unterstützung von Wagniskapital-Finanzierungen für junge innovative Unternehmen aufrecht zu erhalten, sondern es müssen auch Wege gesucht werden, um den Beteiligungskapitalmarkt für den „traditionellen Mittelstand" besser zu erschließen.

Im Gegensatz zu anderen Zielgruppen, für die es inzwischen etablierte Zugangswege zu Eigenkapital gibt, stellt der Markt für das Segment der „traditionellen" Mittelständler häufig kein adäquates Angebot von privatem Beteiligungskapital bereit. Die Akteure der Wirtschaftspolitik sollten deshalb versuchen, die Angebotslücke für den

„breiten“ Mittelstand mit geeigneten Maßnahmen schnell, wirkungsvoll und ohne dauerhaften Subventionsbedarf zu schließen. Die KfW arbeitet an der Entwicklung und Etablierung neuer Produkte in diesem Bereich und ist kurz davor, erste Pilotvorhaben zu realisieren.

Darüber hinaus sondiert die KfW Möglichkeiten, auch andere Finanzierungsmöglichkeiten – wie beispielsweise das Factoring – kleinen und mittleren Unternehmen zugänglich zu machen, indem sie nach Möglichkeiten sucht, neue Marktsegmente zu etablieren.

Unterstützung von Standardisierung bzw. Industrialisierung des Kreditgeschäfts

Ein weiterer Ansatz der Förderung bezieht sich auf die Unterstützung der Kreditinstitute bei der Standardisierung bzw. Industrialisierung des Kreditgeschäfts. Durch die Bündelung der Kreditbearbeitung und die Herstellung standardisierter Kreditprodukte – die Industrialisierung des Kreditgeschäfts – lassen sich die Kosten auf Seiten der Kreditinstitute drastisch senken. Dies liegt im Interesse des Mittelstandes: Die Kosten des kleinteiligen Kreditgeschäfts müssen gesenkt werden, um zu verhindern, dass mittelständische Unternehmen für Kleinkredite zukünftig eine sehr hohe Marge zahlen müssen. Außerdem wird durch eine Kostensenkung dieser Geschäftsbereich für Banken und Sparkassen wieder attraktiver. Die KfW arbeitet hier gemeinsam mit interessierten Banken und Sparkassen an zielführenden Lösungen.

Hier zeigt sich, dass die Aufgabe der KfW als Förderbank auch darin besteht, nach Möglichkeiten zu suchen, die notwendige Rationalisierung der Banktechnologie voranzutreiben. Die KfW trägt damit im Interesse mittelständischer Unternehmen zu einer Beschleunigung des Strukturwandels bei Banken und Sparkassen bei, sodass sich die damit einhergehenden Anpassungskosten für alle Beteiligten reduzieren.

5 Fazit

Die deutsche Finanzlandschaft und insbesondere der Kreditmarkt sind in einer Phase des tiefen Umbruchs. Alle Beteiligten der Mittelstandsfinanzierung müssen ihre bisherigen Verhaltensweisen auf den Prüfstand stellen und gegebenenfalls neu justieren: Unternehmen müssen den Wandel auch als Chance begreifen und beispielsweise das Rating als Schwachstellenanalyse nutzen oder nach bedarfsgerechteren Finanzierungsalternativen suchen. Kreditinstitute müssen ihre Kosten senken und

Erträge steigern, indem sie sich eventuell spezialisieren oder Prozesse industrialisieren und ein kostenadäquates Pricing einführen. Die KfW als Förderinstitut unterstützt den vom Markt sowie der Informations- und Kommunikationstechnologie getriebenen Strukturwandel und federt ihn zugunsten der kleineren und mittleren Unternehmen ab. Neben der Optimierung klassischer Förderprogramme müssen auch völlig neue Wege beschritten werden: Dies beinhaltet eine Finanzierungs- und zunehmend eine Entwicklungsaufgabe. Die KfW versucht, die Entwicklung auf den Finanzmärkten zu antizipieren und rechtzeitig marktmäßige Förderinstrumente der „nächsten Generation" zu entwickeln.

6 Referenzen

1 Vgl. zum Folgenden Detken, A.; Borger, K. (2002): Gefährdet die Bankenkonsolidierung die deutsche Mittelstandsfinanzierung? Erfahrungen aus den USA und der Schweiz, in: KfW-Research, Mittelstands- und Strukturpolitik, Nr. 29, Dezember 2002.

2 Definition der Größenklassen: Kleinstunternehmen bis einschließlich 1 Mio. EUR Umsatz; Kleinunternehmen bis einschließlich 2,5 Mio. EUR; kleine Mittelständler bis einschließlich 10 Mio. EUR; größere Mittelständler bis einschließlich 50 Mio. EUR; große Mittelständler bis einschließlich 250 Mio. EUR; Großunternehmen: über 250 Mio. Euro Jahresumsatz.

3 Detken, A.; Ott-Laubach, P. (2002): Die Entwicklung der Kreditneuzusagen, in: Wirtschaftsdienst, Vol. 82 (2002), Heft 10, S. 618–626.

4 Vgl. zum folgenden Abschnitt das Kapitel „Mittelstandsfinanzierung" aus KfW et al. (Hrsg.): MittelstandsMonitor. Jährlicher Bericht zu Konjunktur- und Strukturfragen kleiner und mittlerer Unternehmen. Erscheint Anfang 2003.

Risikocontrolling in Kreditinstituten

Prof. Dr. Jürgen Crössmann

1 Risikorentabilität als Ausgangspunkt

Der Bereich „Risikocontrolling" hat in den letzten Jahren nicht nur in Kreditinstituten stark an Bedeutung gewonnen. Mit dazu beigetragen haben einige wirtschaftliche Katastrophen, die auf mangelndes Risikocontrolling zurückzuführen waren und spektakulär von allen Medien aufgegriffen wurden. Beispielsweise der Zusammenbruch der Baring-Gruppe durch Nick Leeson, die Verluste der Metallgesellschaft und der Schneider-Fall werden in diesem Zusammenhang gerne zitiert und bleiben den Risikocontrollern in dauerhafter Erinnerung.

Risikocontrolling hat die Aufgabe, die Unternehmensführung bei der Planung, Steuerung und Kontrolle der Risiken zu unterstützen, die Informationsversorgung zu koordinieren und dabei den bestmöglichen Stand der Methoden, Systeme, Organisationsformen und Konzepte zu gewährleisten. Noch zu Beginn der 1980er Jahre wurde der Controller in der Praxis hauptsächlich als Registrator (Buchhaltertyp) gesehen, dessen Aufgabe insbesondere darin bestand, Geschäftsvorfälle und Informationen festzuhalten und zu berichten. Erst später kam der Gedanke des Navigators hinzu, der das Management beraten und unterstützen sollte. Mittlerweile besteht Einigkeit darüber, dass der Controller als Navigator in einer extrem dynamischen Umwelt nur einen Teilbereich seiner Aufgaben wahrnehmen würde. Erwartet werden zusätzlich Innovationen hinsichtlich Methoden, Systemen, Organisationsformen und Konzepten, die vom Controlling auszugehen haben. Damit hat sich der Begriff des Controllers vom Registrator über den Navigator hin zum Innovator entwickelt.

Der Gesetzgeber hat für Kreditinstitute zahlreiche gesetzliche Regelungen geschaffen, die das Risikocontrolling betreffen. In Deutschland sind diese Regelungen hauptsächlich im Kreditwesengesetz kodifiziert. Der internationale Baseler Ausschuss der BIZ hat bereits 1988 durch die Baseler Eigenmittelempfehlung konkrete Richtlinien zur Unterlegung des Adressenausfallrisikos veröffentlicht. Auf EU-Ebene wurde die Solvabilitätsrichtlinie in Anlehnung an die Empfehlungen des Baseler Ausschusses verabschiedet und später über die KWG-Grundsätze I und Ia in deutsches Recht transformiert. Marktpreisrisiken wurden auf EU-Ebene über die Kapitaladäquanzrichtlinie (CAD) erfasst, die in Deutschland durch die 6. KWG-Novelle ab Oktober 1998 anzuwenden war. Eher qualitativen Charakter haben seit 1995 die „Mindestanforderungen an das Betreiben von Handelsgeschäften (MaH)", das seit 1998 gültige „Gesetz zur Kontrolle und Transparenz im Unternehmensbereich (KonTraG) und die aktuellen „Mindestanforderungen an das Kreditgeschäft (MaK)". Mit dem so genannten Basel-II-Konzept sind verbesserte Vorschriften zur

Unterlegung von Adressenausfallrisiken und zum Einbezug operationeller Risiken in der Entstehung.

Die zunehmende Bedeutung und Vielfalt der Risiken führte dazu, dass in letzter Zeit zahlreiche Projekte bei Kreditinstituten begonnen wurden, die sich alle mit der Frage beschäftigen, wie die Ergebnisse und Risiken der verschiedenen Geschäftsfelder integriert mit einem ganzheitlichen Ansatz gesteuert werden könnten. Ziel ist es, die seit Jahren immer enger werdenden Margen der Kreditinstitute durch die geschickte Kombination von Risiken auszugleichen und so bei unverändertem oder sogar geringerem Gesamtbankrisiko höhere Erträge zu erzielen. Dazu ist von einem wertorientierten Managementkonzept auszugehen, bei dem der Aspekt „Shareholder Value" im Vordergrund steht. Das reine Margendenken, bei dem z. B. die Vorteilhaftigkeit einer Geldanlage an der Differenz zwischen Geldanlagesatz und Geldaufnahmesatz beurteilt wird, tritt als Steuerungskriterium zurück. Das Jahresergebnis eines Geschäftsfeldes ist nach dem Konzept der „Gesamtbanksteuerung" als Unterschied zwischen Marktwert (Barwert) des Geschäftsfeldes am Jahresende abzüglich Marktwert (Barwert) des Geschäftsfeldes am Jahresanfang abzüglich Einlagen plus Entnahmen zu bestimmen. Außerdem sind derart gemessene Wertsteigerungen risikogewichtet zu beurteilen.

Während in den Banken und Sparkassen bisher mehr oder weniger getrennt Erträge und Risiken gemessen und gesteuert werden, lautet bei Einführung des Konzepts der Gesamtbanksteuerung die zentrale Frage: Welche Erträge können in den einzelnen Geschäftsfeldern aus den zugehörigen Risiken gewonnen werden? Damit wird die Risikorentabilität, also die Relation Ergebnis/Risiko, zum zentralen Steuerungskriterium. Zusätzlich sind die Zusammenhänge (Korrelationen) zwischen den Geschäftsfeldern als Steuerungskriterium zu beachten. Gelingt es, gegenläufige Risiken geschickt zu kombinieren, ergeben sich enorme Hebeleffekte für die Risikorentabilität der Gesamtbank.

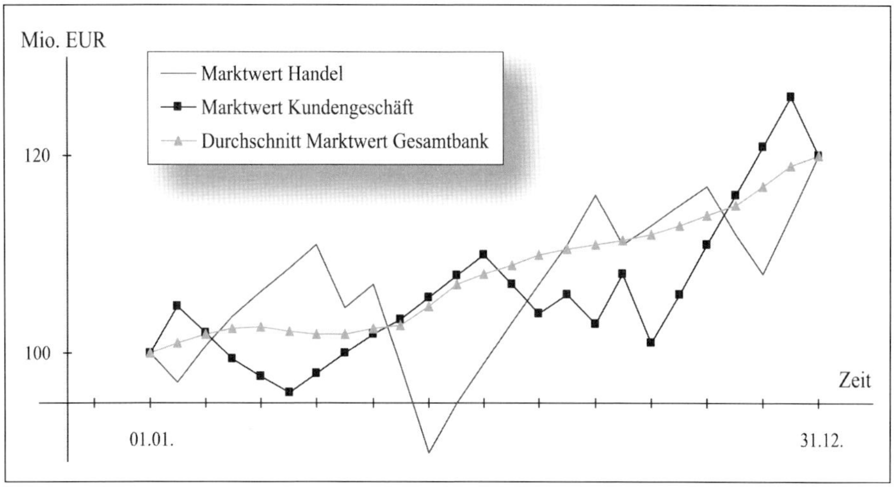

Abbildung 1: Bessere Risikorentabilitäten durch gezielte Nutzung von Risikoverbundeffekten

Abbildung 1 zeigt exemplarisch die Marktwertentwicklung des Handels- und Kundengeschäfts einer Bank. Da sich die Risiken (= Marktwertschwankungen) der beiden Geschäftsbereiche kompensieren, ergibt sich im Beispiel ein relativ stetiger Verlauf des Marktwerts der Gesamtbank (zur Veranschaulichung wird in Abbildung 1 der durchschnittliche Marktwert der Gesamtbank [Marktwert Handelsgeschäft + Marktwert Kundengeschäft] : 2 dargestellt). Berechnet man hieraus mittels mathematisch-statistischer Verfahren den üblichen Value at Risk (VaR) als Risikomaß, so zeigt sich deutlich eine Vervielfachung der Risikorentabilitäten, weil sich die Ergebnisse der Geschäftsbereiche addieren und die Risiken kompensieren (vgl. Abbildung 2).

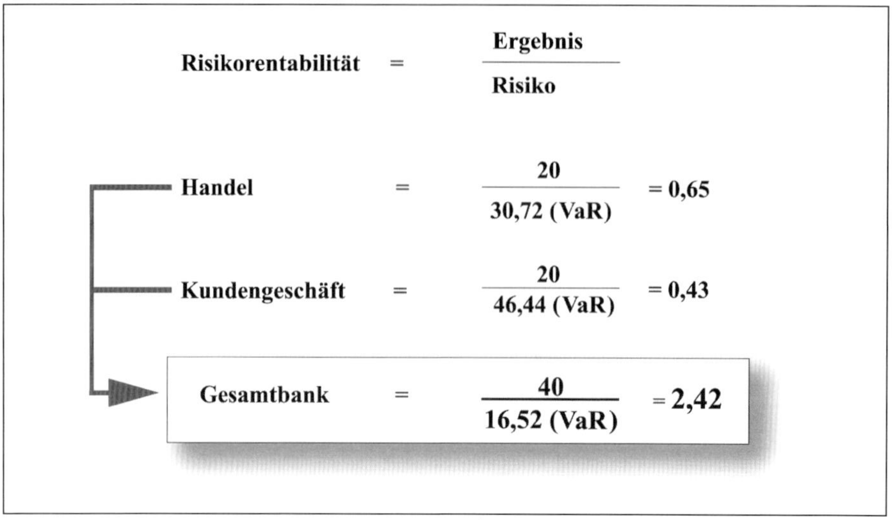

Abbildung 2: Hebeleffekt durch gezielte Risikokombination

Damit wird deutlich: Höherer Gewinn bei vertretbarem Risiko entsteht für eine Bank oder Sparkasse nicht durch Risikovermeidung, sondern durch geschickte Risikokombination. Um dem Margendruck und den Herausforderungen des Marktes künftig wirksam zu begegnen, muss die oberste Führungsebene eines Instituts den dargestellten Hebeleffekt aus der Kombination gegenläufiger Risiken gezielt ausnutzen. Hierzu ist eine abgestimmte und kalkulierte Risikobereitschaft zu definieren und die Restriktion „Quantifizierbares Gesamtbankrisiko“ < „Risikodeckungsmasse“ zu modellieren und laufend zu überwachen. Damit wird die Risikodeckungsmasse, z. B. gemessen als aufsichtsrechtliches Risikokapital, zum eigentlichen Engpass.

2 Risikoarten und Risikoidentifikation

Zur Beantwortung der Frage, welche Risiken im Rahmen des Risikocontrolling in Kreditinstituten abzubilden sind, ist zwischen strategischen Risiken und operativen Risiken im weiteren Sinne zu unterscheiden (operative Risiken im engeren Sinn beziehen sich hauptsächlich auf fehlerhafte Betriebsprozesse).

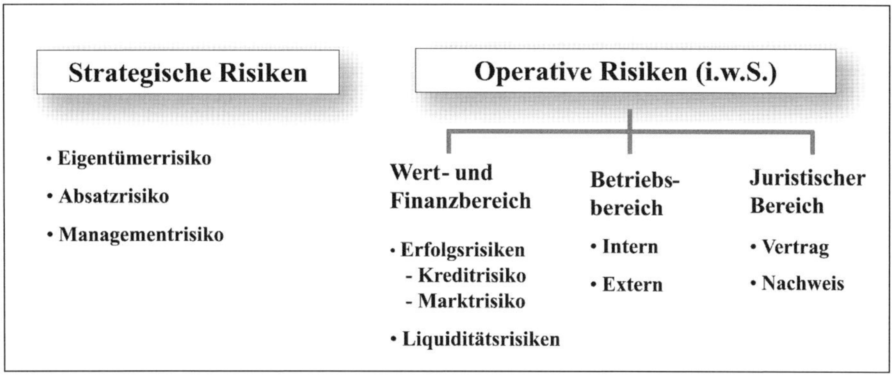

Abbildung 3: Welche Risiken sind abzubilden?

Innerhalb der strategischen Risiken birgt das **Eigentümerrisiko** die Gefahr, dass die für den langfristigen, strategischen Erfolg des Instituts notwendige Eigenkapitalausstattung nicht gewährleistet werden kann. Das **Absatzrisiko** entsteht aus eventuellen Fehlentscheidungen über die Struktur des Marktleistungsprogramms, der Filial- und Vertriebspolitik sowie der Kundensegmentierung. Das **strategische Managementrisiko** beinhaltet alle übrigen Risiken, die aus strategischen Entscheidungen der Unternehmensführung resultieren können.

Hinsichtlich der operativen Risiken (i. w. S.) im Wert- und Finanzbereich ist das Risikocontrolling der **Marktrisiken** (Zinsänderungsrisiko, Aktienkursrisiko, Währungskursrisiko, Rohstoffpreisrisiko, Volatilitätsrisiko) in der Praxis am weitesten entwickelt. Dies ist nicht zuletzt auf die Bekanntgabe der „Mindestanforderungen an das Betreiben von Handelsgeschäften" (MaH) im Oktober 1995 durch das Bundesaufsichtsamt für das Kreditwesen (BaKred) zurückzuführen. Insbesondere bei kleinen und mittleren Instituten mit Handelsgeschäften wurde damit ein Innovationsdruck zur Verbesserung der Risikomanagementsysteme ausgelöst. Eine ähnliche Entwicklung findet zur Zeit im Bereich Kreditrisiko durch die aktuelle Diskussion zu Basel II statt. Hier sind das **Kreditausfallrisiko** (Gefahr des totalen oder partiellen Verlustes von Zins- und Tilgungsleistungen), das **Bonitätsrisiko** (Gefahr sinkender Bonität der Kreditnehmer), das **Emittentenrisiko** (Gefahr, dass der Emittent eines Wertpapiers seine Verpflichtungen nicht erfüllt) und das **Kontrahentenrisiko** (Gefahr, dass der Handelsgeschäftskontrahent seine Verpflichtungen nicht erfüllt) zu unterscheiden. Dem Kontrahentenrisiko werden das **Erfüllungsrisiko** (z. B. Wertpapiere werden nicht rechtzeitig geliefert) und das **Wiedereindeckungsrisiko** (offene Positionen können nicht durch Wiedereindeckung geschlossen werden) untergeordnet.

Bei den **Liquiditätsrisiken** sind im Wesentlichen das **Refinanzierungsrisiko** (Ungewissheit über die Sicherstellung der liquiditätsmäßig erforderlichen Anschlussfinanzierung), das **Terminrisiko** (ausbleibende Einzahlungen bzw. Rückzahlungsverzögerungen im Kreditgeschäft), das **Abrufrisiko** (unerwartete liquide Mittelabflüsse, insbesondere bei Großeinlagen oder durch Inanspruchnahme von offenen Kreditzusagen) und das **Transferrisiko** (Einschränkung bzw. Einstellung von Auslandszahlungen wegen wirtschaftlicher und politischer Instabilität) zu unterscheiden.

Die **internen Risiken des Betriebsbereichs** entstehen durch das **Mitarbeiterrisiko** (falsche Personalkapazität und/oder ungeeignete fachliche und charakterliche Eigenschaften der Mitarbeiter), das **Betriebsmittelrisiko** (ungeeignete Betriebsmittel), das **Abwicklungsrisiko** (mangelhafte/fahrlässige Aufgabenerledigung), das **Informations-/DV-Risiko** (nicht bedarfsgerechte DV und Betriebsausfallzeiten) und das **Organisationsrisiko** (ungenügende Ergebnisse und unzufriedene Kunden durch organisatorische Mängel, ineffiziente Kompetenzzuordnung, mangelhafte Abgrenzungen in der Organisation etc.).

Im Unterschied zu den internen Risiken handelt es sich bei den **externen Risiken des Betriebsbereichs** um Störungen des Wertschöpfungsprozesses von außen. Zu unterscheiden sind im Wesentlichen das **Kostenrisiko** im Personal- und Sachmittelbereich (z. B. jährliche Tariferhöhungen, Arbeitszeitverkürzungen, Notwendigkeit komplexerer Softwaresysteme etc.), das **Auslastungsrisiko** bei Beschäftigungsschwankungen und das **Standortrisiko** (falsche Kapitalbindung durch Veränderungen am Standort).

Ebenfalls von großer Bedeutung, aber schwer abzuschätzen sind die **Rechtsrisiken**. Einerseits können hier **Vertragsrisiken** entstehen, falls sich nachträglich Verträge oder Regelungen in Verträgen als unwirksam erweisen. Andererseits beinhalten **Nachweisrisiken** die Gefahr, dass Rechtsansprüche nicht bewiesen und somit nicht durchgesetzt werden können.

Vergleicht man diesen Überblick über die im Rahmen des Risikocontrolling in Kreditinstituten zu beachtenden Risiken mit der Realität in den Banken und Sparkassen, so zeigt sich eine noch große Differenz zwischen den theoretisch leicht darstellbaren Idealvorstellungen und den heutigen Möglichkeiten in der Praxis.

3 Risikomessung

Als zentrale Anforderungen sind die Gleichnamigkeit und Deckungsgleichheit von Ergebnis und Risiko für alle Geschäftsbereiche anzusehen. Das Ergebnis eines Geschäftsbereiches ist prinzipiell als Differenz zwischen dem Barwert (Marktwert) des Geschäftsbereichs am Periodenende abzüglich des Barwerts am Periodenanfang zu bestimmen. Eventuelle Entnahmen während der Periode sind zu addieren, Einlagen zu subtrahieren. Allerdings ist zu bedenken, dass ein positiver Barwert z. B. durch einen hohen (erwarteten) positiven Cashflow in der fernen Zukunft entstehen kann. Die Praxis fordert jedoch regelmäßige, periodische Ergebnisse um die Existenz der Bank sichern zu können. Somit sind neben Barwerterhöhungen bzw. Marktwertsteigerungen zusätzliche periodische Ergebnisansprüche zu fordern. Diese Forderung bezieht sich sowohl auf das handelsrechtliche G+V-Ergebnis, das die Erhöhung von Kursreserven aufgrund des Imparitätsprinzips des § 252 HGB nicht beinhaltet, als auch auf das betriebswirtschaftliche Periodenergebnis nach dem Mark-to-market-Verfahren.

Hinsichtlich der Risikomessung hat sich das VaR-Konzept in wichtigen Risikobereichen weitgehend durchgesetzt. Dieses Konzept ermöglicht die Gleichnamigkeit der Risiken zumindest für Teilbereiche aller abzubildenden Risikoarten, indem man z. B. die Barwertminderung (Marktwertminderung) eines Geschäftsbereichs schätzt, die mit einer bestimmten Wahrscheinlichkeit (z. B. 99 %) innerhalb eines bestimmten Zeitraumes (z. B. 1 Tag Haltedauer der Wertpapiere) nicht überschritten wird (vgl. Abbildung 4). Allerdings gibt es Risikobereiche (z. B. beim Ablauf betrieblicher Prozesse), wo neben VaR-Konzepten andere Ansätze – wie Balanced Scorecard und Qualitätsmessverfahren – von Praktikern für die Risikomessung bevorzugt werden.

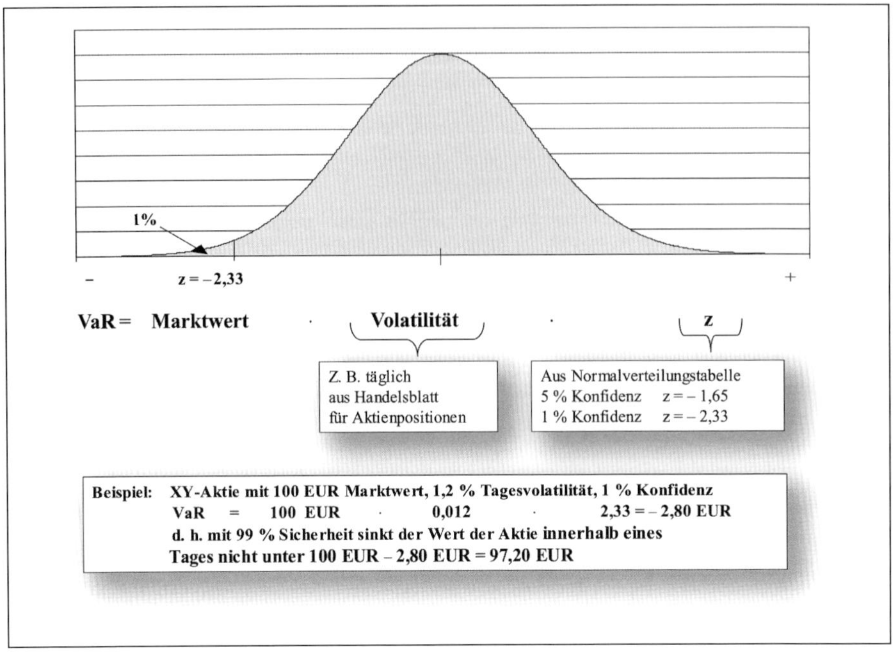

Abbildung 4: Gleichnamigkeit der Risiken mit VaR

Die Möglichkeiten der Ergebnismessung für die einzelnen Geschäftsbereiche im Rahmen der Gesamtbanksteuerung zeigt Abbildung 5.

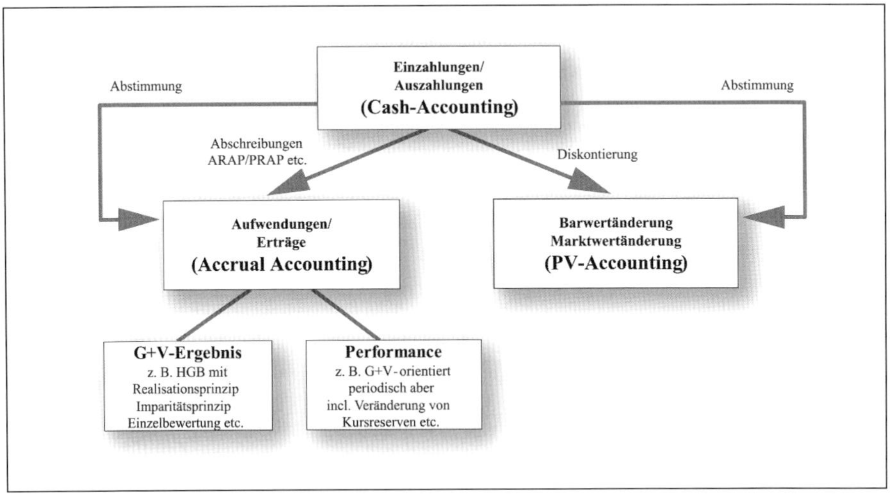

Abbildung 5: Möglichkeiten der Ergebnismessung

Zur Ergebnismessung sind die reine Betrachtung von Ein- und Auszahlungen, die Rechnung mit Aufwendungen und Erträgen und das Barwertkonzept zu unterscheiden. Diese Verfahren werden im angelsächsischen Raum und im internationalen Sprachgebrauch mit den Begriffen Cash-Accounting, Accrual-Accounting und PV-Accounting (**P**resent **V**alue) unterschieden. Abstimmungsprobleme entstehen in der Praxis häufig, weil z. B. Händlersysteme am PV-Konzept ausgerichtet sind, der Controller aber den direkten Vergleich der Ergebnisse mit der handelsrechtlichen GuV (Accrual-Konzept) anstrebt. Hierzu ist zu bedenken, dass die Verknüpfung des „Cash-Accounting" über Abschreibungen, Rechnungsabgrenzungsposten etc. mit dem „Accrual-Accounting" erfolgt. Dagegen wird das „PV-Accounting" über Diskontierungsfaktoren mit dem „Cash-Accounting" verbunden. Somit ist die direkte Abstimmung zwischen „Accrual-Accounting" und „PV-Accounting" nicht möglich. Geht man jedoch den Weg über die Cashflows, ist – bei entsprechender Ausgestaltung der Systeme – die genaue Abstimmung unproblematisch darstellbar.

Zur Messung des Risikos im Bereich der Marktrisiken ist das VaR-Verfahren mit den Unterarten „Historische Simulation", „Varianz-Kovarianz-Methode" und „Monte-Carlo-Simulation" fest etabliert. Für die Berechnung des Kreditrisikos herrscht hinsichtlich der zu bevorzugenden Methoden noch keine derartige Klarheit. Die Verfahren, die mit Übergangswahrscheinlichkeiten zwischen Rating-Klassen auch Bonitätsänderungen erfassen, sind zwar konzeptionell überlegen, verursachen jedoch – oft wegen zu hoher Anforderungen an die Datenbasis – praktische Probleme. Die Abbildungen 6 bis 8 zeigen – zur besseren Veranschaulichung für den einfachen Fall zweier Rating-Klassen – die Berechnung des Kredit-VaR bei einem endfälligen Kredit über 10 000 EUR mit drei Jahren Laufzeit unter Beachtung von Übergangswahrscheinlichkeiten.

Rating heute	Übergangswahrscheinlichkeit			
	(Rating nach einem Jahr)			
	1	2	Ausfall	Konkursquote
1 (nicht riskant)	96,90 %	3,00 %	0,10 %	k (1) = 80 %
2 (riskant)	4,00 %	94,00 %	2,00 %	k (2) = 40 %

Die Wahrscheinlichkeit, dass sich ein Kredit, der heute in Rating-Klasse 1 angesiedelt ist, nach einem Jahr in Rating-Klasse 2 befindet, beträgt

3 % !

Abbildung 6: Berechnung des Kreditrisikos

Die Konkursquote k (1) = 80 % in Abbildung 6 besagt, dass Kredite, die in Rating-Klasse 1 angesiedelt sind, im Konkursfall zu 80 % über Sicherheiten abgedeckt („zurückgezahlt") werden können. Um die erforderliche Kreditrisikoprämie für die erwarteten Ausfälle („expected loss") zu bestimmen, sind die Rechenschritte in Abbildung 7 erforderlich.

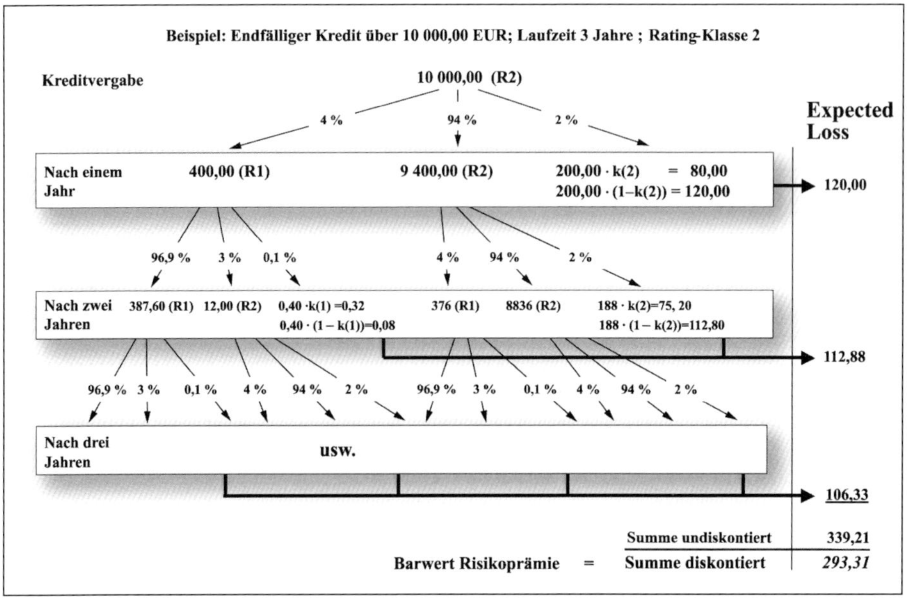

Abbildung 7: Berechnung der Kreditrisikoprämie

Der erwartete Verlust („expected loss“) wird über die Kreditkonditionen von den Kreditnehmern geleistet. Folglich ergibt sich die in Abbildung 8 dargestellte Bestimmung des Kredit-VaR („unexpected loss“). Da es sich um einen einzelnen Kredit handelt, erscheint der VaR im Vergleich zum Kreditbetrag extrem hoch.

Ausfallwahrscheinlichkeit = 2 % Konfidenz 98 %

Bei Ausfall beträgt der Verlust 10 000,00 · (1 – k(2)) – 293,31 =

= **5706,69 EUR** VaR 98 % Konfidenz **(Unexpected Loss)**

Die Wahrscheinlichkeit, mehr als 5706,69 EUR zu verlieren ist kleiner/gleich 2 %.

Starke Risikoreduktion (Verminderung VaR) durch Aufteilung des ausgeliehenen Betrags auf mehrere Kreditnehmer.

Abbildung 8: Berechnung des Kredit-VaR

Bei Aufteilung des Kreditbetrags auf mehrere Kreditnehmer reduziert sich der VaR deutlich und eine asymmetrische Verteilung des Kreditrisikos – wie in Abbildung 9 dargestellt – entsteht.

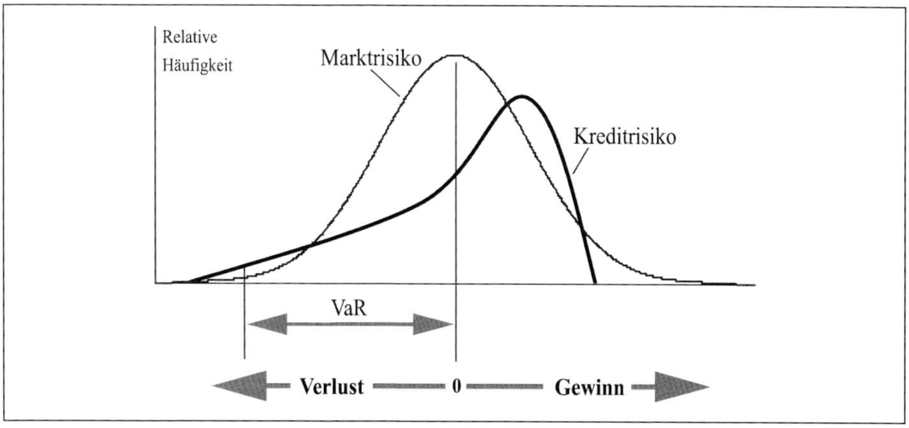

Abbildung 9: Asymmetrische Verteilung des Kreditrisikos

4 Risikosteuerung und Limitsysteme

Ausgehend von diesen Grundgedanken stellt sich unmittelbar die Frage, wie die Risiken im Rahmen der Gesamtbanksteuerung zu limitieren sind. Grundsätzlich sind Volumenlimite, Risikolimite und Verlustlimite als die drei Hauptkategorien der Limitierungsmöglichkeiten zu unterscheiden.

Über viele Jahre wurden in den Finanzinstituten überwiegend reine **Volumenlimite** verwendet. Entscheidende Vorteile der Volumenlimite sind die geringen Informationsanforderungen, die einfache Handhabung und die Tatsache, dass sie leicht verständlich und damit in der Praxis gut kommunizierbar sind. Sie sind jedoch oft zu ungenau – 100 Mio. Volumen einer einjährigen Anleihe sind unter Risikogesichtspunkten anders zu beurteilen als das gleiche Volumen einer zehnjährigen Anleihe – und insbesondere bei derivativen Geschäften nicht sachgerecht.

Bei Verwendung von **Risikolimiten** dominiert inzwischen in der Finanzpraxis das Value at Risk-Konzept (VaR). Hier wird die Frage gestellt, welche maximalen Verluste mit einer bestimmten Wahrscheinlichkeit künftig entstehen könnten. Hieraus lässt sich eine hierarchische Limitverteilung für die Gesamtbank ableiten, bei der durch Korrelationseffekte die Summe der untergeordneten VaR-Limite größer sein kann als das übergeordnete Gesamtlimit eines Bereichs bzw. der gesamten Bank. VaR-Limite begrenzen potenzielle Verluste und erlauben den „Blick nach vorne". Konsequenterweise können dann jedoch – trotz Einhaltung vorgegebener VaR-Limite – Verluste entstehen und kumulieren. Dieser Gefahr kann auch durch selbstverzehrende VaR-Limite, die sich zeitabhängig oder bei Eintritt bestimmter Ereignisse vordefiniert verändern, nur teilweise begegnet werden. Wesentliche Nachteile des VaR-Konzepts sind außerdem die hohen Informationsanforderungen und die Abhängigkeit von statistischen Annahmen. Beispielsweise muss beim praktischen Einsatz in den meisten Fällen unterstellt werden, dass in der Vergangenheit beobachtete Wahrscheinlichkeiten auch weiterhin gelten.

Eine Vorbeugung gegen Verlustkumulierung bieten dagegen die **Verlustlimite.** Bei diesem Konzept werden beim Überschreiten vorher festgelegter Maximalverluste entweder die Geschäfte für die Restperiode eingestellt oder es wird der Versuch unternommen, die vorhandenen Risiken soweit wie möglich bis zur Vorlage neuer Vorstandsentscheidungen abzusichern. Im Unterschied zu den VaR-Limiten wird somit vergangenheitsorientiert mit dem „Blick zurück" auf die bereits erzielten Ergebnisse gesteuert. Der Verlust pro Periode (Woche, Monat etc.) wird begrenzt, häufig unter Hinzunahme von nach oben offenen Stop-Loss-Limiten, bei denen man bei positiver Ergebnisentwicklung keine Maßnahmen ergreift, jedoch ausgehend vom jeweils aktuellen Ergebnis nur einen gewissen Spielraum nach unten zulässt. Zu betonen ist, dass im Unterschied zur nach wie vor noch teilweise vorhandenen Praxis nicht nur die handelsrechtlichen G+V-Verluste z. B. nach HGB, sondern auch die betriebswirtschaftlichen Ergebnisse („mark-to-market") unter Einrechnung der **Veränderung** von Kursreserven und Barwerten in die Verlustlimitierung eingehen müssen.

Es ist empfehlenswert und entspricht dem derzeitigen Trend in der Praxis, VaR-Limite mit Verlustlimiten zu kombinieren, um sowohl zukunftsgerichtet als auch unter Beachtung bereits eingetretener Verluste die Risiken zu begrenzen.

5 Risikoreporting

Die Qualität der Gesamtbanksteuerung hängt nach Einführung eines Limitsystems entscheidend davon ab, wie effizient und zeitnah die Ergebnisse und Risken an die Entscheidungsträger berichtet werden. Heutiger Stand sind überwiegend periodische Berichte, beispielsweise als Tages-, Wochen- oder Monatsmeldungen, die via Intranet oder noch in Papierform verbreitet werden. Häufig entstehen daraus „Papierberge" und Informationsüberflutung, während die eigentlich gewünschten Informationen fehlen. Auch die Aktualität („Zeitnähe") ist oft nicht zufriedenstellend, insbesondere, wenn mit Tabellenkalkulationsprogrammen aus verschiedenen Berichten und Systemen die Daten mit hohem manuellem Zusatzaufwand zusammengestellt werden müssen.

Ausgehend vom Ansatz der Balanced Scorecard zeichnet sich die Tendenz auch in der Finanzwelt ab, individuelle Instrumententafeln mit maximal 15 bis 20 Instrumenten (Kennzahlen) für das Ergebnis- und Risikoreporting zu entwickeln. Zwischen diesen Kennzahlen können durchaus Zielkonflikte bestehen. Es kommt nämlich gerade darauf an, die unterschiedlichen Zielgrößen ausgeglichen („balanced") zu steuern. Während traditionelle Berichts- und Kennzahlensysteme eine oder wenige Kennzahlen an die Spitze einer Kennzahlenpyramide setzen, werden unterschiedliche Perspektiven mit dem Balanced Scorecard-Ansatz gleichgewichtig verfolgt.

In modernen Ergebnis- und Risikoreportingsystemen genügt es jedoch nicht, nur die Instrumententafel mit den Instrumenten zu entwickeln. Von größter Bedeutung ist es, dass die Anzeige immer aktuell funktioniert, d. h. aus den großen Datenmengen der operativen Systeme die Steuerungsinformationen schnell gewonnen werden.

Hierzu zeichnet sich eine vierstufige DV-Lösung ab. Die unterste, vierte Stufe wird von den operativen Systemen (Kontokorrent, Darlehen, Spar, Wertpapier etc.) gebildet, die unter Zeit-, Sicherheits- und Kostenaspekten nicht direkt mit dem Reportingsystem gekoppelt werden können. Erforderlich ist vielmehr die Extrahierung so genannter Metadaten aus den operativen Systemen und die Zusammenstellung der Daten in normalisierter/standardisierter Form zeitlich und sachlich konsistent in so genannten „Datawarehouses“ (dritte Stufe). Darauf aufbauend werden in der zweiten Stufe OLAP-Lösungen (**On**line **A**nalytical **P**rocessing) durch weitere, modellorientierte Aggregationen erforderlich, die multidimensionale Sichten auf die Daten mit höchster Zugriffsgeschwindigkeit ermöglichen. Erst ganz zum Schluss, in der obersten, ersten Stufe stehen dann so genannte Business Intelligence Tools mit individuellen Systemoberflächen für die Entscheidungsträger bereit. Erst hier handelt es sich um die eigentliche Instrumententafel, die ihre Daten aus dem darunter liegenden OLAP-System ohne spürbare Wartezeiten empfängt.

Durch den verstärkten Einsatz von OLAP wird sich die Bringschuld des Controllers immer stärker zur Holschuld des Managers wandeln. Auch wenn es zur Zeit noch futuristisch und unrealistisch klingt, wird der Controller im Hinblick auf das Reportingsystem künftig sein Hauptaufgabenfeld darin finden, die Funktionsfähigkeit des „Intranet-Explorers“ zu organisieren und zu gewährleisten. Die eigentlichen Entscheidungsträger, die Manager und die Fachanwender, werden sich selbständig – so wie man bereits heute mit Internet-Explorern Informationen im Internet sucht und selektiert – die von Ihnen gewünschten Daten aktuell und fallbezogen aus dem unternehmenseigenen Intranet generieren.

Allerdings bleiben die traditionellen Fragen bei der Konzeption eines effizienten Ergebnis- und Risikoreportingsystems auch unter neuer Technik bestehen. Auch bei Verwendung von OLAP-Technologie ist zu klären:

- Wer stellt welche Informationen ins Netz?
- Wer hat Zugriff auf welche Informationen?
- Wie sind die Zeitintervalle für Aggregationen?
- Wer verantwortet die Richtigkeit und Aktualität?
- Wer ist für die Sicherheit des Reportingprozesses verantwortlich?

Hierzu sind umfangreiche Projekte in Banken und Sparkassen erforderlich, um unter Mitwirkung der betroffenen Abteilungen und Mitarbeiter die erforderlichen Standards und Regeln gemeinsam festzulegen.

6 Quotenverfahren zur Ableitung risikobereinigter Ergebnisansprüche

Zur risikobereinigten Ergebnismessung werden die Größen RORAC (Return on Risk-adjusted Capital) und RAROC (Risk-adjusted Return on Capital) verwendet, deren Herleitung in Abbildung 10 dargestellt ist.

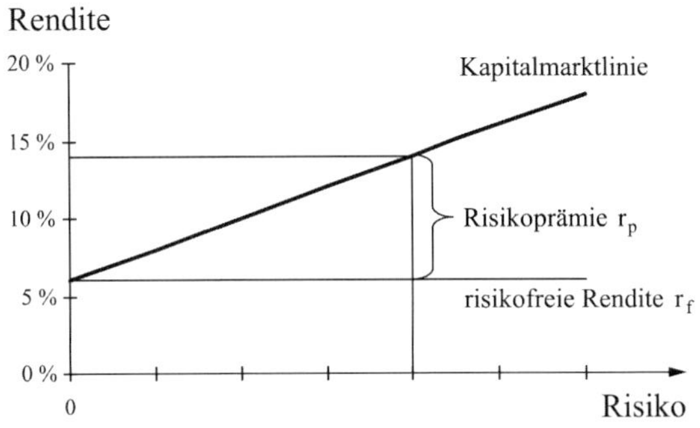

RORAC = Return on Risk-adjusted Capital

$$\text{RORAC}_{\text{Ist}} = \frac{\text{Ist-Nettoergebnis}}{\text{Ist-Risikokapital (VaR)}}$$

$$\text{RORAC}_{\text{Soll}} = \frac{\text{VaR} \cdot (r_p + r_f)}{\text{VaR}} = r_p + r_f$$

Abbildung 10: Risikobereinigte Ergebnismessung (RAPM = Risk-adjusted Profitability Measurement)

Für den Bankensektor des deutschen Kapitalmarktes zeigt sich im Durchschnitt seit 1954 eine Rendite r_K von 11,3 % bezogen auf den Marktwert des Eigenkapitals aller Banken bei einem Risiko (Betafaktor ß) von 0,9. Da die risikofreie Rendite des deutschen Kapitalmarktes für diesen Betrachtungszeitraum bei rund 7,8 % liegt, beträgt die Risikoprämie für ein Investment im Bankenbereich ca. 3,5 %. Der

Marktwert des Eigenkapitals der Banken lag im gleichen Zeitraum um 24 % über dem Buchwert des Eigenkapitals (Marktwert : Buchwertverhältnis = 1,24). Daraus lässt sich ableiten, welche Rendite bezogen auf den Buchwert des Eigenkapitals ein Investor bei Orientierung an den Kapitalmarktrenditen erwarten darf (vgl. Abbildung 11).

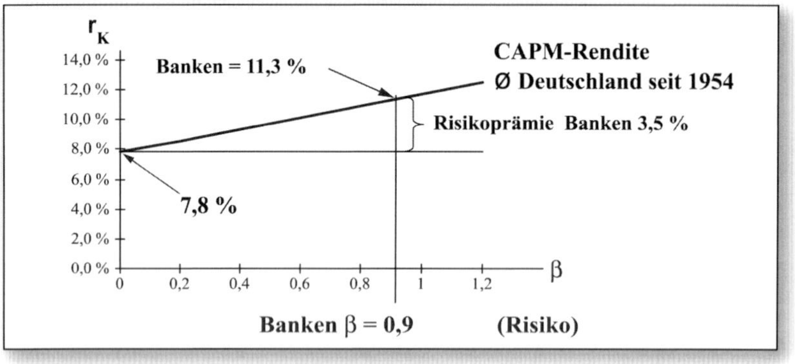

$$\frac{\text{Ergebnis}_{\text{Soll}}}{\text{EK}_{\text{Marktwert}}} = 11{,}3\,\% \qquad \frac{\text{EK}_{\text{Marktwert}}}{\text{EK}_{\text{Buchwert}}} = 1{,}24 \qquad \frac{\text{Ergebnis}_{\text{Soll}}}{\text{EK}_{\text{Buchwert}}} \sim 14\,\%$$

$$\text{RoE}_{\text{n.St.}} \sim 14\,\% \longrightarrow \text{bei 40 \% Steuerquote s} \longrightarrow \text{RoE}_{\text{v.St.}} = \frac{\text{RoE}_{\text{n.St.}}}{1 - s} \sim 23\,\%$$

Um dem Kapitalmarktdurchschnitt aller Banken zu entsprechen, sind 23 % RoE v. St. erforderlich !

Abbildung 11: Ableitung des risikobereinigten Ergebnisanspruchs für die Gesamtbank

Aus der Beobachtung des deutschen Kapitalmarktes seit 1954 resultiert somit – wie in Abbildung 11 dargestellt – ein Anspruchsniveau von 23 % Rendite vor Steuern bezogen auf den Buchwert des Eigenkapitals (RoE = 23 % vor Steuern). Ausgehend hiervon können für die Gesamtbanksteuerung die Ergebnisansprüche der einzelnen Geschäftsbereiche risikobereinigt abgeleitet werden. Dazu ist sowohl die Sollrendite bezogen auf das gesetzliche Eigenkapital als auch bezogen auf den VaR zu bestimmen. Die Abbildungen 12 und 13 zeigen dies am Beispiel einer Bank mit 100 Mio. EUR Buchwert des Eigenkapitals, wovon 80 Mio. EUR durch risikotragende Geschäfte gemäß KWG belegt sein sollen (80 Mio. EUR belegtes gesetzliches Eigenkapital). Das belegte gesetzliche Eigenkapital wird in aller Regel nicht dem Gesamt-

VaR der Bank entsprechen. Annahmegemäß soll der Gesamt-VaR der betrachteten Bank 60 Mio. EUR betragen.

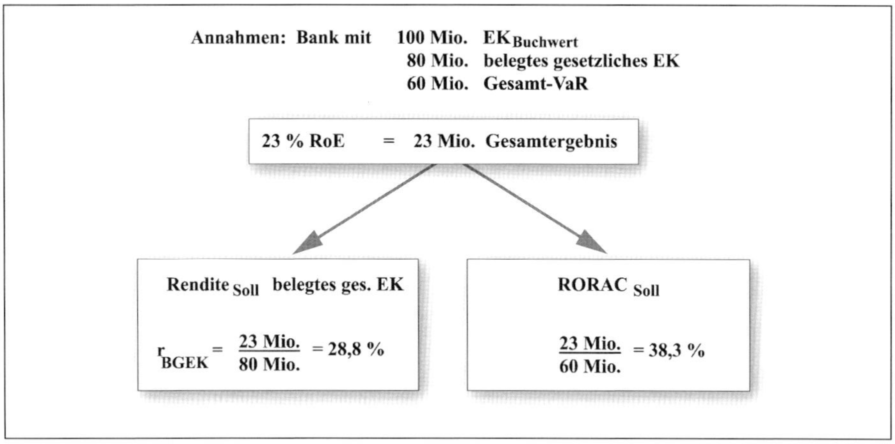

Abbildung 12: Ableitung des risikobereinigten Ergebnisanspruchs für die einzelnen Geschäftsbereiche (Quotenverfahren, Schritt 1)

Das Problem besteht nun darin, für die Geschäftsbereiche Ergebnisansprüche festzulegen, die sowohl das belegte gesetzliche Eigenkapital als auch den VaR pro Geschäftsbereich berücksichtigen. Mit den Abbildungen 12 und 13 wird hierfür ein Verfahren vorgestellt (Quotenverfahren).

	(Mio EUR)	Privatkunden	Firmenkunden	Handel	Zentrale	Summe
(1)	**Belegtes ges. EK**	**10**	**30**	**25**	**15**	**80**
(2)	$VaR_{unkorreliert}$ Marktrisiko	1	2	9	3	**15**
(3)	$VaR_{unkorreliert}$ Kreditrisiko	3	30	1	1	**35**
(4)	$VaR_{unkorreliert}$ Sonstige	1	18	1	2	**22**
(5)	Summe $VaR_{unkorreliert}$	5	50	11	6	72
(6)	**Summe $VaR_{korreliert}$**	**4**	**42**	**9**	**5**	**60**
(7)	Ergebnisanspruch EK (28,8% · Zeile 1)	3	9	7	4	23
(8)	Ergebnisanspruch VaR (38,3 % · Zeile 6)	2	16	3	2	23
(9)	**Max (Zeile 7, Zeile 8)**	**3**	**16**	**7**	**4**	**30**
(10)	**Ergebnisanspruch (Zeile 9 · e)**	**2,3**	**12,3**	**5,4**	**3,1**	**23,0**

Ergebnisquote e = 23 : 30

Abbildung 13: Ableitung des risikobereinigten Ergebnisanspruchs für die einzelnen Geschäftsbereiche (Quotenverfahren, Schritt 2)

7 Ausblick

Am weitesten entwickelt ist die systematische Ergebnis- und Risikosteuerung in den Handelsbereichen der Institute. Allerdings findet man zur Zeit auch hier, insbesondere bei kleineren und mittleren Banken und Sparkassen, keine gezielte Hervorhebung der Risikorentabilitäten. Wie vom Aufsichtsrecht verlangt, wurden zwar inzwischen die Mindestanforderungen an das Betreiben von Handelsgeschäften (MaH) von fast allen Banken und Sparkassen im Bereich der Marktrisiken umgesetzt. Die Entwicklung und Umsetzung von Konzepten zur Steuerung der Kredit- und Liquiditätsrisiken befindet sich jedoch nach wie vor in Bearbeitung. Häufig können wegen noch mangelhafter DV-Systeme oder unvollständiger Datenbasis nicht alle bilanzwirksamen und bilanzunwirksamen Geschäfte automatisiert in die Risikosteuerung einbezogen werden. Die systematische Risikosteuerung für betriebliche (operative Risken im engeren Sinn) und juristische Risiken ist bei den meisten Banken und Sparkassen – falls überhaupt – dann meist nur vergleichsweise rudimentär konzipiert. Bei diesen Risikoarten wird die Tauglichkeit des VaR-Konzepts von einigen Fachleuten bezweifelt. Manche Institute setzen deshalb zur Steuerung betrieblicher Risiken eher auf Balanced Scorecard-Verfahren, die Methoden des Qualitätsmanagements mit Qualitätsindices und Fehlerquoten beinhalten.

Fragt man nach den wesentlichen Instrumenten, die heute vom Risikocontrolling verwendet werden, so steht selbstverständlich die von der Bundesanstalt für Finanzdienstleistungsaufsicht (BAFin) geforderte Fristenablaufbilanz für das Festzinsgeschäft in allen Instituten zur Verfügung. Häufig werden zusätzlich Elastizitätsbilanzen erstellt, um sämtliche festverzinsliche, variabel verzinsliche und unverzinsliche Positionen abzubilden. Mit derartigen Elastizitätsbilanzen lassen sich Simulationsrechnungen für unterschiedliche Zinsszenarien durchführen. Die daraus ableitbaren Ergebnisse können jedoch häufig von den Entscheidungsträgern kaum verwendet werden, weil Annahmen z. B. über die Entwicklung des Neugeschäfts erforderlich sind und – abhängig von den eingegebenen Annahmen – völlig unterschiedliche Aussagen resultieren.

Üblich ist außerdem, in Übereinstimmung mit dem wertorientierten Ansatz der Gesamtbanksteuerung, Barwertänderungen des Festzinsgeschäfts in Abhängigkeit von Veränderungen und Drehungen der Zinsstrukturkurve zu berechnen. Allerdings bestimmen auch hier die Annahmen über die Entwicklung der Zinsstrukturkurve das Ergebnis, sodass hieraus oft keine klaren Entscheidungsgrundlagen für die Praxis gewonnen werden können.

Die Adressenausfallrisiken aus Handels- und Kreditgeschäften werden zur Zeit oft nur mit einfachen Rating-Verfahren zusammengeführt und beobachtet. Der Einzug des VaR-Ansatzes in den Kreditbereich hat gerade begonnen.

Zusammengefasst lässt sich in der heutigen Praxis feststellen, dass partielle Betrachtungen, insbesondere wegen mangelhafter Systeme und uneinheitlicher Datenhaushalte, dominieren. Korrelationen zwischen Risiken und Geschäftsfeldern werden kaum berücksichtigt.

Um das oben skizzierte Konzept der Gesamtbanksteuerung in die Praxis umzusetzen, empfiehlt sich ein schrittweises Vorgehen.

Schritt 1: Strategie

Zunächst sind von der obersten Führungsebene die künftigen Geschäftsbereiche festzulegen, zwischen denen später die Korrelationen bestimmt werden sollen. Für jedes Geschäftsfeld sind anschließend die Risiko- und Ergebniseinflussgrößen zu identifizieren. Top-Management-Aufgabe ist weiterhin die Definition der Gesamtrisikobereitschaft bzw. des Gesamtrisikokapitals, das maximal eingesetzt werden soll. Dieses maximal tragbare Gesamtrisiko ist auf die Geschäftsbereiche zu verteilen. Dabei sind sowohl VaR-Werte als auch aufsichtsrechtliches Eigenkapital den Teilbereichen zuzuordnen. Die VaR-Werte und das aufsichtsrechtliche Eigenkapital sind als wertvolle Inputfaktoren (Ressourcen) für jeden Geschäftsbereich zu verstehen, aus denen sich anschließend die Ergebnisansprüche pro Geschäftsbereich ableiten. Je höher die Ausstattung eines Geschäftsbereiches mit VaR und aufsichtsrechtlichem Eigenkapital ist, desto höher sind die Ergebnisansprüche, die an diesen Geschäftsbereich zu stellen sind.

Schritt 2: Einheitliche Methoden- und Datenbasis schaffen

Hier ist zu prüfen, ob sämtliche risikobehafteten bilanzwirksamen und bilanzunwirksamen Geschäfte (On- and Off-Balance-Geschäfte) erfasst sind. Falls nicht, sind entsprechende Erweiterungen der Methoden- und Datenbasis erforderlich. Das beschriebene vierstufige DV-System (Operative Systeme, Metadaten, OLAP, BIT) ist zu entwickeln und die Risikomessverfahren sind zu spezifizieren.

Schritt 3: Ergebniscontrolling weiter entwickeln

Die wesentlichen Ziele dieses Projektschrittes sollen hier nur stichwortartig skizziert werden. Es zählen dazu die vollständige Trennung der Geschäftsbereiche im Hinblick auf die richtige Abbildung der Ergebnisse pro Geschäftsbereich (Thematik innerbetriebliche Verrechnungspreise) sowie die Aufspaltung des Gesamtbankergebnisses pro Geschäftsbereich in Kundenkonditionenbeitrag, Fristentransformationsbeitrag und Währungstransformationsbeitrag.

Schritt 4: Risikocontrolling weiter entwickeln

Analog zu Schritt 3 sind zur Risikomessung mit der Ertragsseite deckungsgleiche Geschäftsbereiche abzubilden. Zu bestimmen sind – soweit wie möglich – die VaR-Werte für die unterschiedlichen Risikoarten (Markt-VaR, Kredit-VaR, Investitions-VaR etc.) pro Geschäftsbereich. Außerdem sind die Korrelationen zwischen den Geschäftsbereichen aus historischen Daten zu berechnen und/oder abzuschätzen. Da sich die Korrelationen im Zeitablauf verändern können, ist Pflegeaufwand für die Korrelationstabellen permanent erforderlich.

Schritt 5: Aufbau- und Ablauforganisation anpassen

Hierzu zählen die Definition klarer Verantwortungsbereiche, die sich an den künftigen Geschäftsfeldern, zwischen denen im Rahmen der Gesamtbanksteuerung die Korrelationen berechnet werden, orientiert. Außerdem sind Handlungsanweisungen und Alarmpläne zu entwickeln.

Schritt 6: Zentrale und dezentrale Limitierung

Von der obersten Führungsebene ist zunächst die Höhe des Risikokapitals festzusetzen, das maximal eingesetzt werden soll und ein Verlustlimit für die Gesamtbank ist zu definieren. Die Kombination aus Risikolimit und Verlustlimit darf also nicht nur für einzelne Geschäftsbereiche gelten, sondern ist zunächst zentral für das Gesamtinstitut zu bestimmen (zentrale Limitierung). Das Risiko- und Verlustlimit der Gesamtbank ist anschließend unter Beachtung der Korrelationen zwischen den Geschäftsbereichen nach unten auf die einzelnen Geschäftsbereiche zu verteilen. Durch die Korrelationseffekte kann die Summe der untergeordneten Risikolimite höher sein als das Risikolimit der Gesamtbank. Innerhalb eines Geschäftsbereichs entscheidet der Bereichsleiter (Bereichsvorstand) über die weitere Verteilung der Risiko- und Verlustlimite auf Unterabteilungen, Gruppen, Personen etc. in seinem Bereich (dezentrale Limitierung). Mit der Vergabe von Risiko- und Verlustlimiten ist den Verantwortlichen gleichzeitig mitzuteilen, welche Ergebnisansprüche daraus von ihnen erwartet werden. Die Tatsache, vorher wohl überlegte Risiken eingehen zu dürfen und Risikokapital einzusetzen, muss auch in den Köpfen der Mitarbeiter als wertvoller Inputfaktor (Ressource) verstanden werden, der entsprechende Ertragserwartungen (Output) auslöst.

Schritt 7: Integriertes Ergebnis- und Risikoreporting

Hier ist der ständige Abgleich zwischen den Ertragserwartungen (Ergebnisansprüchen) aus dem zugeordneten Risikokapital (Soll-Risiko und Soll-Ergebnis des Beobachtungszeitraums) und dem tatsächlich beobachteten Ist-Zustand (Ist-Risiko und Ist-Ergebnis des Beobachtungszeitraums) zu institutionalisieren. Außerdem ist die Einhaltung der Verlustlimite und festgelegten Verfahrensweisen bei Limitüberschreitungen zu beobachten und zu messen und an die vorher definierten Berichtsempfänger zu berichten. Im Unterschied zur noch heutige häufig anzutreffenden Praxis ist – um dem Konzept der Gesamtbanksteuerung gerecht werden zu können – auf absolute Deckungsgleichheit der Bereiche bei der Risiko- und Ergebnisberechnung zu achten. Es darf beispielsweise kein Risiko anderer Bereiche in einen Bereich einfließen, ohne die zugehörige Ergebnisverrechnung durchzuführen. Gerade diese sachlichen und zeitlichen Abgrenzungen, die aus konzeptioneller Sicht selbstverständlich erscheinen, sind in der Praxis häufig nur schwer konsequent durchzuhalten.

Die sieben Projektschritte verdeutlichen die hohen Anforderungen an ein integriertes Risikocontrolling der Kreditinstitute. Trotzdem stellt sich die Frage, ob zur Steuerung eines gesamten Instituts dieser Blickwinkel ausreicht. Zur „Gesamtbanksteuerung" im eigentlichen Sinne ist von den Zielen, die angesteuert werden sollen, auszugehen. Neben dem Ziel „Risikorentabilität" dürfen dann Ziele wie Existenzsicherung, Wachstum, neue Kunden, Wiederholungskunden, zufriedene und motivierte Mitarbeiter etc. nicht unberücksichtigt bleiben. Dazu ist zu prüfen, mit welchen Inputfaktoren gesteuert werden kann, welche Prozesse zu regeln sind und wie der angestrebte Output aussehen sollte. Der sich daraus ergebende Regelkreis mit den dazugehörigen Steuerungsinstrumenten ist in Abbildung 14 skizziert.

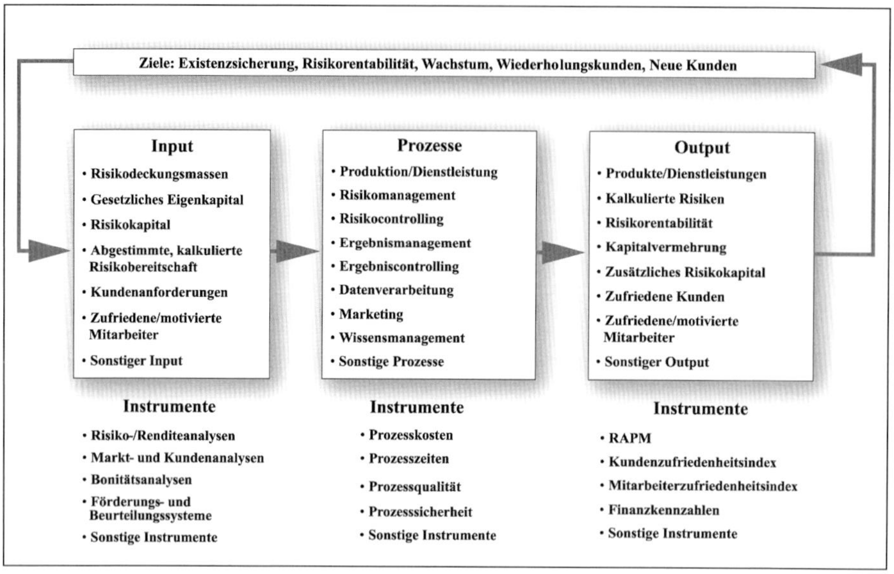

Abbildung 14: Risikocontrolling der Kreditinstitute

Die Ausrichtung auf Risikorentabilitäten kann somit nur einen ersten Schritt zu einem umfassenderen Risikocontrolling-Konzept darstellen, das künftig neben der Perspektive der Kapitalgeber vor allem auch die Kunden-, Prozess- und Mitarbeiterperspektive beinhalten wird.

8 Literatur

Crössmann, J. (1982): Entscheidungsverhalten auf unvollkommenen Märkten, Frankfurt.

Crössmann, J.; Tietz, R. (1982): Market Behaviour Based on Aspiration Levels, in: Tietz, R. (Hrsg.): Aspiration Levels in Bargaining and Economic Decision Making, Berlin – Heidelberg – New York – Tokyo, S. 170–185.

Crössmann, J. (1989): Internes Controlling von Finanzinnovationen im Bankbereich – am Beispiel der Finanzswaps, in: Burger, K.-M. (Hrsg.): Finanzinnovationen, Risiken und ihre Bewältigung, Stuttgart, S. 159–176

Crössmann, J. (1999): Konzeption der Gesamtbankrisikosteuerung, 6. Handelsblatt-Konferenz „Risikomanagement für die Gesamtbank", Mainz.

Crössmann, J. (2000): Controlling/Banksteuerung: Konzepte und Stand der Verfahren, in: Deutscher Sparkassen- und Giroverband e.V. (Hrsg.): Betriebswirtschaftliche Blätter, Heft Juli 2000, S. 335–342.

Crössmann, J. (2001a): Erfolgskennzahlen für das Marketing-Controlling, in: is report, Zeitschrift für betriebswirtschaftliche Informationssysteme, Heft 8/2001.

Crössmann, J. (2001b): Für Kundenzufriedenheit, Kundenbindung und Marketing-Mix: Indices und Kennzahlen, in: is report, Zeitschrift für betriebswirtschaftliche Informationssysteme, Heft 9/2001.

Crössmann, J. (2002): Mehr als eine Kennzahl, in: Strukturen – Information für Management und Controlling, I/2002.

Haftungsrisiken des Unternehmers bei der Inanspruchnahme von Krediten

Georg Melzer

1 Einleitung

Unternehmer waren es, die in den „Gründerjahren“ um 1870 zu einer Welle von Bankenneugründungen beitrugen: Neu aufkommende Großprojekte insbesondere in der Schwerindustrie konnten letztlich nur durch große Geschäftsbanken in der Rechtsform der Aktiengesellschaft finanziert werden. Stand seinerzeit jedoch die Entwicklung des Großkredits als solcher im Mittelpunkt, tritt heute angesichts einer Vielzahl von Kreditausfällen mehr und mehr die Frage in den Vordergrund, welche rechtlichen Risiken der Kreditnehmer bei der Beantragung und Gewährung eines Darlehens eingeht. Denn wenn sowohl die Bank als auch der Unternehmer als Kreditgeber und Kreditnehmer vorrangig an den wirtschaftlichen Bedingungen des Kredits interessiert sind, darf nicht vergessen werden, dass es sich hierbei um eine Rechtsbeziehung zwischen zwei Vertragspartnern handelt, die mit gegenseitigen Rechten und Pflichten ausgestattet ist. Die rapide gestiegene Risikovorsorge der Banken spricht eine deutliche Sprache: Lag der Vorsorgeaufwand für möglicherweise notleidend werdende Kredite 1999 noch bei ca. 11 Mrd. EUR, hat er sich im Jahr 2001 auf über 19 Mrd. EUR nahezu verdoppelt. Im Jahr 2002 hat sich die Lage für viele Banken derart weiter verschärft, dass schon daran gedacht wurde, Auffanggesellschaften zu gründen, in die die notleidenden Engagements übertragen werden können (sogenannte „bad bank“). Entsprechend aufmerksam und sensibel sind die Kreditinstitute folglich bei der Frage der (unter Umständen persönlichen) Haftung für solche Ausfälle. Der Unternehmer ist daher gut beraten, seine rechtliche Position im Rahmen der Kreditvergabe realistisch einzuschätzen, Risiken sowohl zivil- als auch strafrechtlicher Natur zu berücksichtigen und angesichts wechselnder wirtschaftlicher Bedingungen jedenfalls dafür Sorge zu tragen, dass er jederzeit auf der rechtlichen Seite unangreifbar ist.

Im Folgenden soll gezeigt werden, in welchen Situationen klassischer Weise Haftungsrisiken auf Seiten des Kreditnehmers entstehen. Dabei geht es zunächst um die Haftung des Kreditnehmers der Bank gegenüber, die mit der richtigen Darstellung seiner Vermögens- und Finanzverhältnisse beginnt, sich über die vertraglich vereinbarte Verwendung der gewährten Mittel fortsetzt und bei der Frage endet, welche Folgen Fehler oder Nachlässigkeiten bei der Kreditbeantragung oder -handhabung nach sich ziehen. Darüber hinaus geht es aber auch um die Frage, welches Haftungsrisiko der Geschäftsführer oder Vorstand als den Kredit Verantwortender persönlich trägt, sei es der Bank gegenüber, sei es seiner eigenen Gesellschaft oder – im Falle der Insolvenz – deren Gläubigern gegenüber. Schließlich soll die strafrechtliche Komponente erläutert werden, die mit dem Kreditbetrug nicht zu unterschätzen ist.

In der folgenden Betrachtung werden dabei die Begriffe „Kredit" und „Darlehen" synonym verwendet. Das BGB kennt zwar in den §§ 488 ff. nur das Darlehen, der Kredit taucht erst im Strafgesetzbuch im Rahmen des Kreditbetrugs auf. Im Rechtsverkehr hat sich aber gleichwohl der Begriff des Kredits gegenüber dem Darlehen durchgesetzt, obwohl rechtliche Unterschiede nicht bestehen. Auch die unterschiedliche Bezeichnung der handelnden Personen als Geschäftsführer, Geschäftsleiter oder Vorstand geschieht nicht aus rechtlichen, sondern aus Vereinfachungsgründen. Die hier gezeigten Probleme und Rechtsfolgen gelten für die GmbH genauso wie für die Aktiengesellschaft, die OHG oder KG.

2 Haftungsrisiken der Gesellschaft

„Wer Geld oder andere vertretbare Sachen als Darlehen empfangen hat, ist verpflichtet, dem Darleiher das Empfangene in Sachen von gleicher Art, Güte und Menge zurückzuerstatten" (§ 607 BGB). Auf diese kurze Feststellung beschränkte sich der Gesetzgeber bis vor kurzem bei der Regelung dessen, was einen Kredit ausmacht. In vier weiteren Paragraphen wurden ergänzende Bestandteile des Darlehensverhältnisses geregelt, nämlich die Fälligkeit einer (nicht zwingend) vereinbarten Verzinsung, Rückerstattungsfälligkeiten und Kündigungsrechte des Schuldners sowie die Widerrufsmöglickeit eines Darlehensversprechens. Nahezu sämtliche weitere in der Praxis relevanten Details und Rechtsprobleme des Kredits waren Folge von ausführlichen Vertragsregelungen zwischen den Parteien, die sich im Laufe der Zeit herausgebildet und schließlich in den Allgemeinen Geschäftsbedingungen der Banken ihren Niederschlag gefunden haben. Erst mit dem Anfang 2002 in Kraft getretenen Schuldrechtsmodernisierungsgesetz hat der Gesetzgeber eine umfangreiche Neuregelung der Materie vorgenommen, die nun in den §§ 488–507 BGB verankert ist. Viele der bislang nur abgeleiteten und durch Rechtsfortbildung entstandenen Regelungen sind nun ausdrücklich festgeschrieben, verbunden mit einer Anpassung der Regelungen an den modernen Wirtschaftsverkehr. So wird nunmehr unterschieden in Darlehen zwischen Unternehmern, solchen zwischen Unternehmen und Verbrauchern, Finanzierungshilfen und Ratenlieferungsverträgen. Die hier interessierenden Fragen des Haftungsrisikos verbergen sich sämtlich in den §§ 488–490 BGB und den nach wie vor bestehenden Vertragsstandards.

Bei der Beantragung und Gewährung eines Kredits handelt es sich um einen schuldrechtlichen Vertrag. Ohne hier die juristischen Einzelheiten zu vertiefen, sollte das Verständnis dafür bestehen, dass ein solcher Vertrag durch die Übereinstimmung zwischen einem Angebot und der darauf gerichteten Annahme zustande kommt. Im

Falle einer Kreditgewährung erfolgt das Angebot durch die Bank, den Kunden mit einem Kredit zu versorgen. Der Kunde nimmt dieses Angebot, also den Kredit, entweder ausdrücklich oder stillschweigend an. Ausdrücklich erfolgt die Annahme durch Unterschrift unter den Kreditvertrag, stillschweigend (konkludent) durch schlichte Verfügung über eingeräumte Kreditfazilitäten. Selbstverständlich wird die Bank nicht von sich aus an den Kunden herantreten, um ihm ein Darlehen anzubieten, die Initiative geht in der Regel von dem kreditsuchenden Unternehmer aus. Im Rechtssinne aber fordert dieser die Bank lediglich auf, ihm ein Angebot zu machen, das er sodann annehmen wird. Dieser kleine Unterschied ist unter dem Blickwinkel der Haftungsrelevanz maßgeblich: Die Bank wird ihr Angebot nämlich erst dann auslegen, wenn sie den Kreditwunsch gründlich geprüft hat. Das Angebot erfolgt damit zu einem Zeitpunkt, zu dem die eigentliche Kreditentscheidung bereits gefällt ist. Noch vor Abschluss des eigentlichen Vertrags muss der potenzielle Kreditnehmer sich daher dessen bewusst sein, dass die Zurverfügungstellung seiner Daten und die Aufbereitung sämtlicher Umstände der Kreditbeantragung zur Grundlage des Kreditvertrags und damit potenziell haftungsrelevant werden. Die später noch darzustellenden Rechtsfolgen einer „kreativen“ Kreditbeantragung können also bereits eintreten, bevor der Darlehensvertrag unterzeichnet wurde oder die gewährten Mittel in Anspruch genommen wurden.

Dabei kommt es auch nicht darauf an, ob der Kreditvertrag tatsächlich schriftlich und in allen Einzelheiten ausformuliert wird, oder ob es sich um eine formfreie Kreditzusage handelt. Zwar ist die insbesondere im angloamerikanischen Rechtsraum übliche ausführliche Vertragsformulierung inklusive sämtlicher Bedingungen, also auch dessen, was üblicherweise in den Allgemeinen Geschäftsbedingungen der Banken enthalten ist, bei uns nicht üblich. Doch die rechtliche Qualität auch eines formfrei beantragten und durch Zurverfügungstellung entsprechender Linien gewährten Kredits ist unter dem Gesichtspunkt der Haftung identisch mit der eines schriftlichen Darlehensvertrags.

Bei der eigentlichen Prüfung des Kreditwunsches unterscheidet die Bank zwischen Kredit*fähigkeit* und der persönlichen wie sachlichen Kredit*würdigkeit*. Im Rahmen der Kreditfähigkeit wird hier zunächst nur geprüft, ob der potenzielle Kreditnehmer überhaupt fähig ist, Partner des Kreditvertrags zu werden, insbesondere also, ob der Kreditnehmer geschäftsfähig ist (bei natürlichen Personen) oder ob das beantragende Unternehmen ordnungsgemäß vertreten wurde. Die Prüfung in diesem Zusammenhang beschränkt sich aber lediglich auf die Feststellung, dass der Vertreter tatsächlich Geschäftsführer oder Vorstandsmitglied ist. Diese sind, genauso wie persönlich haftende Gesellschafter der OHG oder KG im Außenverhältnis unbeschränkbar berechtigt, für das Unternehmen zu handeln, also auch, Darlehensverbindlichkeiten in beliebiger Höhe einzugehen. Die Bank ist bei der Gewährung und Besicherung von Krediten grundsätzlich nicht zur Prüfung verpflichtet, ob eine gesellschaftsrechtlich vorgesehene Zustimmung im Innenverhältnis eingeholt worden ist. Unabhängig davon ist aber in der Praxis vor Abschluss von Vereinbarungen über Kredite und deren Besicherung ein eventuell bestehendes Zustimmungserfordernis nicht gänzlich zu ignorieren. Die Bank kann sich dann nicht auf eine unbeschränkte Vertretungsberechtigung berufen, wenn sie weiß oder es sich ihr jedenfalls aufdrängen muss, dass ein Missbrauch der Vertretungsmacht oder deren Überschreiten vorliegt. Es versteht sich von selbst, dass Fehler bei der rechtsgeschäftlichen Vertretung eines Unternehmens zu haftungsrechtlichen Konsequenzen sowohl auf Seiten der Bank als auch auf Seiten des für das Unternehmen Handelnden führen können. So setzt sich der unberechtigt einen Kredit Beantragende zwangsläufig einem Haftungsrisiko aus, von dem angeblich vertretenen Unternehmen und/oder der kreditierenden Bank auf Schadensersatz in Anspruch genommen zu werden. Auf Seiten der Bank wiederum sind haftungsrechtliche Konsequenzen dann denkbar, wenn die fehlende Vertretungsbefugnis der Bank hätte bekannt sein müssen oder können. Für den kreditbeantragenden Unternehmer spielen diese Fälle in der Praxis jedoch eine weit untergeordnete Rolle. Viel wichtiger ist für ihn regelmäßig die Prüfung der eigentlichen Kreditwürdigkeit, die es der Bank ermöglichen soll, eine endgültige Aussage über die Vertretbarkeit der Kreditgewährung zu machen.

„Banker ist, wer bei Sonne einen Schirm verleiht, um ihn bei Regen zurückzufordern." Dieser weit verbreiteten Ansicht über die Usancen des Kreditgeschäfts folgend wird der Unternehmer im Rahmen der Kreditbeantragung zunächst immer an seine wirtschaftliche Situation, an Zahlen und Sicherheiten denken. Nur dann – so die Einschätzung – wird die Bank überhaupt willig sein, einen Kredit zu vergeben. Häufig gerät bei der Selbsteinschätzung des Unternehmens aus dem Blick, dass nach wie vor bestimmte so genannte „soft facts" im Rahmen der Vergabeentscheidung genauso wichtig sind: Eigenschaften wie Solidität, Ehrlichkeit, Zuverlässigkeit, Ruf und Glaubwürdigkeit sind nach wie vor bestimmend im Rahmen der Kreditvergabe. Deshalb wird bei ihrem Fehlen die Kreditentscheidung in der Regel auch dann negativ ausfallen, wenn das Zahlenmaterial stimmt. Naturgemäß wird es dem kreditbeantragenden Unternehmer bei diesen Prüfungspunkten kaum möglich sein, absichtlich oder fahrlässig falsche Angaben zu machen. Die erwähnten Eigenschaften bilden sich im Laufe von Jahren heraus und sind der Bank im Rahmen der Kreditbeziehung in der Regel bekannt. Sie gelten gleichermaßen für die Person des Einzelunternehmers wie auch für die Qualität des Management eines größeren Unternehmens. Ist diese Hürde der persönlichen Einschätzung genommen, konzentriert sich die Prüfung der Bank im Wesentlichen auf fünf Punkte: Managementqualifikationen, Verwendungszweck des Kredits (Plausibilität), Abschlussanalyse, Aktuelle Geschäftslage und ergänzende Angaben sowie schließlich Zukunftsperspektive und Planung. Im Rahmen der Haftungsproblematik sind dabei insbesondere die Punkte Verwendungszweck, Abschlussanalyse sowie die Darstellung der aktuellen Geschäftslage maßgeblich, eingeschränkt die Angaben über Planung und Zukunftsperspektive. Für die Entscheidung der Bank über die Vertretbarkeit des Kredits ist sie nahezu ausschließlich auf Angaben angewiesen, die aus der Sphäre des Kreditnehmers stammen. Er oder sein Steuerberater stellt die Bilanz auf, beschreibt die aktuelle wirtschaftliche Situation und erstellt Planungsrechnungen. Auch wenn diese Angaben soweit wie möglich überprüft werden, ist ihre Richtigkeit doch Dreh- und Angelpunkt der Kreditentscheidung. Stellt sich hier heraus, dass der Kreditnehmer falsche Zahlen vorgelegt, negative Tatsachen verschwiegen oder positive erfunden hat, sind die Grundlagen des Kreditvertrags zerstört. Die Grenzen sind dabei oft fließend, nicht jede Tatsachendarstellung geschieht in betrügerischer Absicht, oft werden tatsächlich bestehende Überzeugungen als Tatsachen dargestellt oder Vermögenswerte fahrlässig überbewertet. Auf die äußerst umstrittene Frage, wann Tatsachen falsch sind und wann nur missverständlich soll hier daher genauso wenig eingegangen werden wie auf die Differenzierungen zwischen falscher und „aggressiver" Bilanzierung. Im Rahmen dieser Betrachtung wird unterstellt, dass der Kredit mit unrichtigen Angaben erlangt wurde.

Die Bank hat gemäß Nr. 19 Abs. 3 AGB Banken ein außerordentliches Kündigungsrecht, wenn Tatsachen vorliegen, die der Bank unter Berücksichtigung aller Umstände des Einzelfalls und unter Abwägung der beiderseitigen Interessen die Fortsetzung des Kreditvertrags bis zum Ablauf der ordentlichen Kündigungsfrist oder der Laufzeit des Vertrags nicht mehr zumutbar erscheinen lassen. Seit der Neuregelung des Schuldrechtsmodernisierungsgesetzes ist diese Rechtsfolge auch gesetzlich normiert. Der Wortlaut des neuen § 314 Abs. 1 BGB entspricht weitestgehend dem von Nr. 19 Abs. 3 AGB Banken. Eine solche Tatsache ist regelmäßig die Erkenntnis, den Kredit auf Grundlage von falschen Informationen oder geschönten Tatsachen gewährt zu haben. Auch eine vertragswidrige Verwendung der Darlehensmittel stellt eine grobe Pflichtverletzung dar, die die Bank zur außerordentlichen Kündigung berechtigt.

Nun ist mit der reinen Kündigung und Rückforderung des Darlehens noch keine Haftung im eigentlichen Sinne eingetreten, also eine Verantwortlichkeit für fremde Schäden. Sie entsteht aber durch das Recht der kündigenden Bank, neben der Rückzahlung des Darlehensbetrags auch Schadensersatz zu beanspruchen. Der Gedanke ist folgerichtig: Durch die Kündigung des Kreditverhältnisses kann der Darlehensgeber den Vertragszins nicht mehr beanspruchen. Er kann aber so gestellt werden, wie er bei ordnungsgemäßer Erfüllung stünde. Dieser Schadensersatzanspruch bei außerordentlichen Kündigungen ist nicht neu. Der BGH hat beispielsweise mit Entscheidung vom 08.10.1996 wieder bestätigt, dass der Bank auch bei einer Eigenkündigung ein Schadensersatzanspruch zusteht, wenn diese Kündigung durch Vertragsverletzungen des Darlehensnehmers ausgelöst wurde. Der eingetretene Schaden besteht dabei in Form des so genannten „Zinsmargenschadens" oder „Zinsverschlechterungsschadens" und ist letztlich nichts anderes, als eine gesetzlich geregelte Vorfälligkeitsentschädigung. Bedingt durch die vorzeitige Rückzahlung entgehen der Bank Ratenzahlungen, die ihr vertragsgemäß für den Zeitraum der geschützten Zinserwartung zugeflossen wären. Um keinen Schaden zu erleiden, muss sie sich die Raten am Kapitalmarkt beschaffen, den erhaltenen Kreditbetrag also anderweitig anlegen. Naturgemäß entsprechen diese Einnahmen in der Höhe nicht denen aus dem Kreditvertrag. Die Differenz kann daher als Zinsmargenschaden geltend gemacht werden. Hat die Bank den Kredit bei Vertragsabschluss unwiderruflich refinanziert, so entsteht ihr zusätzlich ein Zinsverschlechterungsschaden, wenn sie infolge des zwischenzeitlich gesunkenen Zinsniveaus die zurückerhaltenen Mittel nur zu einem niedrigeren Zins wieder als Kredit anlegen kann. Von dem so ermittelten Schaden sind ersparte Verwaltungsaufwendungen und nicht verbrauchte Gebühren anteilig abzuziehen, der Saldo besteht als Schadensersatzanspruch dem Darlehensnehmer gegenüber. Diese Rechtsfolge eines durch falsche Angaben erlangten Kredites sind für den Unternehmer also doppelt belastend: Zunächst durch die erzwungene Rückzahlung des Darlehens, wodurch im schlimmsten Fall eine Insolvenz ausgelöst, jedenfalls aber eine Ersatzfinanzierung unter erschwerten Bedingungen erforderlich wird. Darüber hinaus aber durch den Schadensersatzanspruch, der durch die Vorverlegung von (Zins-)Ansprüchen, die eigentlich erst im Laufe von Monaten oder Jahren fällig geworden wären, zusätzliche Liquidität verbraucht.

Trotz dieser eindeutigen und rigiden Rechtsfolgen ist die außerordentliche Kreditkündigung aus Sicht der Bank aber durchaus ein zweischneidiges Schwert. Stellt sich nämlich heraus, dass die Kündigung unberechtigt war, liegt eine Pflichtverletzung der Bank vor, die ihrerseits wiederum zu Schadensersatzansprüchen des Kreditnehmers führt. Dieser kann demnach sämtliche zusätzlichen Aufwendungen beanspruchen, die ihm aufgrund der vorzeitigen Darlehensrückzahlung entstanden sind. Hat die unberechtigte Kreditkündigung die Insolvenz des Kreditnehmers ausgelöst, so ist der Substanzverlust zu ersetzen, den der Darlehensnehmer durch die Insolvenz erleidet. Vor diesem Hintergrund wird die Bank die außerordentliche

Kündigung nur in Fällen aussprechen, die eindeutig eine Pflichtverletzung des Kunden erkennen lassen, um nicht selbst Haftungsansprüchen ausgesetzt zu sein.

Ein weiteres Haftungsrisiko des Kreditnehmers besteht, wenn er einen gewährten Kredit nicht abnimmt. Wenn auch gesetzlich nicht ausdrücklich geregelt, gilt die Verpflichtung zur Abnahme nach ganz herrschender Meinung als konkludent vereinbart, wenn die Darlehensgewährung für den Darlehensgeber Anlagecharakter hat. Dies ist bei Darlehen an Unternehmer meistens, bei grundschuldgesicherten, längerfristigen Krediten immer der Fall. Verstößt der Darlehensnehmer gegen diese Abnahmepflicht, ist der Darlehensgeber zur Forderung einer Vorfälligkeitsentschädigung berechtigt, die seinen entgangenen Gewinn abdeckt. Die Berechnung verläuft analog der oben beschriebenen Vorgehensweise. Dabei ist aber gegebenenfalls ein Mitverschulden der Bank anzunehmen, das die Schadensersatzforderung reduziert. Dies ist dann der Fall, wenn ein Ersatzkreditnehmer gleicher Bonität zur Verfügung steht, von der Bank aber nicht akzeptiert wird. Der Kreditnehmer sollte sich auf diese vage Aussicht aber nicht verlassen, sondern bereits vor Beantragung, spätestens aber rechtsgültigen Vereinbarung des Kredits prüfen, ob die Mittel tatsächlich benötigt werden. Andernfalls setzt er sich auch hier einem unnötigen Haftungsrisiko aus.

3 Haftungsrisiken der für die Gesellschaft Handelnden

In der bisherigen Betrachtung ging es um Haftungsrisiken des Kreditnehmers, also der Gesellschaft. In bestimmten Fällen besteht ein Haftungsrisiko aber nicht nur für den Kreditnehmer selbst, sondern auch für dessen Organe, also den Vorstand oder die Geschäftsführer. Eine solche persönliche und unbeschränkte Haftung der Handelnden kann gegenüber der Bank entstehen, gegenüber der eigenen Gesellschaft oder gegenüber Gläubigern der Gesellschaft. Bei folgenden Konstellationen wird eine persönliche Haftung bejaht.

3.1 Haftung gegenüber dem Darlehensgeber

Sie ist zunächst denkbar, wenn der Vertreter bei seinem Verhandlungspartner auf der Bankseite ein über das normale Verhandlungsvertrauen hinausgehendes, persönliches Vertrauen in Anspruch nimmt oder suggeriert, weil er dem Kreditwunsch zum Beispiel persönlich nahe steht oder wirtschaftlich selbst stark am Vertragsabschluss interessiert ist. Der Vorstand oder Geschäftsführer kann demnach bei dem Kreditgeber den Eindruck erwecken wollen, er übernehme eine zusätzliche Gewähr für die Richtigkeit und Vollständigkeit der Erklärungen, die er im Namen der Gesellschaft abgibt oder er werde persönlich für die erfolgreiche Geschäftsabwicklung gerade stehen. Kommt der Kredit daraufhin zustande, besteht ein nicht zu unterschätzendes Risiko des Vertreters, von der Bank für Ausfälle persönlich in Anspruch genommen zu werden. Damit soll nicht der Eindruck entstehen, der Geschäftsführer oder das Vorstandsmitglied hafte stets subsidiär und stünde der Bank gleichsam als „Hilfsschuldner" zur Verfügung. Nach wie vor richten sich sämtliche Ansprüche grundsätzlich gegen den Vertragspartner und nicht gegen dessen Vertreter. Wenn aber der Vertreter weiß, dass der Kredit nur wegen seiner unter Umständen drängenden oder gewichtigen Fürsprache zustande kommt, muss er sich darüber im Klaren sein, dass sich diese vordergründige Bestätigung des persönlichen Vertrauens auch zum gefährlichen Mühlstein entwickeln kann.

In der Praxis ist ein anderer Fall wichtiger, nämlich derjenige einer Kreditinanspruchnahme zu einem Zeitpunkt, zu dem eine Insolvenz schon droht. Nimmt eine Gesellschaft Kredit in Anspruch, obwohl zu erwarten ist, dass sie zum Zeitpunkt der Rückzahlungsfälligkeit insolvent sein wird, ist der beantragende Geschäftsführer oder Vorstand im Rahmen der Vertragsverhandlungen verpflichtet, den Kreditgeber über diesen Umstand aufzuklären. Diese Aufklärungspflicht wird in höchstrichterlicher Rechtsprechung angenommen, weil eine drohende, dem Unternehmen bekannte Zahlungsunfähigkeit geeignet ist, den eigentlichen Vertragszweck, nämlich die Rückzahlung des Kredits, zu vereiteln. Die spätere Berufung auf die alleinige Haftung der GmbH oder der AG stellt in diesen Fällen einen Missbrauch der rechtlichen Selbständigkeit der Gesellschaft dar. Unterlässt es der Geschäftsführer oder Vorstand, die gebotene Aufklärung vorzunehmen, läuft er auch hier Gefahr, für dieses Versäumnis persönlich gerade stehen zu müssen.

Schließlich sei noch kurz die so genannte Handelndenhaftung des § 11 GmbHG erwähnt: Demnach haftet persönlich, wer vor Eintragung einer GmbH in das Handelsregister Verpflichtungen für die Gesellschaft eingeht, beispielsweise also ein Darlehen aufnimmt. Würde die Gesellschaft zahlungsunfähig, könnte sich die Bank an den handelnden Geschäftsführer halten. Aus zwei Gründen ist dieses Haftungsszenario in der Praxis aber kaum relevant: Zum einen erlischt die persönliche Haftung mit Eintragung der GmbH auch für solche Ansprüche, die zuvor entstanden sind. Eine Haftung besteht also nur für eine Übergangszeit. Zum anderen wird kaum eine Bank Darlehensmittel für eine noch nicht rechtskräftig eingetragene Gesellschaft zur Verfügung stellen, sodass das Problem eher theoretischer Natur ist. In zwei Fällen jedoch sollte die Handelndenhaftung nicht unterschätzt werden: Wenn beispielsweise ein großes persönliches Vertrauen (s. o.) dazu eingesetzt wird, die Bank doch zu einer Finanzierung vor Eintragung der Gesellschaft zu überreden. Auch Übergangszeiten zwischen einem bereits bestehenden Einzelunternehmen oder einem Unternehmen in Form einer BGB-Gesellschaft und dessen Umwandlung in eine GmbH können eine solche Haftung auslösen. Daher muss in diesem Fall sehr genau darauf geachtet werden, Kreditverpflichtungen rechtlich einwandfrei der neuen GmbH zuzuordnen, um eine unbeabsichtigte Resthaftung der Gesellschafter oder (neuen) Geschäftsführer zu verhindern.

3.2 Haftung gegenüber der Gesellschaft

Die bisher behandelten Haftungsrelevanzen betrafen immer das Verhältnis Kunde–Bank, also Darlehensgeber und -nehmer. Es sollte jedoch nicht vergessen werden, dass es darüber hinaus im Rahmen der Kreditvergabe auch Haftungstatbestände gibt, die nur auf Seiten des Unternehmens von Bedeutung sind. Sie betreffen die eventuelle Haftung des Geschäftsführers oder Vorstandsmitglieds seiner eigenen Gesellschaft gegenüber und sind Folge des jeweiligen Haftungsmaßstabes. So haften Vorstandsmitglieder einer AG nach § 93 II 1 AktG gegenüber ihrer Gesellschaft für Pflichtverletzungen, wenn sie nicht die Sorgfalt eines ordentlichen und gewissenhaften Geschäftsleiters einhalten und der Gesellschaft daraus ein Schaden entsteht. Etwas abweichend formuliert, im Ergebnis aber nicht weniger streng ist die Haftung des Geschäftsführers der GmbH: Nach § 43 I GmbHG hat der Geschäftsführer in den Angelegenheiten der Gesellschaft die Sorgfalt eines ordentlichen Geschäftsmannes anzuwenden. Verletzt er diese Pflicht, haftet er der Gesellschaft für den entstandenen Schaden. In beiden Fällen ist das Organ also gehalten, auch im Rahmen der Inanspruchnahme von Krediten die erforderliche Sorgfalt zu beachten. Dies bezieht sich sowohl auf die Frage, ob ein Kredit überhaupt erforderlich, angemessen und finanziell tragbar ist, als auch, wenn diese Fragen bejaht wurden, auf die damit einhergehenden Verpflichtungen und Konditionen.

Der Unternehmer neigt dazu, eine Kreditgewährung immer als Erfolg guter Verhandlungen oder Bestätigung seines guten Rufes zu betrachten. Dabei wird oft die Frage verdrängt, ob sich die Gesellschaft den Kredit auch wirklich leisten kann, ob also die der Bank geschilderten Szenarien hinsichtlich der Verwendung und Rückzahlung der Mittel auch realistisch sind. Stellt sich heraus, dass sich das Unternehmen übernommen hat und der Geschäftsleiter das bei der Kreditbeantragung hätte erkennen müssen, kommt eine Haftung gegenüber der Gesellschaft in Betracht. Diese Haftung bezieht sich auf den durch eine überflüssige, im Extremfall existenzgefährdende Kreditaufnahme entstandenen Schaden. Ob dieser Schaden in der Praxis immer nachweisbar sein wird, ist freilich ungewiss, die Geltendmachung dürfte – von dem einfach zu ermittelnden Zinsschaden abgesehen – auf erhebliche tatsächliche Probleme stoßen. Gleichwohl muss sich der Geschäftsführer oder Vorstand der Gefahr bewusst sein, dass er es ist, der die finanzielle Bewegungsfreiheit der Gesellschaft ganz oder teilweise zu verantworten hat und für allzu sorglos eingegangene Verpflichtungen zur Rechenschaft gezogen werden kann. Gleiches gilt, wenn der Kredit zwar erforderlich und angemessen, aber zu teuer ist. Niemand wird von einem noch so sorgfältigen Geschäftsführer verlangen können, bei Kreditverhandlungen den denkbar günstigsten Kredit zu erhalten. Gleichwohl haben die Leitungsorgane aber die Pflicht, die finanziellen Interessen der Gesellschaft im Auge zu behalten. Der Geschäftsführer, der aus Bequemlichkeit marktunübliche Finanzierungskonditionen akzeptiert, braucht dafür einen guten Grund. Andernfalls wird ihn die Gesellschaft mit Recht fragen, wieso er die finanziellen Belastungen des Unternehmens höher ansetzt als erforderlich. Der entstandene Schaden ist in diesen Fällen unproblematisch nachweisbar und kann von der Gesellschaft geltend gemacht werden. Auch hier gilt natürlich, dass der Geschäftsleiter erhebliche Handlungsspielräume hat und nicht jede Abweichung von der Ideallinie automatisch einen Haftungstatbestand indiziert. Gleichwohl ist er aber gut beraten, Finanzierungskonditionen auch im eigenen Interesse sorgfältig zu verhandeln, um potenzielle Risiken zu vermeiden.

3.3 Haftung gegenüber Gläubigern

Eine Haftung des Geschäftsführers aus Kreditinanspruchnahme gegenüber Gläubigern ist auf den ersten Blick schwer vorstellbar. Sie kann aber im Zusammenhang mit der Insolvenz der Gesellschaft entstehen: Wenn die Voraussetzungen vorliegen, hat der Geschäftsführer gemäß § 64 Abs. 1 GmbHG spätestens drei Wochen nach Eintritt der Zahlungsunfähigkeit einen Insolvenzantrag zu stellen. Parallel dazu hat er nach Abs. 2 für den Erhalt der Haftungsmasse Sorge zu tragen. Die selbe Pflicht trifft die Vorstände der Aktiengesellschaft, sie ergibt sich dort aus § 92 Abs. 1, 2 AktG. Diese primär dem Gläubigerschutz dienende Vorschrift macht den Geschäftsführer ersatzpflichtig, wenn er nach Eintritt der Zahlungsunfähigkeit oder nach Feststellung ihrer Überschuldung Zahlungen leistet, die mit der Sorgfalt des ordentlichen Kaufmanns nicht vereinbar sind. Diese Vorschrift wird weit ausgelegt und umfasst nicht nur Zahlungen im eigentlichen Sinne, sondern verbietet Masseschmälerung auf jede erdenkliche Weise. Damit soll gewährleistet werden, dass den Gläubigern jedenfalls das, was zum Zeitpunkt der Insolvenz des Schuldners noch vorhanden ist, erhalten bleibt. Dazu zählen neben den Vermögenswerten auch Forderungen, die – ihre Werthaltigkeit vorausgesetzt – zu Gunsten der Gläubigergemeinschaft eingezogen werden sollen. Um trotz bestehender Überschuldung die Zahlungsunfähigkeit der Gesellschaft zu verhindern oder hinauszuzögern, kann nun der Geschäftsführer einen Kredit aufnehmen oder eine eingeräumte Kreditlinie ausnutzen, um fällige Verbindlichkeiten zu tilgen. Räumt er der Bank dabei eine Rechtsposition ein, die sie vor den anderen Gläubigern begünstigt, macht er sich ersatzpflichtig! Das kann z. B. geschehen, wenn der Bank zur Absicherung des Kredits eine Globalzession eingeräumt wird. In diesem Fall kann sich die Bank bevorrechtigt aus den eingehenden Forderungen befriedigen, die damit der Haftungsmasse nicht mehr zur Verfügung stehen. Während der Bank so also eine unter Umständen umfangreiche Rückzahlung zugute kommt, haben die Forderungen anderer Gläubiger nur noch den Wert der Quote. Diese zunächst praxisfern anmutende Konstellation gewinnt eine andere Sicht, wenn man sich einen Fall vor Augen hält, den das OLG Oldenburg 2001 zu entscheiden hatte. Dort hatte der Geschäftsführer für einen Kredit über 1,5 Mio. DM die Mithaftung übernommen. Wenige Tage vor Stellung des Insolvenzantrages, als die GmbH schon erheblich überschuldet war, verkaufte er das gesamte Warenlager für 900 000 DM an Dritte. Den Scheck löste er bei der kreditierenden Bank ein, die sich insoweit befriedigt sah und den Geschäftsführer als Gegenleistung aus der persönlichen Haftung entließ. Eine Schmälerung der Haftungsmasse wurde hier vor dem Hintergrund des erheblichen Eigeninteresses bejaht. Auch in dem oben beschriebenen Szenario der Kreditaufnahme gegen Globalzession besteht die Gefahr, dass verständliche Eigeninteressen des Geschäftsführers (zumal des Gesellschaftergeschäftsführers) dazu führen, Verbindlichkeiten abzulösen, hinter denen eine persönliche Haftung steht. Auch in diesem Fall entsteht ein sehr realistisches Haftungsproblem, wenn durch diese neue Kreditaufnahme andere Gläubiger geschädigt werden. Diese können ihre Ansprüche über den Insolvenzverwalter und zusätzlich direkt über §§ 823 Abs. 2 BGB, 64 Abs. 2 GmbHG gegenüber dem Geschäftsführer geltend machen. Diese direkte Haftung war früher noch umstritten, ist mittlerweile aber höchstrichterlich entschieden.

Nur am Rande sei vermerkt, dass die Kreditgewährung im Vorfeld einer Insolvenz auch für die Bank ein Haftungsrisiko birgt. Wird der Kredit nämlich nicht in ernster Sanierungsabsicht gewährt, sondern in dem Bestreben, die Gesellschaft noch so lange am Leben zu erhalten, bis die eigenen Forderungen über die Rechte anderer Gläubiger hinweg so weit wie möglich beglichen sind, macht sie sich gegebenenfalls an einer Insolvenzverschleppung mit schuldig. In diesen Fällen haftet die Bank dritten Gläubigern gegenüber auf Ersatz des Schadens, den diese erlitten haben, weil sie im Vertrauen auf die Kreditwürdigkeit des Unternehmens noch neue Geschäfte mit diesem eingegangen sind oder weil die Substanz des Unternehmens während der Verzögerung des Insolvenzantrags weiter abgenommen hat.

4 Die strafrechtliche Komponente – Der Kreditbetrug

Wer einen Kredit unter Vorlage von falschen oder geschönten Tatsachen beantragt, erfüllt damit in der Regel zugleich den Tatbestand des Kreditbetrugs. Dabei handelt es sich naturgemäß um ein Delikt des persönlich Handelnden, also des Geschäftsführers, Vorstands oder Einzelunternehmers. Der Kreditbetrug kommt in zwei verschiedenen Ausprägungen vor, als Unterfall des Betrugs im eigentlichen Sinne nach § 263 StGB und als Kreditbetrug im engeren Sinne nach § 265b StGB. Danach macht sich strafbar, wer einem Betrieb oder Unternehmen im Zusammenhang mit einem Antrag auf Gewährung, Belassung oder Veränderung der Bedingungen eines Kredits für einen Betrieb oder ein Unternehmen unrichtige oder unvollständige Angaben über die wirtschaftlichen Verhältnisse macht. Das kann geschehen durch die Vorlage falscher Bilanzen, Vermögensübersichten, Gewinn- und Verlustrechnungen oder durch das schlichte Verschweigen von (naturgemäß negativen) Tatsachen, die die Kreditvergabe beeinflussen könnten.

Wo liegen nun die Unterschiede zwischen dem Kreditbetrug im engeren und im weiteren Sinne? Abgesehen vom Strafmaß, das für den Betrug Freiheitsstrafe von bis zu fünf Jahren, für den Kreditbetrug „nur" drei Jahre vorsieht, liegt der Unterschied im Eintritt der Strafbarkeit: Der Betrug – gleich ob im Kreditbereich oder in anderen Rechtsverhältnissen – setzt immer eine Ereigniskette voraus. Sie beginnt mit der Täuschungshandlung, die einen Irrtum erzeugt. Dieser führt zur Vermögensverfügung und löst wiederum den Vermögensschaden aus. Am Beispiel des Kreditbetrugs im weiteren Sinne wären also beispielsweise die Vorlage einer falschen Vermögensaufstellung (Täuschungshandlung), der Glaube der Bank, einen soliden Kreditnehmer zu haben (Irrtum), die Zurverfügungstellung eines Darlehens (Vermögensverfügung) und die fehlende Rückzahlungsfähigkeit des Kreditnehmers (Schaden) erforderlich, um den vollendeten Betrug zu verwirklichen. Auch der Versuch des Betrugs ist bereits strafbar: Selbst wenn die Bank also vor Auszahlung bemerkt, von gefälschten Zahlen ausgegangen zu sein, steht einer Strafbarkeit wegen versuchten Betrugs nichts im Wege. Der Kreditbetrug im eigentlichen Sinne verlagert die Strafbarkeit hingegen nach vorn. Bereits die Vorlage von falschen Unterlagen zwecks Krediterlangung oder das Verschweigen von Tatsachen, die entscheidungserheblich sind, gelten als vollendeter Kreditbetrug! Es kommt also nicht darauf an, ob tatsächlich ein Darlehen ausgezahlt wurde oder ob die Bank tatsächlich getäuscht werden konnte – die schlichte Vorlage oder falsche Tatsachenangabe genügt für die Strafbarkeit. In der gerichtlichen Praxis hat dieser erst 1976 durch die Verabschiedung des ersten Gesetzes zur Bekämpfung der Wirtschaftskriminalität (1. WiKG) in das Strafgesetzbuch aufgenommene Paragraph kaum eine Bedeutung, und das trotz der vermeintlich rigideren Regelung. Die Ursache liegt in der Vielzahl unbestimmter Rechtsbegriffe im Wortlaut des § 265b StGB („Betrieb", „unrichtige Bilanz", „entscheidungserheblich"), die nicht selten dazu führt, dass die Strafverfolgung in einer Gutachterschlacht stecken bleibt. So sind sich selbst Fachleute häufig uneinig, wann eine Bilanz falsch ist und wann sie lediglich Bewertungsspielräume nutzt.

Die relativ unscheinbare Behandlung des Themas Kreditbetrug allgemein beruht aber auch darauf, dass das Anzeigeverhalten der Banken sehr zurückhaltend ist. Kein Institut gibt gern zu, dass es gelingen konnte, Kontrollmechanismen zu überwinden, der gelungene Kreditbetrug ist immer noch eine schlechte Imagewerbung. Trotzdem sollte das dahinterliegende Risiko keinesfalls unterschätzt werden, zumindest eine Strafverfolgung wegen versuchten Betrugs ist durchaus keine Seltenheit und wird bei steigendem Risikobewusstsein der Banken in Zukunft vermutlich zunehmen. Auch der zunehmende bankinterne Druck im Rahmen von Vergabeentscheidungen wird diese Entwicklung beschleunigen. Schließlich ist es leichter zu akzeptieren, einem Betrug zum Opfer gefallen zu sein, als eine Fehlentscheidung getroffen zu haben. Besonders deutlich wird dieser Mechanismus anhand der erst seit relativ kurzer Zeit problematisierten so genannten Bankenuntreue: Verletzt der Entscheidungsträger bei der Kreditvergabe die banküblichen Informations- und Prüfungspflichten, macht er sich gegebenenfalls selbst der Untreue nach § 266 StGB schuldig. In diesem Zusammenhang hat sich der Begriff „Bankenuntreue" eingebürgert (BGH-Urteil vom 15.11.2001–1 StR 185/01). Dem entsprechenden Vorwurf, der von den Staatsanwaltschaften nach spektakulären Unternehmenszusammenbrüchen wie Flowtex oder Schneider immer häufiger verfolgt wird, können sich die verantwortlichen Bankmitarbeiter nur entziehen, wenn die Vorlage unrichtiger Unterlagen durch den Kreditnehmer nachgewiesen oder behauptet wird. Gerade der Fall des Immobilienunternehmers Schneider machte diese Zusammenhänge deutlich. Die Bereitschaft der Banken, entsprechende Auseinandersetzungen nicht mehr allein auszutragen, wird vermutlich steigen. Vor diesem Hintergrund sollte sich der Unternehmer davor hüten, auch nur missverständliche Tatsachendarstellungen als Mittel zur Krediterlangung zu sehen: Ein solcher Kunstgriff kann schnell zum Bumerang werden.

5 Fazit

Bei der Beantragung eines Kredits bestehen Haftungsrisiken des Unternehmens hauptsächlich im Rahmen der Kreditwürdigkeitsprüfung. Bei ihrer Realisierung ziehen sie Schadensersatzansprüche in Form des Zinsmargen- oder Zinsverschlechterungsschadens nach sich. Weniger offensichtlich als diese gemeinhin bekannten Pflichten bestehen Haftungsrisiken der handelnden Personen, die nicht immer sofort erkennbar sind. Insbesondere im Zusammenhang mit einer drohenden Insolvenz muss sich der Geschäftsführer über die dabei bestehenden Fallstricke bewusst sein. Die Haftung ist in diesen Fällen unbeschränkt und bezieht sich auf den der Gesellschaft oder den Gläubigern entstandenen Schaden. Die Straftatbestände des Kreditbetrugs können neben den zivilrechtlichen Auseinandersetzungen verwirklicht werden, wenn auch in der Regel „nur“ in Form des einfachen Betrugs.

Creditor Relations im Mittelstand – Ein Fallbeispiel aus dem Jahr 2002

Carsten Leminsky

1 Ausgangssituation

Das erfolgreiche Wirken des deutschen Mittelstandes ist ganz wesentlich auf die Finanzierungsbereitschaft der Kreditinstitute zurückzuführen. Unternehmerischer Mut im Nachkriegsdeutschland war entscheidend an Bereitstellung von Kapital geknüpft: So ist die Fremdkapitalfinanzierung in der Regel nicht nur Voraussetzung bei der Unternehmensgründung, sondern hat auch für das laufende Geschäft und insbesondere bei expansiven Maßnahmen existenzielle Bedeutung. Gerade Handelsunternehmen können nur aufgrund von Zwischenfinanzierungen ihr Geschäft betreiben.

Das Rating sowie sein Zeitpunkt sollten für keinen Unternehmer mehr überraschend kommen. Wer die zur Verfügung stehende Zeit nicht nutzt, handelt deshalb fahrlässig sich und dem ihm anvertrauten Unternehmen gegenüber. Aktives Handeln ist also gefragt, um Kurs und Tempo selbst zu bestimmen, bevor es andere machen.

Der Druck, der durch das vom Gesetzgeber beschleunigte Risikobewusstsein der Banken auf uns Unternehmer entsteht, ist ein heilsamer. Denn auch ohne diese aus Basel II entstandene Entwicklung hat der Eigenkapitalgeber genau die gleichen Interessen wie die Banken: Sicherheit und Rendite der Einlage. Dass zu diesem Zwecke ein planvolles und allseits kompetentes Vorgehen durch die Kreditnehmer die Kapitalgeber beruhigt und in ihren Konditionen (Zinssatz inklusive) beeinflusst, ist allzu nachvollziehbar.

Insofern sollte sich der mittelständische Unternehmer bzw. sein Management damit abfinden, dass unsere moderne Welt ebensolche Ansprüche entwickelt, wie sie bislang nur an Großkonzerne bzw. notierte Gesellschaften gestellt wurden. Die dort von den Aktionären artikulierten und vorgeschriebenen Informationsansprüche sind nun auch im Mittelstand angekommen.

Eine durchdachte und am Ziel orientierte Vorbereitung sollte ausreichen, um die sich aus dieser Entwicklung ergebenden Ansprüche zu befriedigen. Aus eigener Erfahrung kann gesagt werden, dass Fortschritt und Erfolg zu tiefer Befriedigung führen.

1.1 Unternehmensbeschreibung

Die Firma Fr. Cordes junr. GmbH ist ein typisches Handelsunternehmen mit langer Tradition. Seit der Gründung vor über 150 Jahren ist dieses Unternehmen immer in Familienbesitz gewesen und wurde jeweils von einem Vertreter dieser Familie geführt. Hamburg, historischer Handelssitz, beherbergt viele Unternehmen des Groß- und Außenhandels. Die dort ansässige Firma Cordes wurde in der Folge des deutschen Wirtschaftswunders von einem kleinen Schiffsausrüstungsbetrieb im Hafen zu einem Handelsunternehmen für Verbindungstechnik mit 15 Mio. EUR Jahresumsatz und 90 Mitarbeitern. Das Wachstum der Nachkriegsjahre machte schon Anfang der 1970er Jahre eine Sitzverlegung in ein Industriegebiet vor den Toren Hamburgs notwendig.

Die Produkte der Verbindungstechnik (insbesondere Schrauben) werden in Deutschland und Fernost erworben, um diese dann als Vollsortimenter an verbrauchende Industrieunternehmen (Maschinenbau) bzw. Handelsunternehmen (Baumärkte, Stahl- und Baustoffhändler usw.) zu vertreiben. Das Geschäft ist immer noch stark regional geprägt, da sich in der Vergangenheit ein Transport der gewichtsintensiven Ware über längere Strecken nicht anbot. Aus der in den letzten Jahrzehnten gestiegenen Nachfrage nach Verbindungstechnik – nicht zuletzt infolge der Öffnung der Ostmärkte – resultierte das imposante Wachstum der Firma Cordes sowie der gesamten Branche. Als bekanntester Wettbewerber erlangte die Firma Würth nationale Bekanntheit und Milliardenumsätze.

Der Erfolg basierte – wie bei vielen Mittelständlern – im vorliegenden Fall auf der langjährigen Kooperation zwischen Unternehmer und einigen wenigen Personen mit Führungsverantwortung. Eine geringe Fluktuation, insbesondere im Management, trug wesentlich zum Erfolg der Firma bei, da so langjährige persönliche Beziehungen zu Kunden und Lieferanten als zentraler Wettbewerbsvorteil aufgebaut und genutzt werden konnten.

1.2 Beziehung zu den Hausbanken

Über all die Jahre bestand eine durch die starken Persönlichkeiten auf beiden Seiten geprägte Beziehung des Vertrauens zwischen Unternehmer und Hausbank, die als Landesbank schon immer in der Groß- und Außenhandelsfinanzierung von in Hamburg ansässigen Unternehmen tätig und dadurch ebenfalls gewachsen war. Das Kreditengagement mit Cordes hatte sich über die Jahre kontinuierlich dem Umsatzzuwachs angepasst; außerdem wurde die Expansion an den neuen Standort finanziert. Durchschnittliche bis überdurchschnittliche Umsatzrenditen sowie eine stetig steigende Eigenkapitalquote waren die Kerngrößen der bilanziellen Betrachtung gewesen und so beschränkte sich die Beziehung zwischen beiden Partnern auf wenige Kontakte im Jahresverlauf. Die Prolongation der meist kurzfristigen Zwischenfinanzierungen war eine Selbstverständlichkeit, die Einreichung der Bilanz mit einiger Verspätung eine still geduldete Regelmäßigkeit. Als Besicherung reichte mittlerweile eine Grundschuld auf die Betriebsgrundstücke aus.

Attraktive Märkte mit ebensolchen Margen lockten weitere Kreditinstitute an. So ergab sich in den 1990er Jahren, dass ein weiteres Privatinstitut, ein ebenfalls regional aktives Institut mit Sitz in Hamburg, Interesse an einer Zusammenarbeit zeigte. Daraus ergab sich ein weiteres sechsstelliges Kreditengagement, welches auf unbesicherter Basis von Jahr zu Jahr verlängert wurde.

2 Interne und externe Veränderungen: Neue Herausforderungen ab 2002

Die deutsche Wirtschaft, insbesondere der Mittelstand, sah sich zu Beginn des Jahres 2002 mit vielfältigen Herausforderungen konfrontiert: Nach erfolgreicher Euroumstellung und den sich daraus ergebenden Perspektiven war die konjunkturelle Prognose für das Jahr jedoch gedämpft. Äußerst schwache Wachstumsraten infolge der Zurückhaltung der Konsumenten ließen bei gleichzeitiger Preissteigerung kein gutes Jahr erwarten. Neben der binnenwirtschaftlichen Flaute war auch weltwirtschaftlich kein positiver Impuls zu erkennen.

Gleichzeitig wurde von den Banken erstmals aktiv das gemäß den zukünftigen Basel-II-Vorschriften erforderliche Rating der Kreditkunden vorgenommen. Bei derartigen konjunkturellen Marktbedingungen war es für viele mittelständische Betriebe eine logische Konsequenz, dass dabei interne strukturelle Probleme beschleunigt zutage treten würden. Ineffiziente und ineffektive Organisationsbereiche, eine Überalterung des Managements und die oft genannte Problematik der Unternehmensnachfolge waren nur beispielhafte Indizien dafür, dass erforderliche Anpassungen in der Vergangenheit häufig zu langsam oder gar nicht in Angriff genommen worden waren.

2.1 Veränderungen im Marktumfeld

Aus Wachstums- und Rendite-Sicht immer interessanter wurde in den vergangenen Jahren das Segment der Industriekunden: Neue Servicekomponenten wie z. B. KanBan und C-Teile-Management wurden entwickelt und überwiegend mit guten Margen angeboten. Die klassischen Handelskunden hingegen verlieren seit geraumer Zeit an Bedeutung. Der nachgeordnete Handel für Verbindungstechnik konzentriert sich angesichts dieser Entwicklung stärker in Verbänden und Kooperationen, die zum Teil Milliardenumsätze tätigen. Durch eine Marktkonsolidierung sinkt tendenziell bei stagnierender Marktgröße die Anzahl der Marktteilnehmer. Denn das zu große Angebot an Händlern und Produzenten führt nach dem ökonomischen Prinzip bei gleicher oder sinkender Nachfrage zu einem sinkenden Preis und damit im nächsten Schritt zur Marktbereinigung.

Insbesondere durch die Kopplung der Verbindungsteilebedarfe an die Baubranche schlug die konjunkturelle Schwäche des Jahres 2002 auch voll auf diese Absatzmärkte durch: Deutliche Volumenreduzierungen und Zahlungsschwierigkeiten der Kunden bis hin zu Insolvenzfällen waren Teil des täglichen Geschäfts. In Verbindung mit einem gewohnt unregelmäßigen Bestellverhalten der Handelskunden kam es bei vielen Händlern zu erhöhten Lagerbeständen, die weitere Liquidität banden.

Ähnliches trat bei der Firma Fr. Cordes junr. GmbH zutage. Dramatisch gestiegene Lagerbestände und umfangreiche offene Debitorenpositionen waren zum Bilanzstichtag im Dezember 2001 zu verzeichnen. Der Umsatz hatte sich seit zwei Jahren auf dem gleichen Niveau gehalten, allerdings bei steigenden Kosten – eine Schere, die in 2001 erstmals zu einem Verlust geführt hatte. Auch in 2002 sollte dieser Trend weiter zu bemerken sein: Die Kunden bestellten häufiger kleinere Mengen, um ihr eigenes Lager möglichst zu minimieren, wodurch aber der Kostensatz je Bestellung bei Cordes weiter stieg. Jede Anforderung ist schließlich mit kostenintensiven Transaktionen wie Picklistenerstellung, Kommissionierung, Versand und Rechnungserstellung verbunden.

Als Konsequenz daraus ergab sich die Notwendigkeit, das Geschäft mit unterschiedlichen Kunden (bezüglich Jahresumsatz, Regionen, Artikelverwendung) zu analysieren und stärker zu segmentieren. Schließlich ist ein sinkender Umsatztrend bei steigenden Kosten generell, insbesondere aber in einer von Liquiditätsproblemen geprägten Branche, für das einzelne Unternehmen verheerend. Eine solche Kunden- bzw. Marktsegmentierung ist der erste Schritt einer strategischen Neupositionierung für ein Unternehmen, da die Frage beantwortet wird, *was* (Produkt) in der Zukunft an *wen* (Kunde) geliefert werden soll. In Kenntnis der spezifischen Kundenbedürfnisse ergibt sich daraus rasch das *Wie* (Service), um mit dem so definierten Geschäftsmodell den angestrebten Geschäftserfolg realisieren zu können.

Diese Kundenfokussierung führte bei Cordes zu der Erkenntnis, nicht mehr „alles für alle" zu liefern – ein Prinzip, welches in den Wachstumsjahren erfolgreich angewendet worden war, nun in den Jahren der Konsolidierung aber tunlichst über Bord geworfen werden sollte.

2.2 Veränderungen in der Bankbeziehung

Im vorliegenden Fall der Firma Cordes ging die Neuausrichtung des Kreditgeschäfts zunächst mit einem Wechsel der handelnden Personen einher. So stand dem neuen Geschäftsführer der Firma Cordes Anfang 2002 ein ebenfalls neuer, junger Berater der Hauptbank gegenüber, die sich zur Einführung eines Betreuerkonzepts entschieden hatte. Ziel dieser organisatorischen Neuausrichtung war offensichtlich die genauere Evaluierung der Kundenbedürfnisse und Kundeninformationen, um darauf aufbauend das Produkt „Kredit" sowie die damit verbundenen Services kundenspezifischer als bislang anbieten zu können.

Insofern war und ist das Kernprodukt einer Bank mit dem eines Handelsunternehmens durchaus vergleichbar: Beide sind fungibel, d. h. austauschbar, preistransparent und werden nur durch die mit ihnen verbundenen Servicepakete und Personen stärker differenzierbar.

Die zuvor beschriebene strategische Fokussierung ist also nicht nur im Handel eine zukunftsweisende Aktivität. Bei der Enttäuschung des Mittelstandes über die restriktivere Kreditvergabe der Banken an mittelständische Firmen wird zumeist vergessen, dass auch diese Branche lediglich die entsprechende Devise umsetzt: Schlechtes Geschäft vom guten trennen, um Risiken zu begrenzen und Deckungsbeiträge langfristig zu sichern. Denn auch die Banken in Deutschland handelten in der Vergangenheit zu oft undifferenziert: Universalbanken boten allen Nachfragern ihr Geld an, zählten auf die sicheren Zinseinkünfte und unterschätzten die mit jedem Kreditengagement verbundenen Risiken, die heute nun zu Wertberichtigungen in Milliardenhöhe führen. Insofern kann der mittelständische Unternehmer hier nicht mit zweierlei Maß messen, sondern ist gut beraten, diese Herausforderung ebenfalls anzunehmen.

Als wesentliches Instrument zur Risikobeurteilung der Kreditkunden wird das so genannte Rating genutzt. In verschiedenen Kategorien wird der Kunde hinsichtlich seines Geschäftsrisikos bewertet, das sich im Wesentlichen ergibt aus

- vergangenheitsorientierten Bilanzkennzahlen,
- der zukunftsorientierten Planung,
- der Brancheneinschätzung sowie
- der Beurteilung der Managementqualität.

Insofern dient das Rating lediglich dazu, Risiken rechtzeitig zu erkennen, um ein Geschäft adäquat (d. h. mit Risikoaufschlägen) zu bepreisen oder gegebenenfalls abzulehnen. Die Gewichtung dieser Faktoren (zumeist im klassischen Scoring-Modell) führt zu einer Gesamteinschätzung eines Kunden und einer Einstufung in eine Risikokategorie, die den Zinssatz für das Engagement bestimmt. Durch die Komplexität des Rating-Systems hinsichtlich der Bewertungskategorien unterscheidet sich das Instrument wesentlich von denen der Vergangenheit. Hier standen oft maschinelle, an Kennzahlen orientierte Bilanzanalysen im Vordergrund, welche dann einem Vergleich mit anderen der Branche zugehörigen Firmen unterzogen wurden. Dieser Vergangenheitsfokus verzichtete damit wissentlich auf die Identifizierung von in der Zukunft liegenden möglichen Risiken.

Nicht zuletzt entscheidend für die Vergabe des Kredits ist jedoch das bestehende bzw. angestrebte Kreditportfolio der jeweiligen Bank als anteiligem Kreditvolumen je risikogewichteter Branche. Ein in der Vergangenheit sicher gewähnter Platz in diesem Portfolio für Unternehmen, die nun aber in sich konsolidierenden Branchen tätig sind, geht somit unter Umständen verloren. Ein Schicksal, welches insbesondere Mittelständler im Jahre 2002 traf.

Die eigene Unsicherheit der Banker über ein Rating-System, welches zwar angewandt wurde, aber im Detail noch nicht ausgefeilt war, erschwerte die Geschäftsbeziehung zwischen Banken und Kreditnehmern. So bestand das Interesse der Firma Cordes darin, die erweiterten Informationsbedürfnisse der Fremdkapitalgeber möglichst frühzeitig und detailliert kennen zu lernen. Nur so erschien es möglich, vorbereitet in die Kreditgespräche zu gehen, diese mitzusteuern und vor „Überraschungen" sicher zu sein.

Zudem zeigte sich, dass sich die Banker von der Risikoseite (der eigentlichen Kreditabteilung) gerade in der Einführungsphase des Rating-Modells sehr eng an den Vorgaben orientierten. Im Zweifelsfalle wählten sie eher eine höhere Risikokategorie mit dem Ziel, vorzugsweise mehr als zu wenige Risiken aus dem Portfolio zu tilgen. Im Jahr 2002, das durch teilweise atemberaubende Wertberichtigungsposten in den Bilanzen einzelner Kreditinstitute geprägt war, durfte gerne zusätzlich korrigiert werden, da die Wertberichtigungen ohnehin schon hoch genug waren. Einige weitere Positionen fielen also kaum zusätzlich ins Gewicht. Es galt für die Banken, möglichst alle Risiken im abgelaufenen Kalenderjahr zu berücksichtigen, um sich nach der Phase der Marktkonsolidierung und ausgerüstet mit einem verbesserten Steuerungsinstrumentarium dem Wettbewerb zu stellen und an die Erfolgsgeschichte der früheren Jahre anzuknüpfen.

2.3 Interner Anpassungsbedarf

Wie schon einleitend geschildert, war die Unternehmensnachfolge (nicht nur für die Position des Geschäftsführers) in den letzten Jahren ein zentrales Thema in vielen, vor allem familiär geprägten Unternehmen. Es hat sich gezeigt, dass der Aufschub einer Lösung – oft über Jahre hinweg – einen großen Hemmschuh für die positive Unternehmensentwicklung darstellt. Letztere wird, zumindest im klassischen Sinne, im Mittelstand ohnehin vernachlässigt, da die Herausforderungen des operativen Tagesgeschäfts im Vordergrund stehen und diese oft mit begrenzter Personalkapazität bewältigt werden. Hinzu kommt, dass eine Ausweitung der Personalressourcen im mittelständischen Handel wegen besonders knapper Margen kaum realisierbar ist. So bleiben neben der Frage, *wer* das Unternehmen entwickeln sollte, ebenfalls offen, *wohin* die Reise gehen soll, sofern kein Nachfolger in Sicht ist.

Auch wenn die Nachfolgeproblematik bei der Firma Cordes gelöst war, zeigten sich umgehend viele weitere Herausforderungen. Die gesamte Organisation war hinsichtlich der Strukturen, Abläufe und konkreten Personen über Jahrzehnte eher intuitiv gewachsen und schon vor Jahren im ehemals erfolgreichen Zustand konserviert worden. Als einziges Zugeständnis an die Anforderungen der Gegenwart war ein Warenwirtschaftssystem eingeführt worden, dessen Nutzung aber nur auf den Verkauf beschränkt war. Die Gelegenheit, mit einer Systemeinführung zwingend auch die Organisation zu hinterfragen und zu optimieren, war nicht genutzt worden.

Nach vielen individuellen Gesprächen in den ersten Wochen zeigte sich die Notwendigkeit, Bereiche klar zu differenzieren, Positionen zu definieren, die Verantwortungen unmissverständlich abzugrenzen und anschließend die Stellen neu zu besetzen. Nur mit einem Managementteam, dessen Aufgaben und Kompetenzen einzeln und klar definiert sind, können Veränderungen unter Zeitdruck erfolgreich umgesetzt werden.

Nachdem die Organisationsstruktur bei der Firma Cordes überarbeitet worden war, wurden zwei für die Leistungsfähigkeit eines Großhandels entscheidende Positionen mit externen Mitarbeitern neu besetzt: die Logistikleitung sowie die EDV-Koordination. Deren Aufgaben bestanden zunächst in einer kurzen und prägnanten Aufnahme der Ist-Situation, der Definition von Einzelthemen und -projekten mit dem Ziel, effizientere und effektivere Abläufe in den relevanten Bereichen umzusetzen.

In der Vergangenheit hatte der Fokus nämlich zu stark auf dem Ein- und Verkauf gelegen, da sich aus der Bruttomarge bekanntlich der erste Deckungsbeitrag ergab. Doch in Zeiten transparenterer Märkte, bei gegebener Betriebsgröße (d. h. beschränktem Einkaufsvolumen) und intensivem Wettbewerb liegt der Erfolg nicht mehr ausschließlich in dieser Differenz, sondern in der Fähigkeit, die Warenbewegungen und den gewünschten Service für den Kunden (pünktlich, fehlerfrei, vollständig) zu möglichst geringen Kosten anzubieten. Eine Aufgabe, die ohne ausgeklügelte Logistik und optimalen EDV-Einsatz nicht realisiert werden kann.

Die Personalhistorie der Firma Cordes war seither durch eine geringe Fluktuation geprägt; dies ist jedoch nicht nur positiv zu bewerten. Gerne verweisen Firmenlenker auf eine geringe Abwanderungsquote, die auf zufriedene Mitarbeiter hinweisen soll. Ein Problem ergibt sich jedoch dann für den Arbeitgeber, wenn Mitarbeiter lange Jahre die entscheidenden Abteilungsleiterpositionen besetzen und es häufig vor allem an einem entscheidenden Punkt mangelt: Innovationsfähigkeit. Bei den betreffenden Mitarbeitern ergibt sich durch einen zu langen Verbleib im gleichen Umfeld die viel zitierte „Betriebsblindheit“ mangels Einblick in vergleichbare Abläufe in anderen Unternehmen oder externen Trainings und Seminaren. Eine Firma gerät damit gerade in „harten“ Zeiten noch schneller in einen Existenzkampf.

Effizientes Arbeiten ist keine Frage des Alters einzelner Mitarbeiterinnen oder Mitarbeiter, sondern nur eine Frage von Fähigkeiten. Aktuelles Wissen über technische Möglichkeiten, moderne Abläufe usw. kann man sich nicht im Tagesgeschäft aneignen: Literatur, Seminare, externe Kontakte und Schulungen sind notwendig. Doch eine gesunde Neugierde der verantwortlichen Mitarbeiter reicht nicht aus. Wissen kann und sollte auch ins Unternehmen hinein gebracht werden, indem interessante und fähige Mitarbeiter eingestellt werden. Nur so vermengen sich interne Erfahrungen mit externen Impulsen zum richtigen Erfolgsmix.

So zeigte sich bei Cordes, dass an entscheidenden Stellen Mitarbeiter unter Umständen schon seit 30 Jahren wirkten. Bei mangelnder Ausschöpfung der EDV- und Logistikkenntnisse der Gegenwart konnten Effizienz- und Effektivitätspotenziale nicht erkannt und ausgeschöpft werden. Für entsprechende verdiente Mitarbeiter galt es also, kurzfristig Perspektiven zu suchen und zu finden.

Bei der Analyse der betrieblichen Probleme sollte darauf geachtet werden, nicht nur die Symptome zu diskutieren, sondern die Wurzel des Missstandes, d. h. die Ursache zu erkennen. Oftmals liegt diese in einem anderen Bereich als zuerst angenommen. Dazu ein Beispiel: Bei unvollständigen Stammdaten eines Kunden ergaben sich fehlerhafte Auftragserfassungen und daraus ebensolche Warensendungen. Die Kundenreklamation zog aufwändige Kundengutschriften nach sich, die eingangs als Symptom auffielen. Durch Verzicht auf das Finden von Schuldigen und die sachlich-konstruktive Suche nach Fehlern und Lösungen entstand eine neue Kultur der Problemlösung. Alle Mitarbeiter sahen unmittelbare Fortschritte, auch wenn der Aufwand z. B. durch die Vervollständigung der Datensätze immens war. Die Ergebnisse waren nachvollziehbar, zumal die Mitarbeiterinnen und Mitarbeiter aktiv in den Prozess einbezogen wurden.

Ein weiteres Problem des Unternehmens war die in den vergangenen Jahren zunehmende Disziplinlosigkeit einzelner Mitarbeiter insbesondere im gewerblichen Bereich. Mangelnde Beobachtung von Verhalten und Leistung einzelner Mitarbeiter kann die Motivation vieler Kollegen und nicht zuletzt die Leistungsfähigkeit des gesamten Unternehmens negativ beeinflussen. Die Antwort darauf kann nur konsequentes Handeln sein, da Disziplin und Effizienz als Erfolgsfaktoren für ein Unternehmen stark miteinander korrelieren.

Im Rahmen des Problemanalyse-Prozesses zeigte sich auch die Notwendigkeit der Erarbeitung eines strategischen Zieles. Wie bereits erwähnt, bleiben solche Überlegungen, über die auch die Wirtschaftspresse ausführlich berichtet, oftmals auf Großbetriebe beschränkt. Doch auch die klein- und mittelständischen Unternehmen sollten nicht nur zufällig erfolgreich handelnde Firmen sein, sondern wohl geplante und entsprechend ausgerichtete Instrumente zur Sicherung des Unternehmenserfolgs entwickeln. Lange Jahre waren die Märkte in Deutschland durch Wachstum geprägt, sodass solche Überlegungen nicht gefordert waren: „Das Geschäft kam einfach zur Tür hinein“. Doch seitdem diese Zeiten für die meisten Unternehmen vorüber sein dürften, gilt es, das Marktumfeld und den Wettbewerb zu analysieren, anschließend eine Unternehmensstrategie zu definieren und die eigene Ablauf- und Aufbauorganisation daran anzupassen. Erst dann ist sichergestellt, dass die ganze Mannschaft einen festen Kurs auf ein klares beschriebenes Ziel nimmt – und sei es noch so windig.

Weniger Zufälligkeiten heißt im Umkehrschluss auch mehr Planung und damit mehr Professionalität. Denn die Herausforderungen an uns Mittelständler, insbesondere auch aus Sicht der Banken, unterscheiden sich in diesen Tagen nicht mehr von denen, die an große Firmen gestellt werden. Auch der Mittelständler muss nun Planzahlen, eine Strategie und deren sukzessive Umsetzung vorweisen, eine leistungsfähige EDV bereitstellen und moderne Personalentwicklungsmethoden nutzen, um sein Unternehmen wettbewerbsfähig zu halten. Also muss allen Mitarbeiterinnen und Mitarbeitern klar sein, dass nur diszipliniertes und vor allem professionelles Arbeiten an den Problemen zur Lösung führen kann. Diese Erkenntnis im Unternehmen überzeugend umzusetzen, macht eine echte Führungskraft aus.

3 Vorgehen: Interessenausgleich zwischen Banken und Kunden

Die Beziehung zwischen dem mittelständischen Kreditkunden und der Hausbank ist ein ungleiches Spiel: Während der Kredit der Hausbank für einen Mittelständler von existenzieller Bedeutung ist, kommt dem einzelnen Kreditgeschäft im Gesamtportfolio der Bank eine unbedeutende Rolle zu. Da zudem ein plötzlicher oder allzu häufiger Wechsel der Hauptbankverbindung trotz der häufigen Akquisitionsbemühungen durch Konkurrenzinstitute eher nachteilig wirkt, kann von einer gewissen Abhängigkeit des Kreditnehmers gesprochen werden. Ideale Voraussetzungen also für die Banken, die Spielregeln am Markt zu bestimmen. Im Falle der vom Gesetzgeber angekündigten Basel-II-Vorschriften sind sogar alle Banken zur Verschärfung weil Risikogewichtung ihrer Engagements gezwungen und können den „Schwarzen Peter“ für kundenunfreundliches Verhalten zudem dem Gesetzgeber überlassen. Insofern ist es den Banken aus unternehmerischer Sicht nicht zu verdenken, wenn sie diese Chance zur Portfoliobereinigung bzw. Margenerhöhung (gerne auch über die notwendige Risikoprämie hinaus) nutzen.

3.1 Zielsetzung

In Anerkennung dieses Abhängigkeitsverhältnisses von der Kreditwirtschaft muss der einzelne Kreditnehmer die Vorgaben der Bank (die sich zumindest im Jahre 2002 von denen der Konkurrenzbanken ohnehin nur leicht unterscheiden) anerkennen und erfüllen.

Das Ziel der Suche nach vollkommener und zuverlässiger Information über den Kreditkunden und seiner Zukunftsfähigkeit haben Bank und Kreditnehmer gemeinsam. Denn an diesen Informationen sind der Unternehmer bzw. seine verantwortlichen Manager ohnehin interessiert, um das Unternehmen risikoarm und profitabel führen zu können. Also ist es schon aus purem Eigeninteresse sehr nützlich, eine offene und ehrliche Situationsanalyse der Firma vorzunehmen und kritische Fragen bereits frühzeitig selbst zu stellen, bevor es die Bank tut und die erwartete Antwort unter Umständen ausbleiben muss. Ziel des Unternehmens muss es generell sein, sein Schicksal selbst zu steuern.

3.2 Vorgehensweise

Die Beziehung zur Bank ist von wiederkehrenden Aktivitäten geprägt: Anfang des Jahres wird die Bilanz eingereicht und unterjährig unter Umständen durch andere Informationen wie z. B. aktuelle Forderungsbestände oder ausgewählte Projektberichte ergänzt. Außerdem sind die Fälligkeiten des oder der Kredite bei der Terminplanung zu berücksichtigen.

Im vorliegenden Fall erwartete die Hausbank im April die Jahresbilanz des Jahres 2001, die wie beschrieben kein positives Gespräch erahnen ließ. Aus dieser zeitlichen Abfolge ergaben sich im Januar 2002 ca. vier Monate Vorbereitungszeit für ein detailliertes Kreditgespräch, auf das die Bank unweigerlich nach Ansicht des Jahresabschlusses im April drängen würde, zumal verschiedene Kredittranchen im Mai fällig werden sollten. Die persönliche Bekanntschaft zu den neuen handelnden Personen auf Bankenseite wurde bereits im Januar geschlossen, als jedoch mangels aktueller Zahlen sowie ausreichender Einarbeitungszeit nur das persönliche Kennenlernen und der Austausch von qualifizierenden/qualifizierten Meinungen im Mittelpunkt standen. Vertrauen und eine gemeinsame Basis waren somit bereits geschaffen.

Wie eingangs bereits erwähnt, zählen neben den Fakten eben auch so genannte „weiche Faktoren“, also auch ein gutes (Bauch-)Gefühl auf Seiten des Bankers, bevor es zur Kredittransaktion kommt. Da das Gespräch damals bereits unweigerlich auf Basel II und das implizierte Rating gekommen war, konnte rechtzeitig die individuelle Erwartungshaltung der Bank genauer hinterfragt werden. So wurde deutlich, welche Leistungskennzahlen und sonstige Inhalte in der Präsentation im April erwartet wurden. Je eher Sie Erwartungen kennen, umso besser können Sie diese managen.

Es blieben also vier Monate Zeit, um die Fakten zu ermitteln, an denen Unternehmer wie Bank gleichermaßen interessiert waren. Also wurde bei der Firma Cordes damit begonnen, die gewünschten Informationen zu sammeln und auszuwerten. Da die zu überreichende Bilanz die absoluten Zahlen bereits darlegte, sollte die Faktensammlung relative Aussagen, z. B. in Form von Kennzahlen, Zeit- oder Branchenvergleichen beinhalten. Anschließend sollten diese Daten objektiv interpretiert werden, so wie es im Nachgang auch die Bank tun würde. Die anschließende Ermittlung der internen wie externen Ursachen für die gute oder schlechte Jahresleistung einer Firma sollte so detailgenau wie möglich erfolgen, um selbst Kenntnis und Kontrolle über diese Details zu demonstrieren.

Optimal ist es, diese Analysen zusammen mit den eigenen Führungskräften vorzunehmen, um gleichzeitig für jedes Defizit auch eine geeignete Gegen- bzw. Verbesserungsmaßnahme abzuleiten. Die gesamte Darstellung der Aktivitäten sollte ein realistisches Bild bzw. eine hohe Wahrscheinlichkeit der erfolgreichen Umsetzung und Leistungssteigerung Ihres Unternehmens geben. Dabei sind neben quantitativen Angaben zum Markt und seiner Entwicklung ebenso qualitative Faktoren darzustellen. Ein Beispiel für Letzteres sind Angaben zur Personalentwicklung, denn schließlich stellen die Mitarbeiter den wesentlichsten Erfolgsfaktor dar.

Wird ein Defizit entdeckt, dann sollte dieses auch konsequent behoben werden. Zögern Sie nicht, sondern bedenken Sie die negative Wirkung auf Ihr Geschäft oder Ihre Banker, wenn Sie inkonsequent handeln. Für einen solchen Fall sollten Sie diesen Fakt lieber unerwähnt lassen.

Es bedarf also die Transparenz über die Situation des Unternehmens einer umfänglichen Vorbereitung, die zudem von der zur Verfügung stehenden Zeit bis zum nächsten Kreditgespräch limitiert wird. Sollten zu wenig Zeit, Kenntnisse oder Fähigkeiten zur Verfügung stehen, so ist zu empfehlen, externe Hilfe in Anspruch zu nehmen. Neben inhaltlicher Unterstützung (insbesondere bezüglich der aufwändigen

Analyse von kleinen, selbst für Banken schlecht zu erfassenden Märkten wie dem der Verbindungstechnik in Deutschland) kann auch eine Unterstützung bei der Aufbereitung und Präsentation dieser Daten sehr nützlich sein. Es sollte also rechtzeitig Kontakt zu solchen Dienstleistern aufgenommen werden, um mit der Gewissheit in seriöse Anbieter zu investieren, dass die Existenz des eigenen Unternehmens oder zumindest die Höhe des Zinssatzes von dieser Arbeit entscheidend abhängen.

Denn wenn Sie Geld für die Zukunft benötigen, sollten Sie sich auch zukunftsträchtig präsentieren. Und vor allem: Warum beginnen Sie diese Neuausrichtung gerade jetzt, falls Sie schon länger die Verantwortung tragen? Machen Sie Ihre Story rund für das Gespräch und seien Sie ehrlich gegenüber sich selbst, da im seltensten Fall ausschließlich externe Faktoren Ursache für Verluste sind. Ehrlichkeit und die Fähigkeit zur Selbstkritik (inklusive anschließender Konsequenz) sind grundsätzlich, aber insbesondere in der beschriebenen Situation sehr überzeugend.

Im vorliegenden Fall war die Firma Cordes präpariert: Die Situation war analysiert, die Ursachen definiert und interpretiert, Gegenmaßnahmen wurden aufgezeigt. Diese waren zudem bereits alle angestoßen und richtig dosiert. Räumliche Renovierungen sowie moderne Möbel und Computer machten den Neuanfang auch optisch nachvollziehbar. Die Besucher sollten den Eindruck vermittelt bekommen, in einer professionellen und zukunftsorientierten Firma zu Gast zu sein, die es Wert ist, einen Kredit in Anspruch zu nehmen. Dieser Vororteindruck ist ein nicht zu unterschätzender, da oft beim Banker keine Vorstellung über das betriebliche Geschehen gerade in Nischen operierender Mittelständler vorliegt.

Die Story über die Zukunft der Firma Cordes war also rund, die Gesprächsführung wurde im ersten Schritt durch eine selbst definierte Agenda gesteuert, die Präsentation erfolgte mit Unterstützung von Grafiken und einem Projektor.

Die Agenda hatte folgende Punkte:

- Finanzdatenanalyse 2001
- Externe und interne Ursachen
- Verbesserungsmaßnahmen
- Leistungszahlen 2002 (Januar bis Mai)

- Marktanalyse und Branchen-Benchmark
- Mehrjahresplanung
- Finanzierungsbedarf
- Nächste Schritte
- Betriebsbesichtigung mit Leitern Vertrieb, Logistik, Einkauf

Der Vorteil einer selbst definierten Agenda: Man kann damit steuern, dass gute wie schlechte Nachrichten in der richtigen Reihenfolge erscheinen. Im Rahmen des Gesprächs bekommen Unternehmensleitung und Managementteam Gelegenheit zu präsentieren, dass sie das Fremdkapital Gewinn bringend einzusetzen wissen. Allerdings muss sichergestellt sein, dass am Ende einer solchen Präsentation das Informationsbedürfnis der Besucher vollends befriedigt ist. Haben Sie also Antworten und Informationen auf alle erdenklichen Fragen parat. Und schließlich: Wählen Sie die Schriftform für Ihre Darstellung, um die Vollständigkeit und Dokumentation Ihrer Aussagen auch später (oder anderen Personen gegenüber, meist internen Entscheidungsträgern in der Bank) zu gewährleisten.

Vermeiden Sie ein Zuviel an Informationen und bauen Sie auch keine Potemkinschen Dörfer auf. Die unweigerlich zu präsentierenden Planzahlen werden schließlich schon in naher Zukunft zu Istzahlen. Wenn dann die Abweichung zu groß und zu negativ ist, wiegen die Folgeprobleme umso schwerer, zumal das Management dann schnell als nicht geeignet erscheint.

3.3 Zusammenarbeit in der Zukunft

Ist die Kreditgewährung oder -verlängerung geschafft, so währt die Freude i. d. R. nicht lange. Wie immer ist die Umsetzung eines Vorhabens der weitaus schwierigere Teil im Vergleich zur Planung oder Konzeption. Doch da das Tagesgeschäft (welches nach 365 Tagen dann das Jahresergebnis darstellt) Ihre Spezialität seit Jahren ist, sollten keine großen Probleme entstehen. Arbeiten Sie die Liste der zuvor sorgfältig und unter Umständen mit externer Hilfe entwickelten Maßnahmen ab. Sollte es Schwierigkeiten geben, haben sich entweder die externen Rahmenbedingungen elementar geändert oder Sie nicht sorgfältig genug geplant.

Die Bank wird sich in den meisten Fällen nicht mehr damit zufrieden geben, dass Sie sich erst in einem Jahr wieder melden. Unterjährige Informationen (wie BWA oder Zwischenbilanzen) werden häufig eingefordert. Stellen Sie diese Informationen also akkurat und schnell zur Verfügung. Seien Sie schneller als Ihr Gegenüber bei der Abarbeitung Ihrer Aufgaben: Brauchen Sie nur eine Woche für die Meldung der Lagerbestände, die Bank aber vier Wochen für das Kreditbestätigungsschreiben, so erwähnen Sie dieses in einem Nebensatz, um das subjektive Schuldgefühl auf Seiten der Bank entstehen zu lassen (Nicht vergessen: Umgekehrt ist dies leider auch möglich.).

Neben der inhaltlichen und zeitlichen Akkuratesse sollten Sie Ihren Betreuer von Zeit zu Zeit auch über wichtige geschäftliche Veränderungen informieren: Ein kurzes Telefonat oder E-Mail wirken Wunder. So entsteht bei der Bank das Gefühl, als wichtiger Stakeholder wahrgenommen zu werden. Solange Unternehmer mit dem Geld anderer Personen arbeiten, sollten diese (Eigen- und Fremdkapitalgeber) die gleichen Informationen bekommen. Denn beide haben den gleichen Informationsbedarf bezüglich Angaben zur Rendite und möglichen, die Kapitalrückzahlung gefährdenden Risiken (inklusive der rechtzeitigen Maßnahmen zur Reduzierung dieser Risiken).

So hatte die Firma Cordes als ein für die Performanceschwäche ursächliches Problem keine ausreichenden Steuerungssysteme. Die sich daraus ergebende Notwendigkeit zur Einführung einer Kosten- und Profitcenterrechnung wurde schon kurz nach dem erfolgreichen Kreditgespräch angestoßen. Kurze dreizeilige Informationen zum Projektstand wurden von Zeit zu Zeit an den Kundenbetreuer unserer Hausbank weitergeleitet. Dieser konnte so entnehmen, dass sein Kunde auf dem richtigen, weil angekündigten Weg war. Denn auch Banker mögen keine bösen Überraschungen.

Als Manager sollten Sie also nicht nur einmal einen guten und kompetenten Eindruck machen, sondern diesen dann auch mit Zahlen und nachvollziehbaren, konsequent durchgeführten Maßnahmen belegen können. Scheuen Sie sich nicht, bei Engpässen externe Hilfe in Anspruch zu nehmen, zumal diese zumeist unsichtbar für Dritte im Hintergrund verbleibt. Eine generelle, von mir bei vielen mittelständischen Kollegen beobachtete Beratungsresistenz ist hier nachteilig.

3.4 Weitere praktische Tipps

Denken Sie bei Ihren Gesprächen mit den Banken bitte daran, dass Ihr Gegenüber im seltensten Falle ein Marktexperte für Ihr Betätigungsfeld ist. Machen Sie es ihm deshalb leicht, Sachverhalte über Ihr Geschäft nachzuvollziehen, indem Sie auf seinen zu erwartenden und nicht Ihren Kenntnisstand aufbauen. Ein beeindruckter, aber verwirrter Banker wird Ihnen leider nicht weiterhelfen.

Nutzen Sie deshalb in der Vorbereitung Ihren Berater oder andere Externe (Bekannte, Familienmitglieder usw.), um die Verständlichkeit Ihrer Darstellung in der für das Gespräch zur Verfügung stehenden Zeit (selten mehr als zwei Stunden) zu überprüfen. „Weniger ist mehr" hat sich als Regel bewährt.

Zudem sollten Sie sich rechtzeitig Gedanken über den Gesprächsverlauf machen, um Ausweichpositionen zu entwickeln. So kann eine leichte zeitliche Verzögerung des Gespräches mit der Hausbank Zeit schinden, um im Vorwege mit der Präsentation das Interesse anderer Banken am Platz zu testen. Als sich nach mehreren Terminen herausstellte, dass aufgrund der Präsentation auch andere Banken Interesse an einer Zusammenarbeit mit der Firma Cordes hatten (trotz der Betätigung in einem konjunkturell anfälligen Marktsegment und eingeschränkter Leistungsfähigkeit), war die Gesprächsbasis eine ganz andere geworden. Schaffen Sie sich also diese Sicherheit vor dem entscheidenden Gespräch.

Auch die Art der Präsentation ist sehr bedeutsam und bedarf rechtzeitiger Planung. In den Gesprächen mit den Kreditgebern wollen diese überzeugt werden. Erklären Sie dazu Ihre Visionen; zeigen Sie, dass Sie Probleme erkannt und konkrete Lösungen bereits im Visier haben. Machen Sie diese sowie die darauf aufbauende Planung plausibel. Rücken Sie sich und Ihr Unternehmen also „ins rechte Licht".

Glaubwürdigkeit ist jedoch eine Eigenschaft, die man sich als verantwortlicher Manager erst erarbeiten muss. Die Bank Ihres Vertrauens muss auch Vertrauen zu Ihnen als „Chef-Piloten" fassen, um sicherzugehen, dass Sie auch bei schlechtem Wetter und zeitweiligem Triebwerksausfall alles unter Kontrolle haben werden. Nehmen Sie also Ihre Besucher mit ins vorher aufgeräumte Cockpit und stellen Sie auch Ihre Besatzung vor.

Viel Glück und guten Flug!

Beziehungen zu Kreditinstituten im Maschinen- und Anlagenbau

Jörg D. Scholtka

1 Zukunft sichern durch Transparenz

Geschäftsbeziehungen hängen heute mehr denn je von der Kommunikation auf allen Ebenen des Unternehmens ab. Dies gilt nicht nur für Beziehungen zum Absatzmarkt, sondern auch für Beziehungen zu Geldgebern, mithin Banken und Sparkassen. Es reicht schon lange nicht mehr aus, nur gute Produkte herzustellen – die offensive Vermarktung derselben und die erfolgreiche Darstellung des eigenen Unternehmens und seiner Ideen sind nicht nur zu einem gewichtigen Wettbewerbsfaktor und zu einer Herausforderung für die Unternehmensführung geworden, sondern eben auch zur qualitativen Grundlage der Bonitätsbewertung durch Kreditinstitute.

Gerade der deutsche Maschinen- und Anlagenbau gilt mit seinen ca. 6 500 Unternehmen und einer ungefähren Beschäftigtenzahl von 988 000 Personen als Herzstück der deutschen Wirtschaft. Umso wichtiger ist es für diese Schlüsselbranche, weiterhin über Kredite die Zukunft erfolgreich zu finanzieren.

Alle Maßnahmen sind darauf auszurichten, auch in Zukunft Geld verdienen zu können. Doch hierzu müssen insbesondere die finanziellen Rahmenbedingungen stimmen. Dabei spielen unternehmerische Fragen eine große Rolle. Wie – und mit welchen Mitteln – überzeuge ich Kreditgeber, meiner Firma auch weiterhin günstige Kredite einzuräumen? Wie können meine Kreditbeziehungen noch besser gestaltet werden?

Nicht nur durch Bedienen gesetzlicher Transparenz-Richtlinien im Rahmen einer Offenlegungs- oder Hinterlegungspflicht, sondern auch durch wertvolle Informationen auf freiwilliger Basis können entscheidende Vorteile bei der jährlichen Beurteilung der Firmenbonität durch die Kreditinstitute erreicht werden. Oftmals kennen die Banker nur die Finanzkennzahlen – dass da ein interessantes Unternehmen dahintersteht, wird häufig höchstens am Rande wahrgenommen.

Keine Branche ist so heterogen wie der Maschinen- und Anlagenbau mit seinen vom VDMA (Verband deutscher Maschinen- und Anlagenbau) unterteilten 36 Unterbranchen. Diese reichen vom Anlagenbau über Pumpenhersteller und Kompressorenbauer bis hin zu Zentralschmierungssystemen. Insofern hatten es die Kreditsachbearbeiter der Geld gebenden Institute noch nie leicht mit der richtigen Einordnung in entsprechende Bonitätsstufen. Umso wichtiger ist es für diese Unternehmen, sich aus der finanziellen Sippenhaft zu verabschieden. So genannte „hidden champions" sollten auch als solche positiv herausgestellt werden.

Vor dem Hintergrund der immer näher rückenden Verpflichtungen der Banken aus dem Basel-II-Akkord und den sich immer offener herausstellenden strukturellen Probleme der Großbanken wandelt sich die bisherige Partnerschaft von Unternehmer zu Kreditbetreuer gravierend. War die Beziehung in der Vergangenheit schon nicht immer spannungsfrei, so dürfte sie nunmehr einen Anonymisierungsgrad erreicht haben, der immer öfter in der automatisierten Weitergabe der erhaltenen Firmenunterlagen zur Beurteilung der Bonität und der damit verbundenen Kreditkonditionen in das Backoffice der Hauptgeschäftsstellen gipfelt.

Die vier Großbanken trugen bisher nahezu 30 % der Kredite an den Maschinenbau

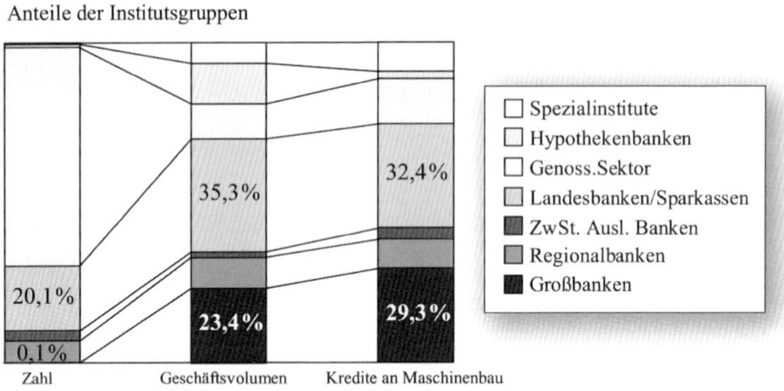

Die Kreditstatistik der Bundesbank zeigt die Bedeutung vor allem der **Großbanken** und des öffentlich-rechtlichen Sektors (**Sparkassen** und **Landesbanken**) für die Investitionsgüterindustrie.

Abbildung 1: Kreditgeber der Investitionsgüterindustrie (Quelle: Deutsche Bundesbank, eigene Berechnungen)

Für nahezu 30 % der Maschinenbaufirmen hat sich in den Jahren 2000 bis 2002 tendenziell die Kreditaufnahme erschwert. Am meisten hiervon betroffen waren Klein- und Kleinstunternehmen, wogegen größere Mittelständler nach Umfragen der Kreditanstalt für Wiederaufbau (KfW)[1] eher noch weniger Schwierigkeiten dabei hatten als Großunternehmen.

Im Maschinen- und Anlagenbau herrschen im groben Schnitt gesehen Eigentümerverhältnisse vor, welche sehr stark von familiären Bindungen geprägt sind. Trotz hoher fachlicher Kompetenz der Inhaber und persönlicher Haftungsverhältnisse, liegt die Ausstattung mit Eigenkapital seit Jahren bei durchschnittlich 20–30 %, je nachdem, welche Quelle für diese Aussage herangezogen wird. Die Statistiken der

Bundesbank weisen naturgemäß immer einen niedrigeren Wert aus als die verbandlichen Informationen, da eher tendenziell erfolgreichere Unternehmen beispielsweise im VDMA organisiert sind.

Gründe für den im internationalen Vergleich eher hohen Fremdkapitaleinsatz in Deutschland liegen auch im Konkursrecht. Hier haben die Kreditinstitute in aller Regel als aus- und absonderungsberechtigte Gläubiger einen besonders günstigen rechtlichen Status. Hinzukommend begünstigte bisher die niedrigere Besteuerung in Kapitalgesellschaften eher die Ausschüttung als die Thesaurierung eines Gewinnes.

Zur gesamtheitlichen Betrachtung der Umstände, die zu einem Bonitätsurteil führen, gehören neben quantitativen auch qualitative Aspekte. Quantitative Faktoren sind in aller Regel mit Kennzahlen aus Finanz- und Rechnungswesen abgedeckt, ein Bereich, in welchem sich Banken seit Jahrzehnten professionell auskennen und durch die hinterlegte Finanzmathematik schematisch zu einem errechneten Bonitätsurteil kommen. Dieses Vorgehen ist aber nicht ausreichend. Das Gesamtbild des Unternehmens wird zum großen Teil auch mitbestimmt durch seine Lage auf dem Markt, der Stellung zu Konkurrenten, vom Produkt selbst, der Technologie und besonders von seinen Kunden. Diese als qualitative Faktoren bezeichneten Informationen werden nach Aussagen vieler Unternehmen des Maschinen- und Anlagenbaus nicht genügend durch Kreditinstitute berücksichtigt.

Finanzielle Kennzahlen ermöglichen Aussagen über Ertrag, Liquidität, Rentabilität, Kapitalstruktur, Wachstum und finanzielle Flexibilität. So beschreiben beispielsweise Liquiditätskennzahlen stichtagsbezogen die Deckungsverhältnisse. Eine hohe Absicherung bedeutet auch, dass kurzfristige Verbindlichkeiten im Schnitt zu über 270 % aus dem Umlaufvermögen beglichen werden könnten. Dies erbrachte eine Studie von Ernst & Young im Jahr 2002. Aus Umfragen von PPA-Benchbase resultierte ebenso die Tatsache, dass im Maschinen- und Anlagenbau Verbindlichkeiten und Rückstellungen zu 68–131 % durch liquide Mittel, Forderungen und Wertpapiere gedeckt sind.

Als Kernkennzahl für die Ertragslage dient den Banken häufig die Gesamtkapitalrentabilität (GKR). Als Kennzahl ist sie besonders aussagekräftig, misst sie doch die Fähigkeit des Managements zur wirtschaftlich optimalen Nutzung des investierten Kapitals. Außerdem zeigt die GKR die gesamten Rückflüsse an die Kapitalgeber, losgelöst von der konkreten Finanzierungsform.

Darüber hinaus gehen finanzpolitische Aspekte wie die Festlegung der Kapitalstruktur, die Festlegung der Abschreibungssätze oder die Bildung von Rückstellungen oder Rücklagen in die Bewertung mit ein.

Um das Geschäftsrisiko zu bewerten, wird die Wettbewerbs- und Technologieposition detailliert zu untersuchen sein. Geschäftskennzahlen zu Marktanteilen und Kapazitäten für Forschung und Entwicklung geben darüber Auskunft. Neben allgemeinen Risiken der Branche fließen ebenfalls Managementkompetenz und die vorhandene Geschäftsgrundlage in die Bewertung ein.

Unternehmensbewertung	**Planung und Strategie**
• Jahresabschlüsse der letzten 1–3 Jahre • Gewinn- und Verlustrechnung • Betriebswirtschaftliche Auswertung	• Plandaten (der nächsten 1–3 Jahre) • Liquiditäts- und Finanzplan • Investitionsplan • Umsatz- und Kostenplan
Markt und Branche	**Unternehmensführung**
• Darstellung des relevanten Marktes • Aufgliederung der Abnehmer- und Lieferantenstruktur	• Dokumentation der Unternehmensorganisation • Nachweis der fachlichen Qualifikation des Managements • Persönliche Angaben

Tabelle 1: Qualitative Rating-Kriterien

Die Beurteilung der bonitätsbeeinflussenden Kriterien erfolgt in aller Regel durch Vergleich mit einem Branchendurchschnitt. Hierbei ist darauf zu achten, dass die eingangs erwähnte wichtige Unterscheidung in Unterbranchen beachtet wird, um zu vermeiden, dass Äpfel mit Birnen verglichen werden. Unter solchen Umständen könnte einem in seiner Branche guten Unternehmen durch Unkenntnis oder zu grobem Maßstab durch Vorenthaltung eines Kredites erheblich Liquidität entzogen werden, was nicht selten in der Insolvenz endete.

Durch detaillierte Fragenkataloge sollten insbesondere bei den qualitativen Kriterien das Umfeld und die Zukunftsfähigkeit des zu beurteilenden Unternehmens abgeklopft werden. Allerdings tut sich hier eine Schere in der Beziehung Firmenkunde und Bank auf:

Der geringen Informationsbereitschaft der Banken bezüglich ihrer Rating-Verfahren und deren Gewichtungen ihren eigenen Kunden gegenüber stehen die selbstformulierten hohen Anforderungen an Offenheit und Transparenz dieser Unternehmen gegenüber.

Wesentlich sorgfältiger als bisher sollte die Unternehmensentwicklung beachtet werden. Auch hier gelten Finanzkennzahlen als unzureichend, um ein Gesamtbild abzugeben. Die Betrachtung der Planzahlen eines Unternehmens spiegeln dessen zukünftige Zahlungsfähigkeit wider. Umso mehr muss die Bewertung der Unternehmensentwicklung unter Berücksichtigung der gesamtwirtschaftlichen Aussichten erfolgen. Von besonderer Bedeutung ist die Fähigkeit des Unternehmens, langfristig, d. h. über Konjunkturzyklen hinweg, zu planen. Diese Zyklen können insbesondere bei einer so heterogen Branche wie dem Maschinen- und Anlagenbau erheblich schwanken, je nach hergestelltem Gut. Eine Landmaschine hat eine andere Produktlebensdauer als eine Kleinpumpe. Dieser Umstand führt zu völlig anderen Zeiträumen, sodass hier nochmals wiederholt sei, dass es einen Schnitt des Maschinenbaus nicht geben kann und somit auch keine durchschnittlichen Zyklen. Es ist vielmehr auf die Unterbranche abzustellen.

Besonders hilfreich ist hier der von den Kreditinstituten mittlerweile standardmäßig erbetene – aber eben auch häufig selten zutreffend interpretierte – Businessplan. Als Instrument zur Kapitalbeschaffung oder Sicherstellung derselben hat der Business- oder Geschäftsplan mehrere Funktionen. Einerseits macht er den Banken oder Sparkassen anhand seines Zahlengefüges Aussagen über die Firmenzukunft, andererseits dient er intern zur Definition und Vorgabe von Zielen und bringt auf diese Weise Transparenz in das weitere Vorgehen.

Gerade in einer Branche, welche so wenig vergleichbar ist – sieht man einmal von den Finanzkennzahlen ab – ist es immer ratsam, als Unternehmer von sich aus die Informationsinitiative zu ergreifen. Als sehr wirkungsvoll hat sich in der letzten Zeit erwiesen, dass zunehmend Unternehmer ihren Kontaktpartner im Kreditinstitut dazu einladen, sich vor Ort – d. h. im Unternehmen – von der eindrucksvollen Realität in einem ansonsten auf dem Papier nur beurteilten Betrieb selbst ein Bild zu machen. Führungen durch das Firmengelände, eine kleine Produktschau mit Präsentation, ein Blick in die Entwicklung und Konstruktion sowie die sicher vorgetragene Präsentation der Quartalsergebnisse stellen ein unmittelbares Vertrauen her. Es ist lediglich darauf zu achten, dass diese Banker auch wirklich über die Rating-Kriterien und die Einordnung in eine Bonitätsklasse entscheiden können. Solch eine Veranstaltung darf nie ein Einmaltermin bleiben, regelmäßige Veranstaltungen dieser Art fördern und pflegen eine Bankbeziehung.

Auch kann hierzu ein Einbeziehen von Bankmitarbeitern bei regelmäßig erscheinenden firmenbezogenen Publikationen sein, in denen auf neuere Entwicklungen des Unternehmens eingegangen wird. Bei vernünftiger Dosierung kann so eine kontinuierliche Versorgung des Bankers mit interessanten relevanten Informationen hergestellt werden.

Kennzahlen aus der Jahresabschlussanalyse	**Unternehmensbeurteilung**
• Eigenkapitalquote • Gesamtkapitalrentabilität • Eigenkapitalrentabilität • Umsatzrendite • Cashflow • Verschuldungsgrad • Aufwandsquoten	• Qualität des Rechnungswesens • Aktuelle Geschäftsentwicklung/ Betriebswirtschaftliche Auswertung • Planungs- und Prognosestabilität • Kontodatenanalyse
Managementqualität	**Marktbeurteilung**
• Kaufmännische/fachliche Qualifikation • Führungsstruktur (2. Ebene) • Nachfolgeregelung	• Produktqualität • Konkurrenzsituation • Marktstellung/Marktanteil • Vertriebskonzept/-organisation • Abnehmer-/Lieferantenstruktur • Branchenentwicklung

Tabelle 2: Typische Rating-Kriterien

2 Wie sieht uns die Bank als Maschinenbauer? – Erfahrungen eines VDMA-Mitgliedunternehmens beim Rating-Gespräch mit der Bank

Die Firma SPRIMAG Spritzmaschinenbau GmbH & Co KG in Kirchheim stellt Sondermaschinen zur Oberflächenbeschichtung von Massenteilen und Innenbeschichtung von Tuben und Dosen her. SPRIMAG beschäftigt zur Zeit in Deutschland 170 Mitarbeiter und weitere 65 Mitarbeiter in USA, Brasilien und Frankreich.

Wir sprachen mit Franz Willig, Mitglied der Geschäftsleitung.[2]

FRAGE: Herr Willig, Sie sind von sich aus auf die Banken zugegangen? Was waren Ihre Beweggründe?

WILLIG: Basel II ist in aller Munde und wirft bei den Gesprächen mit den Banken seine Schatten voraus. Wir wollten nicht warten, bis die Banken auf uns zukommen, sondern vorweg auf die Banken zugehen, um unser Rating für uns positiv gestalten. Aus den Auswertungen der Hardfacts, die uns die Banken ja schon seit Jahren zur Verfügung stellen, haben wir erkannt, dass dort Handlungsbedarf ist, weil aus unserer Sicht die Betreuer der Firmen nur einen oberflächlichen Eindruck haben und einiges falsch interpretiert wurde.

FRAGE: Wie war der Ablauf eines solchen Gespräches?

WILLIG: Wir haben im Bilanzgespräch erstmals unsere Informationen *aufbereitet* den Banken übergeben und nicht nur auf die Fragen der Bankvertreter gewartet. Durch diese Vorgehensweise konnten wir die Gespräche besser in die von uns gewollte Richtung lenken und einige Punkte klarstellen, die aus unserer Sicht bis zu diesem Zeitpunkt falsch beurteilt wurden.

FRAGE: Haben die Banken besonderen Wert auf bestimmte Informationen gelegt?

WILLIG: Die Banken haben die „soft facts" für ihr Rating abgefragt, wobei die Sicht verstärkt auf einen Ausblick in die Zukunft ausgerichtet war und hier besonders auf die Marktstellung unseres Unternehmens.

FRAGE: Welche Rolle spielte in diesen Gesprächen die zukünftige Einschätzung der Geschäftsentwicklung?

WILLIG: Die Einschätzung der zukünftigen Geschäftsentwicklung ist natürlich nicht nur für die Banken wichtig, sondern auch für die Ausrichtung im Unternehmen. Daher wurde auf diesen Punkt viel Gewicht gelegt und wir konnten unsere guten Zukunftsperspektiven, die zum großen Teil auf Fakten aufbauen, eindrucksvoll darstellen.

FRAGE: Inwiefern konnten Sie die Banken damit überzeugen, diese ebenso positiv zu sehen?

WILLIG: Die Entwicklung der letzten Jahre und, wie gesagt, die schlüssigen Folgerungen für die Zukunft konnten unsere Gesprächspartner überzeugen.

FRAGE: Haben Sie Unterschiede in den Kriterienkatalogen der verschiedenen Banken festgestellt?

WILLIG: Es sind Unterschiede festzustellen, aber die Abweichungen sind so gering, dass wir mit der gleichen Informationsmappe bei allen Banken zurechtkommen. Lediglich die Beurteilungskriterien weichen voneinander ab.

FRAGE: Wie weit haben die Banken Branchenspezifika berücksichtigt?

WILLIG: Hier liegt aus meiner Sicht ein Hauptproblem in der Beurteilung. Aus meiner Sicht werden hier die Branchen zu oberflächlich bewertet und die Besonderheiten der einzelnen Unternehmen nicht immer richtig eingestuft. Gerade im mittelständischen Maschinenbau sind die Stärken der einzelnen Unternehmen eher individuell zu beurteilen.

FRAGE: Haben Sie das Gefühl, dass die Banken künftig mehr Informationen und Hintergründe abfragen werden?

WILLIG: Ich bin überzeugt, dass die Fragen im Laufe der Zeit sicherlich die Hintergründe besser ausleuchten.

FRAGE: Inwieweit sind Fragen zu Markt und Marktbedingungen gestellt worden?

WILLIG: Es wurden sowohl die Einschätzung unseres Markts als auch die Beurteilung des Wettbewerbs besprochen.

FRAGE: Inwieweit sind Fragen zu Ihren Produkten gestellt worden?

WILLIG: Unsere aktuellen Produkte wurden seit jeher besprochen, da wir schon immer Wert darauf gelegt haben, dass unsere Produkte bei den Banken bekannt sind. Nur so können wir unsere Stärke am Markt dokumentieren. Die Bankgespräche werden bei uns meistens mit einem Rundgang durch die Firma und insbesondere durch die Montagehalle abgeschlossen.

FRAGE: Inwieweit sind Fragen zur Fertigungstechnik gestellt worden?

WILLIG: Wir gehen immer mehr in Richtung Anlagenbau und somit nimmt die Fertigungstiefe ab. Unsere Fertigungstechnik wir auch im Rahmen des Betriebsrundganges besprochen.

FRAGE: Gab es durch diese Gespräche Konsequenzen, wenn ja, welche?

WILLIG: Wir konnten die Banken überzeugen, das Ergebnis des Ratings mit uns zu besprechen. In diesen Gesprächen konnten noch Korrekturen eingebracht werden, aber auch wir haben aus diesen Gesprächen gelernt und entsprechende Maßnahmen im Unternehmen umgesetzt.

FRAGE: Was würden Sie Ihren Kollegen in der Industrie für solche Situationen empfehlen?

WILLIG: Ich empfehle ein offenes Verhältnis zu den Banken anzustreben, aber natürlich muss die Offenheit auf beiden Seiten gewährleistet sein, damit eine reibungslose Zusammenarbeit funktioniert.

FRAGE: Was verstehen Sie darunter?

WILLIG: Wir als Unternehmen wollen nicht nur informieren, sondern auch ein Feedback von unserem Gesprächspartner bekommen. Nur so können wir zusammen besser werden.

FRAGE: Inwieweit kann der VDMA bei der Vorbereitung auf solche Gespräche unterstützen?

Willig: Wir haben in Zusammenarbeit mit dem VDMA eine Informationsmappe für die Banken ausgearbeitet und auch sonstige Informationen zum Thema Rating erhalten.

FRAGE: Herr Willig, wir danken für dieses Gespräch.

3 Erstellen einer bankenfähigen Informationsmappe – Der erste Schritt zur nachhaltigen Pflege der Bankbeziehung[3]

Ziel ist die Zusammenstellung von aussagefähigen Unterlagen zur Vorbereitung auf ein Rating-Gespräch. Die Informationsmappe sollte sowohl zur Präsentation und Information im Rahmen eines Rating-Gesprächs als auch zur unkommentierten Information für Banken eingesetzt werden.

Die Gespräche mit den Banken verliefen in der Vergangenheit relativ unstrukturiert und auf viele Fragen wurden Ad-hoc-Antworten aus der aktuellen Situation heraus gegeben, ohne gravierende Veränderungen entsprechend darzustellen und die Hintergründe zu erläutern. Die Informationen wurden in unterschiedlicher Art aufbereitet und basierten nur indirekt auf den Unterlagen des vorhergehenden Gesprächs. Ausgelöst durch die neuen Anforderungen gemäß Basel II und den daraus resultierenden Rating-Gesprächen mit den Banken wollten wir eine Präsentationsmappe erstellen, die auf der einen Seite als Leitfaden für die Bankgespräche dienen soll und darüber hinaus so aufgebaut sein soll, dass sie unkommentiert weitergegeben werden kann.

Folgende Anforderungen sollte eine Präsentationsmappe erfüllen:

- Alle Unternehmensbereiche müssen abgedeckt sein
- Firmenkurzvorstellung
- Einheitliches Layout mit Firmenlogo und Ansprechpartner auf jeder Seite
- Vergleichbarer Aufbau über Jahre
- Inhaltsverzeichnis und leichtes Auffinden der für den Leser wichtigen Informationen
- Mappe muss selbsterklärend sein
- Standardanschreiben unbedingt notwendig
- Ansprechende Anlagen

Das Problem ist nicht die Erstellung der notwendigen Unterlagen, wenn alle Informationen bereits in irgendeiner Form vorhanden sind, sondern die aussagefähige Aufbereitung und Strukturierung. Wichtig ist es, Transparenz herzustellen und eine vertrauensvolle Zusammenarbeit sicherzustellen. Es dürfen keine Informationen verschleiert oder falsch dargestellt werden, wichtig ist hierbei natürlich eine vertrauliche Behandlung der Information durch den Leser.

Bei dieser Aufgabe wurden wir tatkräftig vom VDMA unterstützt. Nach Zusammenstellung aller Informationen, die wir zukünftig regelmäßig den Banken zur Verfügung stellen wollen, haben wir folgendes Generalschema definiert:

- Standardanschreiben
- Inhaltsverzeichnis
- Firmenkurzvorstellung
- Imagebroschüre und Organigramm
- SPRIMAGazine (1/2-jährlich erscheinende Firmenpublikation)
- Anlagen
- Bilanz (Mehrjahresvergleiche)
- G+V
- Kennzahlen
- Lagebericht
- Produktbroschüren
- QM-Zertifikate
- Presseberichte (max. zwei Seiten)

Im Standardanschreiben wird der Grund für die Erstellung der Präsentationsmappe erläutert und auf folgende Stichworte kurz eingegangen: Sicherheit des Unternehmens, Unabhängigkeit von einzelnen Kunden/Lieferanten, zukunftsorientierte Technologien und Weiterentwicklungen, Qualität und Umwelt, Motivation der Mitarbeiter, Visionen, wo wir in x Jahren stehen wollen.

Wichtig ist es ebenfalls, Personen für einen Kontakt anzubieten mit Durchwahl und E-Mail-Adresse. Diese Information wird auf jeder Seite wiederholt.

Ein sehr wichtiger Bestandteil ist die Firmenkurzvorstellung. Hier wollen wir uns auf Stichworte beschränken, damit wir eine DIN-A-4 Seite nicht überschreiten. Die wesentlichen Punkte sind kurz zusammengefasst:

- Gründungsdatum der Firma (es kann nicht davon ausgegangen werden, dass jeder Bankangestellte das Unternehmen seit Jahren begleitet)

- Firmensitz, Standorte

- Anzahl Mitarbeiter, motiviert durch zukunftsorientiertem Qualifizierungsplan

- Umsatz und Planung

- Produkte und Anwendungen, wichtige Kunden pro Marktsegment, Exportquote und Verteilung, F+E: wichtige Entwicklungen

- Zertifiziert nach ISO 9001:2000 und VDA 6.4

- Messeauftritte

- Lieferanten: Beschaffung überwiegend im Inland, unabhängig von Rohstoffpreisentwicklung

- Fertigungstiefe, verlängerte Werkbank

- Produktion auf modernsten Maschinen → hohe Abschreibungen

- Umweltbewusste Produktion (Umweltaudit geplant) und regelmäßige Begehung durch BG

- Geplantes Risikomanagement

- Auftragsbestand darstellen und belegen

- Gründe für starke Schwankungen im Umsatz

- Hinweis auf Untergruppe innerhalb des Maschinenbaus

Die Anlagen sind selbsterklärend aufzubereiten. Die Bilanz und G+V werden über mehrere Jahre dargestellt, zwei Vorjahre, aktuelles Jahr und zukünftige Jahre. Größere Abweichungen innerhalb der einzelnen Jahre werden in einer Fußnote kommentiert. Bei der G+V beschränken wir uns auf die wichtigsten Informationen wie

Umsatzerlöse, Materialeinsatz, Personalkosten, Aufwendungen für F+E, Messen, Werbung und Marketing sowie sonstige Kosten.

Bei den Kennzahlen werden die aussagefähigen Kennzahlen wie Cashflow, Investitionsquote, Eigenkapitalrendite usw. angegeben und positive Branchenvergleiche hervorgehoben.

4 Referenzen

[1] Unternehmensfinanzierung im Umbruch – Auswertung der Unternehmensbefragung 2001, Kreditanstalt für Wiederaufbau.

[2] Das Gespräch führte Jörg D. Scholtka, Abteilung Betriebswirtschaft des VDMA.

[3] Zusammengestellt von Franz Willig, Mitglied der Geschäftsleitung der SPRIMAG Spritzmaschinenbau GmbH & Co KG in Kirchheim.

Mezzanine Capital für den Mittelstand

Ralph T. Golz/Matthias Hoffelner

1 Aktuelles Finanzierungsumfeld für mittelständische Unternehmen

Betrachtet man die aktuelle Finanzierungssituation mittelständischer Unternehmen, so haben sich die Rahmenbedingungen für die Aufnahme von Kapital in letzter Zeit erheblich verändert. Lag der Schwerpunkt vieler Unternehmen in der Vergangenheit auf der Finanzierung mittels klassischem Bankkredit, so ist es für viele Unternehmen zur Zeit sehr viel schwieriger geworden, diese Finanzierungsquelle zu nutzen.

Ursächlich für die restriktivere Kreditvergabepolitik sind Repositionierungen im Kreditgeschäft vieler Banken, bedingt durch einerseits unzureichende Erträge dieser Geschäftsbereiche, die durch die anhaltende wirtschaftliche Schwächephase und die damit zusammenhängenden hohen Wertberichtigungen noch verschärft werden. Andererseits bedingen die bevorstehenden Regelungen des Baseler Ausschusses für Bankenaufsicht, allgemein unter dem Stichwort „Basel II“ bekannt, eine stärkere Orientierung von Kreditkonditionen an Unternehmens-Ratings. Dadurch wird nicht nur eine Kreditvergabe an Unternehmen mit schwächeren Bonitäten teurer, sondern gestaltet sich auch für gute Unternehmen – zumindest in einer Übergangsphase – aufwändiger und anspruchsvoller.

Neben der Situation auf den Märkten für Fremdkapital ist auch die Einwerbung von Eigenkapital zur Finanzierung von unternehmerischen Vorhaben für weite Teile des Mittelstandes schwieriger geworden. Die Möglichkeit der Eigenkapitalbeschaffung über einen Börsengang erscheint zumindest für die meisten Gesellschaften in der nächsten Zeit im Hinblick auf das Kapitalmarktumfeld, das nahezu keine Aufnahmebereitschaft für neue IPOs (**I**nitial **P**ublic **O**ffering) zeigt, keine wirklich realistische Alternative zu sein.

Auch sind für viele Mittelständler die Beteiligungsvoraussetzungen für die Aufnahme von Eigenkapital-Finanzierungen (Private Equity) nicht zu erfüllen. Nach starken Zuwachsraten derartiger Finanzierungen seit Mitte der 1990er Jahre befindet sich der Markt für Private Equity-Finanzierungen aktuell in einer Konsolidierungsphase, was zum Teil mit fehlenden Ausstiegs-(Exit-)Perspektiven der Investoren, teils mit konjunkturellen Unsicherheiten aber auch mit der Konzentration vorhandener Ressourcen auf das aufgebaute eigene Portefeuille der Beteiligungsgesellschaften zusammenhängt. Insgesamt werden die vorausgesetzten Kriterien für das Eingehen einer Beteiligung derzeit strenger angesetzt und die möglichen Investments tendenziell länger und intensiver geprüft, wodurch sich der Kreis geeigneter Unternehmen verkleinert.

Da sich konjunkturbedingt weite Teile des Mittelstands auch nur sehr bedingt auf eine Innenfinanzierung – insbesondere durch Einbehaltung selbst erwirtschafteter Gewinne – stützen können, stellt sich die Forderung nach alternativen und flexiblen Finanzierungsformen, die das notwendige Kapital zur Umsetzung betrieblicher Vorhaben zur Verfügung stellen und den individuellen Anforderungen eines mittelständischen Unternehmens genügen können. Daneben sollte für den Kapitalgeber eine adäquate Risiko-Rendite-Kombination darstellbar sein und die Basis für eine solide Gesamtfinanzierungsstruktur konstruiert werden können. Eine ergänzende Finanzierungsform, die den genannten Anforderungen entsprechen kann, stellen Mezzanine Finanzierungen dar.

2 Mezzanine Capital als alternative Finanzierungskomponente

Mezzanine Mittel sind allgemein hybride Finanzierungsformen, die sowohl Elemente von Eigen- als auch Fremdkapital aufweisen. Bevor auf die Besonderheiten des Mezzanine Capital eingegangen wird, sollen die wesentlichen Merkmale der „reinen" Finanzierungsformen dargestellt werden:

Beim „klassischen" Fremdkapital wird eine schuldrechtliche Verbindung zwischen dem Unternehmen als Schuldner und dem Kreditgeber als Gläubiger begründet. Charakteristisch ist vor allem die Befristung der Kapitalüberlassung, ein fest vereinbarter (von der Ertragslage des Unternehmens unabhängiger) Vergütungsanspruch bei einem fixen Rückzahlungsanspruch der Gläubiger in Nominalhöhe. Fällige Kapitalkosten sind als Betriebsausgaben von der Einkommens- beziehungsweise Körperschaftssteuer abzugsfähig. Häufig werden Fremdfinanzierungen zur Absicherung des Kapitaldienstrisikos mit Sicherheiten unterlegt. Im Insolvenzfall erfolgt keine Haftung.

Eigenkapitalfinanzierungen bewirken eine Gesellschafter- oder Aktionärsstellung des Financiers, woraus sich Mitwirkungs-, Mitsprache-, Zustimmungs- und Kontrollrechte ableiten. Die Vergütung hängt von der Ertragskraft des Unternehmens ab und wird aus den erwirtschafteten Erträgen gezahlt. Eigenkapital besitzt neben seiner Finanzierungsfunktion eine „Pufferfunktion" im Verlustfall und haftet im Insolvenzfall für die Verbindlichkeiten anderer Gläubiger. Aus seiner Funktion heraus ist ein angemessenes Eigenkapital regelmäßig die notwendige Basis für die Aufnahme von Fremdkapital.

Typische Ausgestaltungsformen von Mezzanine Finanzierungen sind Nachrangdarlehen, Gesellschafterdarlehen, Stille Beteiligungen (typisch oder atypisch), Genussrechte und Wandel-/Optionsanleihen. Die Tabelle 1 zeigt wesentliche Charakteristika der einzelnen Mezzanine Varianten, wobei der „Eigenkapital-Charakter“ der dargestellten Finanzierungsformen von links nach rechts tendenziell weiter zunimmt.

Charakteristisch für Mezzanine Finanzierungsformen sind deren Nachrangigkeit gegenüber „klassischem“ Fremdkapital (woraus sich im Wesentlichen die Klassifizierung als wirtschaftliches Eigenkapital ableitet), die zeitliche Befristung (im Gegensatz zum unbefristeten „echten“ Eigenkapital) und eine steuerliche Bevorzugung dieses „Quasi-Eigenkapitals“ durch Qualifikation der Zinszahlungen als Betriebsausgaben. Die Vergütung unterteilt sich regelmäßig in eine feste laufende Verzinsung plus eine variable Zinskomponente (häufig erfolgsabhängig), eventuell ergänzt um eine Abschlusszahlung am Ende der Laufzeit.

Klassifizierung / Kriterien	Nachrangdarlehen	Typisch Stille Beteiligung	Atypisch Stille Beteiligung	Genussrecht	Wandel-/ Optionsanleihe
Vergütung	fix, ggf. mit Abschlusszahlung	fix, plus erfolgsabhängige Vergütung	fix, plus erfolgsabhängige Vergütung	flexible Vergütungsformen	laufende Verzinsung und Wandlungsrechts
Indikative Renditeerwartung Kapitalgeber p.a.*	ca. 10–15 %	ca. 12–18 %	ca. 12–18 %	ca. 10–20 %	ca. 10–16 %, bei Wandlung ca. 20–30 %
Informations-/ Zustimmungsrechte der Kapitalgeber	Gläubigerstellung	vertragliche Zustimmungs-, Informations- und Kontrollrechte	Mitunternehmerstellung; vertragliche Zustimmungs-, Informations- und Kontrollrechte	Gläubigerstellung	Gläubigerstellung; nach Wandlung Gesellschafterstellung
Haftung im Insolvenzfall	nein, aber Rangrücktritt gegenüber „klassischem Fremdkapital“	nein, aber Rangrücktritt gegenüber „klassischem“ Fremdkapital	ja	gestaltungsabhängig	nein, aber ggf. Rangrücktritt gegenüber „klassischem“ Fremdkapital
Bilanzielles Eigenkapital	nein	nein	ja	gestaltungsabhängig	erst nach Wandlung
Wirtschaftliches Eigenkapital	ja	ja	ja	ja	ja, sofern Rangrücktritt erklärt, ansonsten erst nach Wandlung
Gesetzliche Regelungen	§§ 607–610 BGB	§§ 230–237 HGB, §§ 705–740 BGB	§§ 230–237 HGB, §§ 705–740 BGB	nicht geregelt	§ 221 AktG

* Renditeerwartung ist abhängig vom individuellen Risikoprofil eines Unternehmens

Tabelle 1: Formen von Mezzanine Finanzierungen

3 Funktion und Anlässe für Mezzanine Finanzierungen

Anwendung finden Mezzanine Finanzierungen traditionell bei Buy-Out-/Buy-In-Transaktionen, das heißt bei in der Regel fremdfinanzierten Übernahmen von Unternehmen durch externe oder interne Manager. Im Zuge der beschriebenen Restriktionen von Finanzierungen mit reinem Eigen- oder Fremdkapital findet Mezzanine Capital zunehmend auch Verwendung bei Expansionsfinanzierungen, die – oftmals in Kombination mit Eigenkapital oder Fremdkapital – unter anderem dazu dienen, für Unternehmen Produktionskapazitäten zu erweitern, neue Märkte oder Produkte zu erschließen.

Mezzanine Mittel ermöglichen die Schließung von Finanzierungslücken bei anstehenden Finanzierungsvorhaben, die entstehen können, wenn die Möglichkeiten von Eigenkapitalinvestitionen erschöpft sind, beispielsweise aufgrund fehlender Einigung über Unternehmenswerte, mangelnder Exit-Perspektiven für Investoren oder bestehender Restriktionen von Branchen oder Betragshöhen. Andererseits können Limitierungen auch bei Fremdkapitalaufnahmen entstehen, wenn keine erforderlichen Sicherheiten zur Verfügung stehen, der Grad der Fremdmittel-Verschuldung bereits sehr hoch ist oder die Bonitätseinstufung von Unternehmen keine weitere Kreditaufnahme zulässt.

Stellt man wesentliche Vorzüge und Nachteile von Mezzanine Capital aus Sicht eines kapitalsuchenden Unternehmens gegenüber, so spricht für diese Finanzierungsform:

- der Eigenkapitalcharakter, der wesentlich durch den Rangrücktritt hinter dritte Gläubiger erreicht wird

- die Schaffung eines zusätzlichen Verlustpuffers

- die Stärkung der Eigenkapital-Position, ohne (in einigen Ausgestaltungsformen) die bestehen Eigentümerverhältnisse zu verändern

- die Verbesserung der Bilanzstruktur und damit der Bonität

- die Bereitstellung von Liquidität ohne Sicherheiten

- die Aufrechterhaltung des Kreditspielraums

- die flexiblen Ausgestaltungsmöglichkeiten, die auf die individuellen unternehmensinternen Charakteristika abgestimmt werden können

- die Vereinbarung von in der Regel nur Zustimmungs- und Kontrollrechten aber keinen Mitspracherechten

Als nachteilig bei dieser Finanzierungsalternative könnten aus Sicht eines Unternehmens angesehen werden, dass:

- das höhere Risiko des Kapitalgebers durch eine im Vergleich zur Kreditfinanzierung höhere Rendite vergütet wird

- im Vergleich zum „reinen" Eigenkapital nur eine zeitlich befristete Kapitalüberlassung erfolgt

- stabile und nachhaltige Cashflows in bestimmter Höhe zur Bedienung des Kapitaldienstes vorausgesetzt werden

Zur Illustration wird nachfolgend der Einsatz von Mezzanine Capital im Rahmen einer Expansionsfinanzierung anhand eines Fallbeispiels dargestellt.

4 Fallbeispiel: Expansionsfinanzierung der Expansion AG

Bei der Expansion AG handelt es sich um ein Technologie-Unternehmen, das sich mit der Herstellung und dem Vertrieb von Software beschäftigt, auf eine mehr als zehnjährige Unternehmenshistorie zurückblicken kann und in einem Marktsegment „A" weltweit bereits zu den drei führenden Unternehmen zählt. In einem zweiten Marktsegment „B", das ein wesentlich größeres (auch internationales) Marktpotenzial als „A" bietet, ist das Unternehmen seit seinem Markteintritt 1999 mittlerweile bereits unter die fünf umsatzstärksten Unternehmen im deutschen Markt herangewachsen.

In der Tabelle 2 sind die Ertragsrechnungen und Bilanzen der Geschäftsjahre 2000–2001 („Ist-Zahlen") und eine Planung der Jahre 2002–2006 dargestellt, die von den Verantwortlichen der Expansion AG und dem zukünftigen Financier als „konservativ" bezeichnet wird. Das negative Ergebnis im Geschäftsjahr 2001 führt zu einer Verschlechterung der Eigenkapital-Quote vom Geschäftsjahr 2000 auf 2001 von

37 % auf 7 %. Gründe für den einmalig hohen Fehlbetrag 2001 liegen in den Kosten für einen – aufgrund der Kapitalmarktsituation – abgesagten Börsengang, einem zu hohen Marketing-Budget und einem sehr schwachen Weihnachtsgeschäft im Marktsegment „B“. In den Folgejahren erwartet die Gesellschaft deutlich höhere Umsätze, die besonders aus der internationalen Expansion im Marktsegment „B“ resultieren, während im Marktsegment „A“ dagegen nur von prozentual geringen Umsatzsteigerungen ausgegangen wird.

G+V (TEUR)	**2000**	**2001**	**2002**	**2003**	**2004**	**2005**	**2006**
Umsatz	19 252	19 277	24 044	29 216	33 216	34 200	34 800
Ergebnis vor Zinsen u. St. (EBIT)	700	–2 500	500	1 899	2 588	2 950	3 120
Zinsaufwand (Hausbanken)*	–160	–160	–160	–160	–160	–160	–160
Ergebnis vor Steuern	540	–2 660	340	1 739	2 428	2 790	2 960
Ergebnis nach Steuern**	340	–2 660	214	1 096	1 530	1 758	1 865
Bilanz (TEUR)	**2000**	**2001**	**2002**	**2003**	**2004**	**2005**	**2006**
Anlagevermögen	1 448	1 520	1 596	1 676	1 760	1 848	1 940
Umlaufvermögen	6 738	6 747	8 415	10 226	11 626	11 970	12 180
Kasse***	567		171	1 048	2 272	3 678	5 170
Summe Aktiva	**8 753**	**8 267**	**10 183**	**12 950**	**15 657**	**17 496**	**19 290**
Eigenkapital	3 200	540	754	1 850	3 379	5 137	7 002
Bankverbindlichkeiten***	2 000	2 000	2 000	2 000	2 000	2 000	2 000
Sonstige Verbindlichkeiten	3 553	5 727	7 429	9 100	10 278	10 359	10 288
Summe Passiva	**8 753**	**8 267**	**10 183**	**12 950**	**15 657**	**17 496**	**19 290**
Bilanzielle Eigenkapitalquote	*37 %*	*7 %*	*7 %*	*14 %*	*22 %*	*29 %*	*36 %*

* Annahme der Vollinanspruchnahme der Kreditlinie bei den Hausbanken mit Zinssatz von 8 %

** ohne Berücksichtigung von steuerlichen Verlustvorträgen unter Annahme einer Gewinnversteuerung von 37 %

*** ohne Ausschüttungen und ohne Kompensation Kasse mit Bankverbindlichkeiten

Tabelle 2: Ertrags- und Bilanzplanung der Expansion AG vor Mezzanine Finanzierung

In der Tabelle 3 ist die vereinfachte Cashflow Planung der Expansion AG dargestellt. Unterstellt wird, dass die Aufnahme von Krediten (Kontokorrentlinien bei Hausbanken) im Jahr 2000 erfolgt ist. Zur Unterstützung der Expansionsbemühungen konnte im Jahr 2000 neues Eigenkapital für die Gesellschaft generiert werden, sodass der Expansion AG zusätzliche liquide Mittel in Höhe von 600 000 EUR zugeflossen sind. Der Cashflow aus dem operativen Geschäft ermittelt sich aus allen Einzahlungen von Kunden für den Verkauf von Software reduziert um die Auszahlungen an Lieferanten und Beschäftigte und wäre unter Zugrundelegung der ursprünglichen Zahlungsziele zum 31.12.2001 mit –2 190 000 EUR stark negativ gewesen. Trotz des Anfangsbestands an Finanzmitteln im Geschäftsjahr 2001 von

1 482 000 EUR ergibt sich somit zum 31.12.2001 ein Finanzierungsbedarf von 1 090 000 EUR. Der notwendige Liquiditätsausgleich erfolgt durch Verlängerung der Zahlungsziele durch Lieferanten und teilweisen Gehaltsverzicht des Managements.

In der Cashflow-Planung 2002–2006 in Tabelle 3 ist zu erkennen, dass die Expansion AG zur Finanzierung der geplanten Expansionsmaßnahmen und zur Überwindung des akuten Liquiditätsengpasses eine externe Kapitalzufuhr von 1 500 000 EUR benötigt. Die stark positiven Finanzmittelbestände in den Jahren 2005 und 2006 könnten zur Rückführung von Krediten, Mezzanine Mittel oder Ausschüttungen an Aktionäre verwendet werden. Für die Realisierung des zukünftig geplanten Cashflows sind keine nennenswerten Neuinvestitionen nötig, da diese bereits in den Jahren 1999 und 2000 getätigt wurden.

(TEUR)	2000	2001	2002	2003	2004	2005	2006
Einzahlung aus Produktverkäufen	19 300	19 660	24 300	29 800	33 700	34 600	35 300
Auszahlungen an Lieferanten etc.	–19 220	–21 850	–23 890	–28 200	–31 656	–32 443	–33 100
Cashflow nach operativem Geschäft	80	–2 190	410	1 600	2 044	2 157	2 200
Auszahlung für Investitionen	–1 110	–570	–622	–670	–711	–720	–725
Cashflow nach Investitionstätigkeit	–1 030	–2 760	–212	930	1 333	1 437	1 475
Einzahlung aus Eigenkapitalzuführung	600						
Einzahlung aus Aufnahme von Krediten	2 000						
Cashflow nach Finanzierungstätigkeit	1 570	–2 760	–212	930	1 333	1 437	1 475
Finanzmittelbestand am Periodenanfang	100	1 670	–1 090	–1 302	–372	961	2 398
Finanzmittelbestand am Periodenende	1 670	–1 090	–1 302	–372	961	2 398	3 873

Tabelle 3: Vereinfachte Cashflow-Planung der Expansion AG vor Mezzanine Finanzierung

Die Expansion AG befindet sich seit Mitte 2001 in Finanzierungsgesprächen mit verschiedenen Finanzinvestoren, einem strategischen Investor aus der IT-Industrie und einem Mezzanine Financier.

Ein Verkauf des Unternehmens an einen strategischen Investor erscheint den Altgesellschaftern derzeit nicht attraktiv, da man die Expansion AG operativ noch einige Jahre weiterentwickeln möchte, um zu einem späteren Zeitpunkt einen höheren Unternehmenswert bei Verkauf erzielen zu können. Die potenziellen Finanzinvestoren würden bei einer Beteiligungsfinanzierung eine Beteiligungsquote von mehr als

25 % am Aktienkapital der Expansion AG und eine aktive Aktionärsrolle anstreben. Die Altgesellschafter ziehen es jedoch vor, weiterhin „Herr im Haus“ zu bleiben und haben sich auch deshalb letztlich für das Angebot eines Mezzanine Financiers entschieden, der Mezzanine Mittel in Form einer Wandelanleihe angeboten hat. Mit dieser Finanzierungsform erhält die Gesellschaft die notwendigen Finanzmittel zur Umsetzung ihrer Expansionspläne und sie erhöht ihr wirtschaftliches Eigenkapital, wodurch eine solide Basis für die bestehende oder gegebenenfalls weitere Kreditfinanzierungen gegeben ist. Daneben bleiben die Aktionärsverhältnisse bestehen, da das Recht, die Anleihe in Aktien zu wandeln, nur bei einem Verkauf der Expansion AG zum Tragen käme.

Die Ausgestaltung der Mezzanine Finanzierung stellt sich wie folgt dar:

Finanzierungsart:	Wandelanleihe
Anleihebetrag:	1 500 000 EUR
Zins:	EURIBOR + 6 % p.a. (Annahme: Zins = 10 % p.a.)
Laufzeit:	5 Jahre (01.04.2001–31.03.2007)
Provisionen und Kosten:	2–4 % der Finanzierungssumme (für den Financier)
Due Diligence-Kosten:	Kostenaufteilung zwischen Expansion AG und Mezzanine Financier
Wandlungsrecht:	– in Höhe von bis zu 1 500 000 EUR des Mezzanine Capitals zu einem Wert pro Aktie von 1,5 EUR (das entspricht einer Anzahl von 1 000 000 Stück Aktien der Expansion AG) – Wandlungsrecht besteht bis Ende der Vertragslaufzeit und nur im Falle eines Exits – Ausübung des Wandlungsrechts ist auf einen „Verkauf von mehr als 50 % der Aktien der Expansion AG“ beschränkt

Abschlusszahlung:	von 20 % auf den Anleihebetrag, am Ende der Laufzeit sofern nicht vom Wandlungsrecht Gebrauch gemacht wird
Covenants:	finanzielle Kriterien (zum Beispiel Eigenkapital-Quote, Verschuldungsgrad) mit außerordentlichem Kündigungsrecht des Financiers bei Nichterfüllung
Rang bei Insolvenz:	im Rang nach den Hausbanken und sonstigen Gläubigern

Die erwartete Rendite für den Mezzanine Financier errechnet sich aus der laufenden Verzinsung der Wandelanleihe zuzüglich entweder a) der vorgesehenen Abschlusszahlung oder b) bei Ausübung des Wandlungsrechts und dem aus einem späteren Verkauf der Aktien erzielten Veräußerungserlös.

In Tabelle 4 ist die Ertrags- und Bilanzplanung der Expansion AG nach erfolgter Mezzanine Finanzierung dargestellt. Hierbei wurde unterstellt, dass es zum 01.04.2002 zu einer Auszahlung der Mezzanine Mittel in Höhe von 1 500 000 EUR kommt. Im Vergleich zur Ertrags- und Bilanzplanung vor Finanzierung, wie in Tabelle 1 dargestellt, erhöht die Aufnahme von Mezzanine Capital die Zinslast der Jahre 2002 bis 2006, wodurch die Ertragsplanung entsprechend beeinflusst wird. Bilanziert wird die Wandelanleihe nach § 266 HGB unter Verbindlichkeiten (vor Wandlung) beziehungsweise nach Umwandlung unter Eigenkapital.

Bei Anwendung einer wirtschaftlichen Betrachtungsweise würde die angebotene Wandelanleihe – aufgrund des gegenüber „klassischen“ Fremdkapitalgebern erklärten Rangrücktritts – wirtschaftlich als Eigenkapital angesehen. Somit erhöht sich die „wirtschaftliche“ Eigenkapital-Quote von 7 % in 2001 auf 22 % in 2002 erheblich, was deutlich positive Auswirkungen auf die Finanzierungsmöglichkeiten oder ein Unternehmens-Rating hat.

Neben der Nachrangigkeit haben auch die Ausgestaltung der außerordentlichen Kündigungsrechte wichtigen Einfluss auf die Einordnung von Mezzanine Capital als wirtschaftliches Eigenkapital.

G+V (TEUR)	2000	2001	2002	2003	2004	2005	2006
Umsatz	19 252	19 277	24 044	29 216	33 216	34 200	34 800
Ergebnis vor Zinsen u. St. (EBIT)	700	–2 500	500	1 899	2 588	2 950	3 120
Zinsaufwand (Hausbanken)*	–160	–160	–160	–160	–160	–160	–160
Mezzanine Zinsen**			–113	–150	–150	–150	–150
Ergebnis vor Steuern	540	–2 660	227	1 589	2 278	2 640	2 810
Ergebnis nach Steuern***	340	–2 660	143	1 001	1 435	1 663	1 770
Bilanz (TEUR)	**2000**	**2001**	**2002**	**2003**	**2004**	**2005**	**2006**
Anlagevermögen	1 448	1 520	1 596	1 676	1 760	1 848	1 940
Umlaufvermögen	6 738	6 747	8 415	10 226	11 626	11 970	12 180
Kasse****	567		114	915	2 063	3 394	4 810
Summe Aktiva	**8 753**	**8 267**	**10 126**	**12 817**	**15 449**	**17 212**	**18 931**
Eigenkapital	3 200	540	683	1 684	3 119	4 782	6 553
Mezzanine Capital			1 500	1 500	1 500	1 500	1 500
Bankverbindlichkeiten****	2 000	2 000	2 000	2 000	2 000	2 000	2 000
Sonstige Verbindlichkeiten	3 553	5 727	5 943	7 633	8 830	8 930	8 878
Summe Passiva	**8 753**	**8 267**	**10 126**	**12 817**	**15 449**	**17 212**	**18 931**
Bilanzielle Eigenkapitalquote	*37 %*	*7 %*	*7 %*	*13 %*	*20 %*	*28 %*	*35 %*
Wirtschaftliche Eigenkapitalquote	*37 %*	*7 %*	*22 %*	*25 %*	*30 %*	*37 %*	*43 %*

* Annahme der Vollinanspruchnahme der Kreditlinie bei den Hausbanken mit Zinssatz von 8 % p.a.

** Annahme einer Auszahlung von 1 500 TEUR Mezzanine Capital am 01.04.2002; Zinssatz: 10 % p.a.

*** ohne Berücksichtigung von steuerlichen Verlustvorträgen

**** ohne Ausschüttungen und ohne Kompensation Kasse mit Bankverbindlichkeiten

Tabelle 4: Ertrags- und Bilanzplanung der Expansion AG nach Mezzanine Finanzierung

5 Zusammenfassung und Fazit

Mezzanine Finanzierungen wie etwa Nachrangdarlehen, Stille Beteiligungen, Genussscheine und Wandel-/Optionsanleihen bieten sich für mittelständische Unternehmen als Alternative und Ergänzung zur Kreditfinanzierung an. Sie ermöglichen die Schließung von Finanzierungslücken bei anstehenden Finanzierungsvorhaben, die entstehen können, wenn die Möglichkeiten von Eigenkapital- und Fremdkapitalfinanzierungen erschöpft sind.

Mezzanine Capital ist eine Finanzierungsform, die im Rahmen des Finanzierungsmixes ergänzend neben Eigen- und Fremdkapital, sehr flexibel und individuell auf die jeweiligen Bedürfnisse kapitalsuchender Unternehmen ausgestaltet werden kann. Wie auch im Rahmen des Fallbeispiels aufgezeigt wurde, können Mezzanine Finanzierungen im Hinblick auf ihre darstellbaren Rendite-/Risiko-Konstellationen helfen, Finanzierungslücken zu schließen, die für reine Eigen- oder Fremdkapitalgeber schwierig darstellbar wären und den Bedürfnissen von Kapitalnehmer und -geber gerecht werden können.

Durch die Aufnahme von Mezzanine Capital besteht für ein Unternehmen vor allem die Möglichkeit, die Eigenkapitalbasis zu verbessern, ohne (sofort) Gesellschaftsanteile abgeben zu müssen. Kapitalgeber bekommen Investitionsmöglichkeiten im eigenkapitalähnlichen Bereich mit adäquaten Rendite-Chancen ohne voll das Exit-Risiko eingehen zu müssen, da eine Rückzahlung der Finanzierung und Vergütung aus dem Cashflow möglich sein muss.

Insgesamt ist im Bereich der Unternehmensfinanzierung ein zunehmendes Interesse für Mezzanine Capital zu beobachten, wobei die Bedeutung aufgrund der beschriebenen Vorzüge noch deutlich steigen sollte.

6 Literatur

Golland, F.; Gehlhaar, L. (2002): Die wachsende Bedeutung von Mezzanine Kapital bei der Finanzierung von Buy-outs, in: Venture Capital Magazin, 08/2002, S. 30–31.

Gulder, M./Finsterer, H. (2001): Basel II verlangt alternativen Private Equity und Mezzanine-Mittel für den Mittelstand, in: Kredit & Rating, 04/2001.

Föcking, M./König, J. (2002): Wachstum flexibel finanzieren, in: Finance April 2002, S. 42–44.

KPMG Leverage Finance Studie (2002): Eine Bestandsaufnahme des deutschen Fremdkapitalmarktes für Buyout- und strukturierte Übernahmefinanzierungen.

Klumpp, H.-J. (2002): Alternativer Beitrag zur Unternehmensfinanzierung, in: Venture Capital Magazin, 09/2002.

Der Rating-Prozess aus Unternehmenssicht

Verband Deutscher Treasurer

1 Einleitung

Das Thema „Rating“ gewinnt durch die Globalisierung der Märkte und den schleichenden – aber doch unaufhaltsamen – Rückzug der Banken aus dem klassischen Kreditgeschäft hin zum ertragreicheren und mit weniger Risiken behafteten Provisionsgeschäft zunehmend an Bedeutung. Der Verband Deutscher Treasurer e.V. (VDT) hat daher im Oktober 2000 einen „Leitfaden Rating im Unternehmen“ publiziert, der auf ein so genanntes „Credit Rating“ von Unternehmen durch eine externe Rating-Agentur abstellt. Bei diesem Rating geht es um Aussagen über die zukünftige Fähigkeit und rechtliche Verpflichtung eines Unternehmens zur vollständigen und termingerechten Tilgung und Verzinsung seiner Schulden und zum Ausmaß möglicher Forderungsausfälle aus Sicht der Gläubiger.

Der Leitfaden Rating dokumentiert die Arbeit des Arbeitskreises Rating des VDT, der sich aus Unternehmensvertretern, Beratungsgesellschaften und Banken zusammensetzt, alle mit einschlägiger Rating-Erfahrung. Das Ergebnis ist ein Leitfaden von Praktikern für Praktiker, der insbesondere mittelständischen Unternehmen und Unternehmern eine Hilfestellung sein soll, das Rating und die damit verbundenen Entscheidungen und Prozesse besser zu verstehen: Im Kapitel „Grundsätze“ werden die begrifflichen Grundlagen für Ratings erläutert. Die folgenden Kapitel erläutern die drei Hauptschritte des Rating-Prozesses entsprechend ihrer zeitlichen Folge: Es wird der unternehmerische Entscheidungsprozess im Zusammenhang mit einem Rating dargestellt, anschließend werden Hinweise zum Ablauf des Rating-Prozesses gegeben. Das letzte Kapitel des Leitfadens zeigt Empfehlungen auf, wie das Unternehmen mit dem Rating-Ergebnis umgehen sollte, zum einen hinsichtlich der Beziehung (Relationship) mit der Rating-Agentur, zum anderen werden die Auswirkungen auf die Unternehmenssteuerung untersucht.

Im folgenden Beitrag werden die wesentlichen Inhalte der Kapitel „Der Entscheidungsprozess im Unternehmen“ sowie „Der Rating-Prozess aus Unternehmenssicht“ dargestellt. Die Vorgehensweisen und Empfehlungen sind auf ein externes Rating abgestellt, können aber auch auf ein Rating durch eine Bank übertragen werden.[1]

2 Entscheidungsprozess im Unternehmen

Einem Unternehmen stehen neben der Finanzierung durch Banken noch eine Vielzahl von weiteren Optionen zur Aufnahme von Fremdkapital offen. Für viele dieser Optionen ist ein externes Rating entweder erforderlich oder zumindest wünschenswert. Neben dem reinen Finanzierungsaspekt sind jedoch noch eine Vielzahl anderer Parameter relevant, die für oder gegen ein Rating sprechen. Im Folgenden wird ein strukturiertes Entscheidungsraster für ein Rating durch eine Rating-Agentur vorgestellt, das diese externen und internen Rahmenbedingungen abdeckt.

Eine wesentliche Determinante für **externe Rahmenbedingungen** sind die **Erwartungen des Kapital- und Bankenmarkts sowie der Investoren** (und damit verbunden die Vorgaben der nationalen und internationalen Aufsichtsbehörden). Es ist davon auszugehen, dass der Bedarf nach schneller und objektiver Einschätzung über die Bonität eines Schuldners steigen wird. Auch nationale Investoren werden von nationalen Unternehmen ein allgemein anerkanntes, international verwendbares Rating verlangen. Aus dieser Sicht ergeben sich somit folgende Gründe für ein Rating:

- Ein Rating ist erforderlich, wenn eine größere Anzahl neuer Investoren wiederkehrend oder laufend mit größeren Beträgen angesprochen werden soll.

- Ein Rating kann als Instrument der Unternehmenssteuerung sinnvoll sein, um die Liquiditätsversorgung des Unternehmens auch bei geänderten Marktbedingungen vorausschauend längerfristig zu sichern.

- Ein Rating kann benutzt werden, um die Finanzierungskosten zu senken bzw. steigenden Kreditfinanzierungskosten durch Margenausweitung der Banken entgegenzuwirken.

Eine weitere externe Determinante ist **der Ruf eines Unternehmens auf den Finanzmärkten**. Institutionelle Anleger, Banken und andere Finanzintermediäre legen besonderen Wert auf Konsistenz der Informationen und Berechenbarkeit der Unternehmenspolitik (Track Record und Umgang mit Event Risks). Nur ausnahmsweise, bei sehr großen Unternehmen mit stabiler Geschäftsentwicklung und guter Branchenbeurteilung, kann der gute Ruf eines Unternehmens in diesen Investorenkreisen das Rating ersetzen.

Eine der wesentlichen **internen Rahmenbedingungen** ist der **Finanzierungsbedarf** des Unternehmens. Ein Rating ist sinnvoll, wenn ein ausreichend großer Finanzbedarf besteht, um den liquiden und anonymen Kapitalmarkt mit einer langfristigen Anleihefinanzierung in Anspruch zu nehmen. Um allerdings einen von den Investoren in der Regel geforderten liquiden Sekundärmarkt zu gewährleisten, muss eine Anleihe nach Ansicht der befragten Experten mindestens ein Volumen von 250 Mio.

EUR aufweisen. Auch bei kleineren Volumina schätzen Investoren ein vorhandenes Rating, um die Fungibilität der Anleihe zu erhöhen. Aber auch für Unternehmen mit revolvierend kurzfristigem Finanzbedarf, bei vorübergehendem größeren Finanzbedarf oder zur Liquiditätssicherung kann ein Rating erforderlich bzw. sinnvoll sein, vor allem beim Einsatz eines Commercial Paper-Programms (CP-Programm). Die Experten schätzen die Größenordnung, bei der ein CP-Programm sinnvoll ist, auf mindestens 250 Mio. EUR. Es gibt illiquide, ungeratete Programme ab 100 Mio. EUR, doch sollte ein CP-Programm immer geratet sein. Letztlich ist noch die Kostenseite für die Deckung des Finanzierungsbedarfs zu betrachten: Sofern die benötigten Beträge durch verschiedene Finanzierungsinstrumente verfügbar sind, gilt es, die jeweiligen Kosten der Instrumente mit und ohne Rating zu vergleichen.

Ein Rating sollte die **Unternehmensstrategie** unterstützen. Diese kann – auch unabhängig vom Finanzierungsbedarf bzw. den Finanzierungskosten – die Entscheidung für oder gegen ein Rating begünstigen oder hemmen. Ein Rating verlangt gegenüber der Rating-Agentur Publizität und Transparenz. Unternehmen, deren Geschäftspolitik die erforderliche Publizität und Transparenz – beim erstmaligen Rating und der späteren laufenden Überprüfung des Ratings – nur eingeschränkt zulässt, kommen unter Umständen für ein Rating nicht in Betracht. In diesem Zusammenhang muss auch bedacht werden, dass sich durch die dauerhafte Verbindung zu den Rating-Agenturen auch Konsequenzen für den Handlungsspielraum eines Unternehmens ergeben. So sollten z. B. im Hinblick auf die erforderliche Unterrichtung der Rating-Agenturen die Folgen bisher frei zu treffender Unternehmensentscheidungen daraufhin analysiert werden, welche Auswirkungen sie auf das Rating haben können und welche Konsequenzen sich daraus im Vorfeld ableiten lassen.

Unabhängig von konkretem Finanzierungsbedarf kann ein Rating aus folgenden unternehmenspolitischen Gründen in Erwägung gezogen werden:

- Verbesserung des Images, zur Unterstützung von Investor Relations oder zur besseren Akzeptanz bei Kunden und Lieferanten

- Förderung der strategischen Flexibilität gegenüber dem Wettbewerb

- Unabhängigkeit von Kreditgebern

Ein Unternehmen legt in seiner Unternehmensstrategie auch die **Finanzierungspolitik** fest. Hieraus werden unternehmensspezifische Ziele für die Kapitalstruktur entwickelt. Dies geschieht sowohl auf temporärer Basis (kurzfristige, vom Management akzeptierte Streckung der Bilanz) als auch auf normalisierter Basis (permanente Fremdkapitalkapazität). In jedem Unternehmen sollten derartige Parameter festgelegt sein. Bei einem publizierten Rating bestimmter Finanzierungsgrundsätze sollte das Unternehmen eine implizite Verpflichtung zur Einhaltung eingehen, um das Ziel-Rating zu erreichen und langfristig halten zu können.

Schließlich sind noch die **Unternehmens- und Gesellschafterstruktur** zu beachten. Sie bilden den Rahmen für die erforderlichen Entscheidungsprozesse im Unternehmen und für die Durchführung eines Ratings. Zu berücksichtigen sind insbesondere die Entscheidungsträger und die Organisationsstruktur des Unternehmens. Erfahrungsgemäß spielt die Rechtsform des Unternehmens für das Rating in der Regel keine Rolle. Eine Börsennotierung ist von Vorteil, da dann die Organisationsstrukturen bereits auf den Kapitalmarkt ausgerichtet sind. Die Führungsstruktur ist bei größeren Unternehmen zumeist unkritisch. Auch auf die Gesellschafterstruktur (Familienunternehmen oder Streubesitz) kommt es nicht an. Bei Familienunternehmen ist die Notwendigkeit zur Verfolgung von Shareholder Value-Strategien zum Teil weniger ausgeprägt, was das Rating tendenziell begünstigt. Häufig ergibt sich für die Rating-Agenturen allerdings zusätzlicher Informationsbedarf über die Gesellschafter und deren Ziele. Als negativ für ein Rating wird eine hohe Komplexität der Firmenstruktur angesehen.

Aus den vorstehenden Überlegungen lässt sich ein strukturiertes Entscheidungsverfahren ableiten, das in der folgenden Abbildung dargestellt ist:

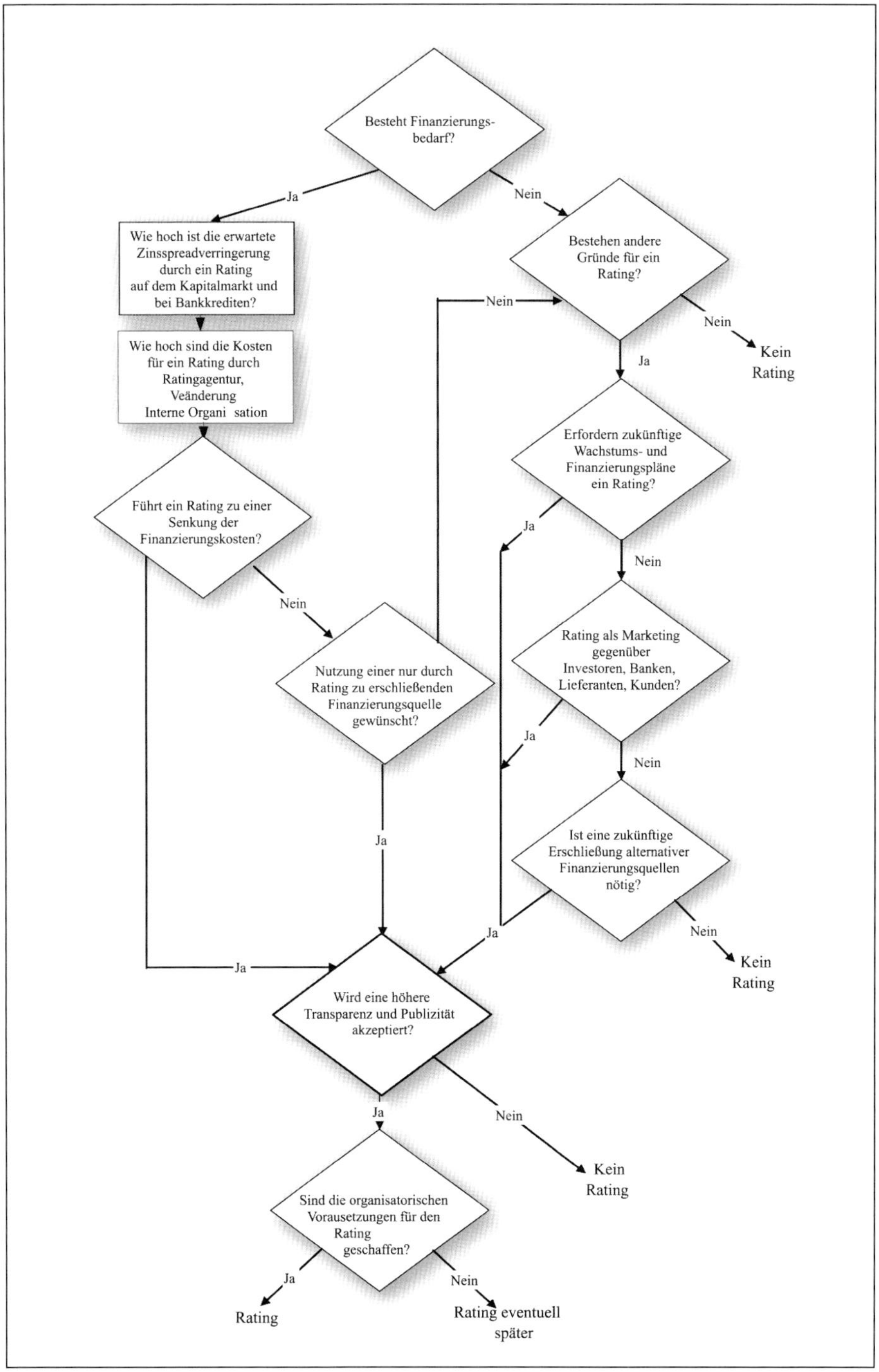

Abbildung 1: Entscheidungskriterien für Unternehmen

3 Sachliche und zeitliche Struktur des Rating-Prozesses

Nachdem die Entscheidung für ein Rating gefallen ist, gilt es, den Rating-Prozess im Unternehmen zu organisieren. Die Teilschritte und der jeweils zu erwartende Zeitbedarf eines typischen Rating-Prozesses sind in der nachfolgenden Abbildung veranschaulicht.

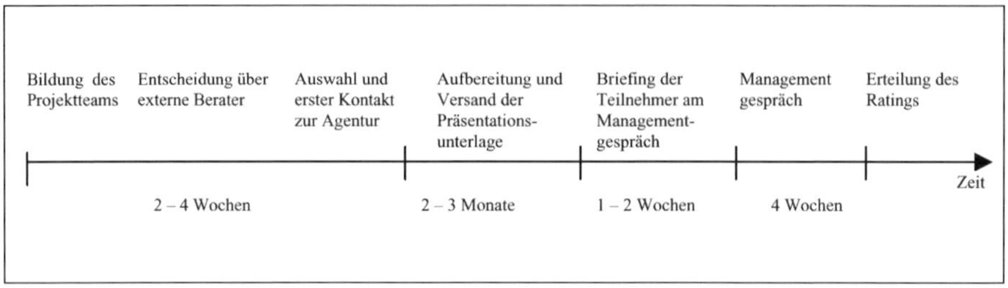

Abbildung 2: Teilschritte und Zeitbedarf eines Rating-Prozesses

Der gesamte Zeitbedarf für ein Rating bewegt sich normalerweise im Rahmen von etwa vier bis fünf Monaten. Er ist abhängig von der Qualität der im Unternehmen verfügbaren Informationen und der dem Projekt zugewiesenen Ressourcen. Die Beschaffung und Aufarbeitung der erforderlichen Daten kann also zeitintensiv sein, hingegen sind Zeit- und Ressourcenbedarf für die Arbeitsschritte mit den Rating-Agenturen vergleichsweise gering.

Idealerweise sollte der Rating-Prozess im Anschluss an eine Planungsrunde initiiert werden, da zu diesem Zeitpunkt ein Großteil der benötigten Daten aktuell vorhanden ist. Die einzelnen Schritte werden in den nachfolgenden Abschnitten näher erläutert.

4 Bildung des Projektteams

Das Rating soll ein möglichst realistisches Bild der Kreditwürdigkeit bzw. Bonität des Unternehmens geben. Die Rating-Agentur wird daher quantitative und qualitative Faktoren in die Beurteilung einbeziehen. Dementsprechend sollte zur Vorbereitung des Ratings ein internes Team mit Mitarbeitern aus unterschiedlichen Abteilungen gebildet werden.

Im Rahmen der Projektorganisation ist es wichtig, für die Beziehung zur Rating-Agentur einen konstanten Ansprechpartner im Unternehmen festzulegen. Die Treasury-Abteilung sollte dabei sowohl die Projektleitung als auch den Kontakt zur Agentur unter Einbindung der Geschäftsleitung übernehmen.

Zur Erstellung eines Ratings bedarf es typischerweise der folgenden Informationen:

- Qualitative Darstellung des Unternehmens und seiner wichtigsten Geschäftsbereiche
- Analyse der Wettbewerbssituation und der strategischen Ausrichtung des Unternehmens (auch pro Geschäftsbereich)
- Ist-Zahlen des laufenden Geschäftsjahres und der vorhergehenden zwei (gegebenenfalls mehr) Jahre (Bilanz, G+V, Cashflow-Berechnung)
- Plan-Zahlen, inklusive Investitionsplanung des aktuellen Geschäftsjahres und zumindest der folgenden zwei Geschäftsjahre (Bilanz, G+V, Cashflow-Berechnung)
- Unternehmensstrategie und Finanzierungspolitik
- Darstellung der finanziellen Situation des Unternehmens anhand bestimmter Finanzkennzahlen

Die Bereitstellung dieser Informationen erfordert ein Kernteam im Unternehmen, welches sich aus Vertretern der folgenden Abteilungen zusammensetzen sollte, wobei die Aufzählung funktional und nicht organisatorisch zu verstehen ist:

- Geschäftsführung
- Treasury
- Strategische Planung/Unternehmensplanung
- Controlling
- Rechnungswesen/Bilanzierung

Diese Aufzählung ist je nach Unternehmenssituation bei Bedarf um weitere Funktionen (z. B. Vertrieb) zu ergänzen. Die Investor Relations-Abteilung spielt für das

Rating-Projektteam eine eher untergeordnete Rolle, da sie in der Regel nur auf die Kommunikation für Equity-Investoren ausgerichtet ist.

5 Entscheidung über externe Berater (Rating Advisor)

Im Rahmen des Rating-Prozesses besteht die Möglichkeit zur Einschaltung externer Rating-Berater („Rating Advisor"). Ein Unternehmen kann selbständige Berater sowie nationale und internationale Emissionshäuser beauftragen, die zumeist Rating Advisory-Dienste anbieten. Die Aufgabe des Beraters besteht in einem ersten Schritt in der Ermittlung des maximal erreichbaren Rating-Ergebnisses. Daraus wird die nachhaltig erreichbare Bonitätseinstufung abgeleitet. Letztlich gibt er Anleitungen zur effizienten, professionellen Durchführung des Rating-Prozesses und ist behilflich bei der Erstellung der Rating-Präsentation.

Vorteile durch die Einschaltung eines Rating-Beraters haben insbesondere Unternehmen, die noch keinen Rating-Prozess durchlaufen haben (Erst-Rating). Durch die Erfahrung der Advisor erfolgt im Allgemeinen eine schnellere Durchführung des Ratings, da viele Arbeiten effizienter, zielgerichteter und zu geringeren Kosten ausgeführt werden können. Zudem werden Unterlagen und Präsentationen so erstellt, dass sie der Vorgehensweise der Rating-Agenturen bei der Analyse und Gewichtung der Rating-Kriterien entsprechen.

Die Inanspruchnahme der Beratungsleistung erweist sich für das Unternehmen aus den folgenden Gründen als nützlich:

- Durch eine zielgerichtete Vorbereitung der Gespräche mit der Rating-Agentur wird von Anfang an eine effiziente Kommunikation gewährleistet.

- Der Berater unterstützt die geeignete Aufbereitung des Zahlenmaterials und eine angemessene Informationstiefe und beschleunigt dadurch den Rating-Prozess.

- Durch im Vorfeld mit dem Berater abgestimmte Präsentationen wird vermieden, dass sich das Unternehmen falsch und möglicherweise „unter Wert" darstellt.

- Der Berater hilft einzuschätzen, ob eine Rating-Agentur aufgrund ihrer Marktkenntnis und Fachkompetenz die Fähigkeit zur Erteilung eines fairen und die Bonität des Unternehmens möglichst objektiv widerspiegelnden Ratings besitzt.

Ein weiterer Vorteil besteht in der geringeren Bindung von Personalkapazitäten im eigenen Unternehmen. Eine weitreichende Erarbeitung der gesamten Rating-Problematik muss nicht erfolgen und zeitintensive Arbeiten wie die Analyse des optimalen Rating-Grades werden vom Rating Advisor übernommen.

Bei der Auswahl des Beraters sollte darauf geachtet werden, dass das Beraterteam bereits eine Vielzahl von Rating-Verfahren begleitet hat und nach Möglichkeit sowohl über Branchen- als auch über Rating-Agentur-Erfahrung verfügt.

Ein wesentlicher Aspekt beim Einsatz von Rating-Beratern sind deren Beratungshonorare, die allgemein eine Größenordnung von 50 000 bis 150 0000 EUR erreichen. Im Zusammenhang mit einer Kapitalmarkttransaktion lassen sich diese Honorare vermeiden, wenn Rating Advisor des Emissionshauses eingesetzt werden. Am Markt hat sich durchgesetzt, dass anfallende Beratungshonorare dann auf die Kosten der Emission angerechnet werden. Vorrangiges Kriterium für die Einschaltung externer Advisor muss jedoch die Beratungsqualität sein.

6 Auswahl der Rating-Agentur

Ein Unternehmen, das sich erstmals mit dem Thema Rating befasst, steht einem wachsenden und zunehmend bedeutenden, leider aber noch recht intransparenten Markt gegenüber. Es wird nicht unmittelbar deutlich,

- welche Rating-Agentur die geeignetste für das Unternehmen ist,
- welche Kriterien für ein Rating wesentlich sind und
- wie sich diese Kriterien vergleichen lassen.

In Deutschland bieten sowohl international als auch lokal orientierte Rating-Agenturen ihre Dienste an. Die Wahl der Agentur hängt auch davon ab, welchen Zweck das Unternehmen mit dem Rating verfolgt. Im Leitfaden des VDT wird unterstellt, dass ein Unternehmen das Rating für eine Fremdkapitaltransaktion einsetzen will. Internationale Platzierungen dürften im Vordergrund der Überlegungen stehen, da Inlandsanleihen ausgesprochen selten sind und hierfür ein Rating nicht immer erforderlich ist. Internationale Platzierungen sind zumeist Transaktionen auf dem Euromarkt oder anderen internationalen Kapitalmärkten. Damit sind auch die Investoren entsprechend international ausgerichtet. Das setzt voraus, dass eine Rating-Agentur einen hohen Bekanntheits- und Akzeptanzgrad bei der Investoren-Zielgruppe hat. Insofern sollte man sich bei der Auswahl einer Rating-Agentur nicht nur auf das bilaterale Verhältnis des Unternehmens zur Rating-Agentur stützen, sondern vor allem auch den Investor als Nutzer der Rating-Information in die Überlegungen einbeziehen.

Für das Unternehmen ist ein wichtiges Auswahlkriterium die Fähigkeit der Rating-Agentur, ein jederzeit faires Rating zu gewährleisten. Ein faires Rating spiegelt die jeweilige Bonität des Unternehmens im Vergleich zu anderen Unternehmen in möglichst objektiver Weise wider. Dazu gehören neben der Fachkompetenz der Rating-Agentur die Transparenz des Rating-Prozesses und eine Differenzierung der Rating-Kategorien, die das Unternehmen gegenüber dem Wettbewerb entsprechend abgrenzt.

Rating-Agenturen, die ein großes Branchenspektrum und eine entsprechende Anzahl von Unternehmen bewertet haben, können den Unternehmen nützliche Zusatzerkenntnisse über Marktentwicklungen, Bonitätsbeurteilung etc. vermitteln.

Es ist wichtig, dass die jeweilige Rating-Agentur bei den entsprechenden Investoren bekannt ist und Vertrauen genießt. Vertrauen kann eine Rating-Agentur dann erreichen, wenn sie über tiefgehende und aktuelle Kenntnisse der Branche und über das jeweilige Unternehmen selbst verfügt und somit in der Lage ist, Veränderungen des Ratings möglichst zielgerichtet zu antizipieren bzw. das Rating durch einen Konjunkturzyklus hindurch stabil einschätzen zu können.

7 Aufbereitung der Präsentationsunterlage

Die Präsentationsunterlage ist das bedeutendste Informationsmedium für die Rating-Entscheidung der Agentur und bildet die Grundlage für das Managementgespräch. Sie soll das Unternehmen umfassend aber prägnant darstellen und wie folgt gegliedert sein:

- Einführung
- Executive Summary
- Unternehmensorganisation

- Branchen- und Wettbewerbsstruktur sowie Unternehmensstrategie
- Finanzierungsstrategie und Finanzpolitik
- Unternehmensdaten

Folgende Inhalte werden für die einzelnen Punkte empfohlen:

Einführung

In der Einführung äußert sich das Unternehmen kurz zum Anlass bzw. Zweck und Ziel des laufenden Rating-Prozesses. Daneben werden in einem Steckbrief schlagwortartig die wichtigsten Unternehmenscharakteristika skizziert. Weiterhin werden die Kernaussagen zur Verschuldung und zur Finanzierungspolitik des Unternehmens dargestellt.

Executive Summary

Die Executive Summary fasst die Kernaussagen der Präsentationsunterlage zusammen. Der Inhalt muss sorgfältig gewählt werden, da die Executive Summary im Managementgespräch als zentraler Leitfaden der „Credit Story" dient.

Unternehmensorganisation

Dieser Teil enthält Erläuterungen zur rechtlichen und funktionalen Unternehmensstruktur. Daneben wird das Management mit dem beruflichen Werdegang vorgestellt und es werden Aussagen zur Führungsphilosophie, inklusive Vergütungssystem, gemacht.

Branchen- und Wettbewerbsstruktur sowie Unternehmensstrategie

Für alle wesentlichen Geschäftsbereiche ist die Wettbewerbssituation und die Branchenstruktur darzustellen. Wichtige Faktoren für die Beurteilung der Branche sind Marktpotenzial, wirtschaftliche Entwicklungszyklen, Kundenstruktur, Konkurrenzsituation und Eintrittsbarrieren. Die Zusammenhänge lassen sich sehr gut in einem Chance-/Risiko-Profil darstellen und mit einer Beschreibung der Unternehmensstrategie abschließen.

Finanzierungsstrategie und Finanzpolitik

Für die Beurteilung der Bonität ist es wesentlich, aus den vorgelegten Informationen eine klare Finanzierungsstrategie des Unternehmens zu erkennen. Ausgehend von der aktuellen Finanzstruktur werden zukünftige Investitionen bzw. Akquisitionen und deren Finanzierung dargestellt. Die Rating-Agentur achtet dabei vor allem auf die Entwicklung des Cashflows im Verhältnis zur Verschuldung des Unternehmens. Die daraus resultierende Bewertung der Agentur berücksichtigt, in welchem Stadium sich das Unternehmen befindet (z. B. Start-up, gesättigter Markt etc.).

Unternehmensdaten

Basis für die Bonitätsbeurteilung bildet das vom Unternehmen bereitgestellte Zahlenmaterial, welches sowohl historische Daten als auch Planzahlen enthalten muss. Dazu gehören unter anderem:

- Aktuelle Jahresabschlüsse und die der vorhergehenden (mindestens) zwei Jahre
- Planbilanz und Plan-G+V für das laufende und die folgenden zwei Geschäftsjahre
- Cashflow-Berechnungen (wenn möglich pro Geschäftsbereich)
- Umsätze des gesamten Unternehmens sowie wichtiger Geschäftsbereiche
- Umsätze gegliedert nach wichtigen Absatzregionen
- Ertragskennzahlen pro Geschäftsbereich, soweit im internen System verfügbar
- Zahlen zur Investitionsentwicklung
- Nähere Informationen zum Eigenkapital
- Informationen über bestehende Kreditlinien

8 Managementgespräch

8.1 Briefing für das Managementgespräch

Vor dem eigentlichen Gespräch mit der Rating-Agentur sollte ein Briefing der Teilnehmer für dieses Gespräch stattfinden. Ziel ist es, sich auf die zu erwartenden Fragestellungen vorzubereiten und Antwortraster zu generieren. Gerade im Hinblick auf eine einheitliche Darstellung der Managementstrategien ist es wichtig, dass die Vertreter des Managements klar festlegen, welche Aussagen von welchem Teilnehmer zu den relevanten Punkten gemacht werden sollen. Bei Einschaltung eines Beraters sollte dieser mit den Teilnehmern das Managementgespräch simulieren und sie bei der Erarbeitung der Antwortstrategien unterstützen.

8.2 Durchführung des Managementgesprächs

Den Startpunkt für das Managementgespräch mit der Agentur bilden kurze Einführungen der Teilnehmer in das Unternehmen und in den jeweils von ihnen vertretenen Bereich, wobei jeder Sprecher 10–20 Minuten veranschlagen sollte. Im Anschluss daran sollte der Rating-Agentur Zeit für ihre Fragen gegeben werden.

Fragen der Rating-Analysten werden sich dabei im Wesentlichen auf „Downside"-Szenarien beziehen, d. h. auf mögliche negative Entwicklungen. Selbst wenn einige der Szenarien, die die Analysten entwickeln, äußerst unwahrscheinlich erscheinen, möchten sie dennoch wissen, wie der Schuldner mit solchen Situationen umgehen würde. Fragen dieser Art sollten nicht als Zeichen einer überpessimistischen Sicht interpretiert werden. Vielmehr wollen die Analysten herausfinden, wie realistisch die Unternehmensführung Risiken einschätzt und auf welche Arten von Risiko das Unternehmen tatsächlich vorbereitet ist. Aus diesem Grund ist es äußerst wichtig, dass ein offener Gedankenaustausch über Markt-, Produktions-, Finanz- und andere relevante Risiken etabliert wird.

Im Fall, dass das Unternehmen zur Beantwortung einer bestimmten, spezifischen Fragestellung die relevanten Informationen nicht direkt zur Hand hat, ist es nicht von Nachteil diese zu einem späteren Zeitpunkt nachzureichen.

Der gegebenenfalls eingeschaltete Rating Advisor sollte das Unternehmen vor dem Managementgespräch umfassend vorbereitet haben, sodass er bei diesen Treffen mit der Agentur in aller Regel in der Rolle des passiven Zuhörers bleibt.

Die Rating-Agenturen untersuchen die vorgelegten Finanzprojektionen zum einen auf die zugrunde gelegten Annahmen und zum anderen vor allem darauf, welchen Kapitalbedarf das Unternehmen hat, um die in den Projektionen reflektierten Ziele zu verwirklichen. Vor diesem Hintergrund sollte dargestellt werden, woraus das Unternehmen die Annahmen über das Marktumfeld (Wachstum der Nachfrage, Preis- und Kostentwicklungen) abgeleitet hat. Auch wenn in den Unterlagen keine Downside-Szenarien aufgeführt sind, werden Unternehmen in den Managementgesprächen stets danach gefragt.

Es ist daher im Voraus zu überlegen, welches die wesentlichen negativen Einflussfaktoren in den Finanzprojektionen sind – z. B. die Möglichkeit von Ertragsrückgängen oder größeren Kapitalinvestitionen als erwartet – und wie sie sich auf den Cashflow auswirken würden. Bei der Darstellung der geplanten Investitionsausgaben ist es hilfreich aufzuzeigen, wie die Investitionsentscheidungen im Zusammenhang mit den Verschuldungszielsetzungen stehen, die sich das Unternehmen gesetzt hat.

Die Dauer des Managementgespräches ist bei einem Erst-Rating mit bis zu einem Tag anzusetzen. Es sollte ausreichend Zeit für die Diskussion von Einzelpunkten eingeplant werden. Zudem ist sicherzustellen, dass die entsprechenden Spezialisten für Rückfragen kurzfristig verfügbar sind bzw. am Gespräch teilnehmen.

9 Rating-Ergebnis

Nach Abschluss des Rating-Prozesses vergibt die Rating-Agentur eine Bonitätsbeurteilung in Form eines Rating-Symbols. Dieses Symbol drückt eine statistisch ermittelte Wahrscheinlichkeit aus, mit der der Schuldner seinen zukünftigen Zins- und Tilgungsverpflichtungen nachkommen kann. Bei der Bewertung unterscheiden die Agenturen zumeist zwischen kurz- und langfristigen Ratings. Kurzfristige Ratings beziehen sich normalerweise auf einen Zeitraum von zwölf Monaten.

Jede Agentur hat zur Beurteilung der Ausfallwahrscheinlichkeit eigene Rating-Skalierungen entwickelt. Diese Skalierung soll einen international vergleichbaren Maßstab für Bonitäten schaffen. Daraus ergeben sich für den Kapitalmarkt gewisse

Anhaltspunkte auf die Margen, ohne dass jedoch ein definitiver Zusammenhang mit der absoluten Höhe der Risikoprämie hergestellt werden kann. Die nachfolgende Tabelle stellt Rating-Symbole beispielhaft für drei Rating-Agenturen im Falle langfristiger Ratings dar:

Moody's	Standard&Poor's	Fitch IBCA	Grade
Aaa	AAA	AAA	Investment Grade
Aa	AA	AA	
A	A	A	
Baa	BBB	BBB	
Ba	BB	BB	Speculative Grade
B	B	B	
Caa	CCC	CCC	
Ca	CC	CC	
C	C	C	
	D	DDD	Default
	SD	DD	
		D	

Tabelle 1: Rating-Skalierungen

Das beste Rating-Ergebnis AAA bzw. Aaa drückt aus, dass die Fähigkeit des Schuldners, seine finanziellen Verpflichtungen zu erfüllen, außergewöhnlich gut ist. Alle Ergebnisse bis zu einer Note von mindestens BBB bzw. Baa befinden sich im so genannten Investment Grade. Schuldverschreibungen weisen in diesem Bereich noch angemessene Schutzparameter auf, die eine Investition relativ sicher erscheinen lassen. Darunter beginnt der Non-Investment Grade oder auch spekulative Bereich (Speculative Grade). Hier verfügen die Anleihen auch noch über gewisse Qualitäts- und Schutzmerkmale, allerdings überwiegen Risiken und Unsicherheitsfaktoren. Alle Rating-Symbole unterhalb von C kennzeichnen den Zahlungsverzug einer Anleihe. Fitch IBCA unterscheidet in diesem Bereich noch die erwartete Befriedigungsquote. DDD steht für 90–100 % Rückzahlung, D für weniger als 50 %. Bei Standard&Poor's wird die Note SD (Selective Default) dann vergeben, wenn der Emittent nicht mit allen Zahlungsverpflichtungen in Verzug gerät, sondern einen Teil seiner Verbindlichkeiten noch ordnungsgemäß zurückzahlt. Das Rating-Ergebnis ist im Kontext der Branche des Emittenten zu betrachten. So gibt es pro

Branche bestimmte Einschränkungen der Rating-Bereiche, da auch Branchenrisiken Einfluss auf das Rating-Ergebnis haben.

Neben den in der Tabelle enthaltenen Symbolen wird von den Rating-Agenturen noch innerhalb der Symbolbereiche unterschieden. Moody‘s benutzt dafür die Ziffern 1 bis 3, die den Symbolen angefügt werden. Die Ziffer 1 steht dabei für eine Bewertung am oberen Ende und die Ziffer 3 für eine Bewertung am unteren Ende dieser Kategorie. Standard&Poor‘s und Fitch IBCA benutzen für diese zusätzlichen Merkmale Plus- bzw. Minuszeichen.

Ein bestehendes Rating-Ergebnis wird gegebenenfalls mit einem Zusatz versehen. Dieser „Outlook“ gibt mit einer Zeitperspektive von ungefähr zwei Jahren Hinweise auf eine möglicherweise bevorstehende Rating-Änderung vor dem Hintergrund potenzieller spezifischer Einzelereignisse (wie z. B. Akquisitionen, Unternehmensabspaltungen, mittelfristiger „share buy back“-Initiativen). Bis zur endgültigen Materialisierung des Einzelereignisses soll auf diese Weise ein möglichst hohes Maß an Rating-Stabilität gewährleistet werden.

10 Interne und externe Kommunikation

Wir empfehlen, dass das Unternehmen mit der Rating-Agentur bereits vor der Mandatierung festlegt, wie im Falle eines unerwarteten Rating-Ergebnisses mit dessen Veröffentlichung zu verfahren ist.

Neben der originären Funktion des Ratings als weitgehend objektiver Bonitätsmaßstab für Kapitalmarkttransaktionen können weitere Effekte durch ein Rating erzielt werden: Ein gutes Rating kann die Beziehung des Unternehmens zu seinen Kunden und Lieferanten verbessern. Das Unternehmen kann sich als solventer Geschäftspartner darstellen. Der Imagegewinn aus einem guten Rating ist erheblich.

Unternehmen, die aufgrund ihrer Größe ein bedeutender Arbeitgeber am Standort bzw. in der Region sind, sollten das öffentliche Interesse an ihrer Entwicklung nicht unterschätzen. Ein gutes Rating wird das Vertrauen der Öffentlichkeit in die Stabilität des Unternehmens stärken. Auch Vertrauen und Motivation der Mitarbeiter werden durch ein gutes Rating gestärkt. Je nach Größe des Unternehmens ist bei der Vorbereitung der Präsentationsunterlage für die Rating-Agentur bereits eine unterschiedlich hohe Zahl von Mitarbeitern in den Prozess mit eingebunden. Nicht zuletzt deswegen sollte ein rein informeller Informationsaustausch im Unternehmen vermieden werden und stattdessen eine aktive Informationspolitik den Rating-Prozess bis hin zur Kommunikation des Ergebnisses begleiten.

Neben den vorstehenden Kommunikationsaspekten ist weiterhin zu beachten, dass mit dem Erst-Rating die Zusammenarbeit mit der Rating-Agentur keineswegs beendet ist, sondern ein kontinuierlicher Kommunikations-Prozess beginnt:

- Rating-Agenturen sollten mindestens einmal jährlich zu einem umfassenden Gespräch mit der Unternehmensleitung über das vergangene Geschäftsjahr sowie strategische und wirtschaftliche Entwicklungen in absehbarer Zukunft eingeladen werden.

- Bei bedeutenden Entwicklungen des Unternehmens, die das Rating beeinflussen können, sollte die Rating-Agentur – gegebenenfalls natürlich unter Berücksichtigung des laufenden Verfahrens – rechtzeitig vor öffentlicher Bekanntgabe eingeschaltet werden.

11 Referenzen

[1] Der vollständige Leitfaden ist zu beziehen über den Verband Deutscher Treasurer e.V., Postfach 500364, 60393 Frankfurt am Main.

Der Kreditanalyst – Ein neues Berufsbild entsteht

Ulrike Diehl/Prof. Dr. Jens Leker

1 Einleitung

Basel II führt zu einem Paradigmenwechsel in der Finanzindustrie. Die Eigenkapitalrichtlinie des Baseler Ausschusses für Bankenaufsicht fordert die individuelle Risikobewertung im Kreditgeschäft. Hierfür sind valide Bonitätsanalysen notwendig, in deren Konsequenz ein Rating-Urteil steht. Für alle Finanzierungsexperten wird Rating-Know-how zum Bestandteil ihrer täglichen Arbeit. Routinemäßige Jobs verschwinden. Gebraucht werden qualifizierte, analytisch tätige Problemlöser.

Die hohen Anforderungen an die Bonitätsanalyse von Firmenkunden nach Basel II führen dazu, dass das neue Berufsbild des Kreditanalysten entsteht. Diese Entwicklung erfordert eine gezielte Weiterbildung der verantwortlichen Bankmitarbeiter. Nur derart qualifizierte Kreditfachleute können die aktuellen Umbrüche in der Unternehmensfinanzierung erfolgreich bewältigen.

Als Spezialisten rund um den Kapitalmarkt sind sie tätig in der Evaluierung und dem Management von Kreditrisiken. Kreditanalysten müssen in der Lage sein, ein umfassendes Kreditrisikoprofil der Unternehmen zu erstellen, indem sie Geschäftsmodelle sowie Strategien und Perspektiven fundiert evaluieren und zu einer verlässlichen Rating-Aussage verdichten. Der Kreditanalyst übernimmt künftig die Aufgaben eines Unternehmensbewerters/Analysten, eines Risikomanagers/Controllers und damit eines unternehmerischen Sparringspartners und Ratgebers in einer Person.

Unternehmen müssen den in der Finanzindustrie veränderten Rahmenbedingungen professionell begegnen. Nur wer Basel II und Rating kennt, ist künftig ein gleichwertiger Partner und kann Rating-Verhandlungen mit Agenturen und Kreditgebern auf Augenhöhe führen. Zusätzlich wächst auch die Bedeutung von Kapitalmarktinstrumenten, insbesondere Corporate Bonds, bei der Unternehmensfinanzierung. Rating verschafft Wettbewerbsvorteile.

Im Folgenden werden zunächst die Berufsbilder des Firmenkundenbetreuers und des Kreditanalysten analysiert sowie die für den Rating-Prozess erforderlichen Verflechtungen der beiden Bereiche aufgezeigt. Im Anschluss daran werden anhand der Inhalte des Ausbildungsprogramms zum *Certified Credit Analyst* der Deutschen Vereinigung für Finanzanalyse und Asset Management (DVFA)[1], dem Berufsverband der Kapitalmarktexperten in Deutschland, die konkreten Anforderungen an den Kreditanalysten definiert. Diese Ausbildungsinhalte basieren im Wesentlichen auf den DVFA-Rating Standards, die von der gleichnamigen Expertenkommission des Verbands veröffentlicht wurden und Anforderungen an die Transparenz von Rating-

Systemen und -Aussagen formulieren. Das Curriculum der Ausbildung und die Standards geben gerade kreditsuchenden Unternehmen Hinweise, worauf bei Kreditverhandlungen künftig zu achten ist, welche Informationen zu liefern sind und welche Transparenzanforderungen an die Unternehmen gestellt werden.

2 Aufgaben des Firmenkundenbetreuers und des Kreditanalysten

In den 1980er Jahren fand bei den großen Banken eine Neuorientierung im Corporate Banking (Firmenkundengeschäft) statt. Um die Kunden qualifizierter und umfassender zu beraten und zu betreuen, wurde die Funktion des Firmenkundenbetreuers geschaffen. Anstelle verschiedener Ansprechpartner in der einzelnen Bank sollte der Kunde einen Primäransprechpartner, den Firmenkundenbetreuer, erhalten, der ihn kompetent in allen Fragen des Firmenkundengeschäfts betreut. Hierzu gehören insbesondere das Kreditgeschäft, das Auslandsgeschäft, der Zahlungsverkehr (heute häufig Transaction Banking genannt), so genannte Off-Balance-Sheet-Finanzierungen und das Derivategeschäft. Der Firmenkundenbetreuer zieht bei besonderem Beratungsbedarf Spezialisten der einzelnen Fachgebiete hinzu, um dem Kunden maßgeschneiderte Lösungen für individuelle Fragestellungen zu präsentieren.

Im Zusammenhang mit der Etablierung der Firmenkundenbetreuer wurde auch eine strikte Trennung zwischen der Kreditakquisition und der Kreditbearbeitung eingeführt. Der Firmenkundenbetreuer ist für die Akquisition, die Kundengespräche und die Informationsbeschaffung zuständig und der Kreditanalyst für die Auswertung der relevanten Informationen, wie z. B. die letzten drei Jahresabschlüsse, Planzahlen, unterjährige und vorläufige Zahlen sowie die Bonitätsanalyse im Allgemeinen. Hierzu zählen selbstverständlich auch Fragen, ob Strategie und Finanzplanung schlüssig sind und die gewünschten Kredite in Höhe und Struktur zu den Gesamtverhältnissen des einzelnen Kunden passen. Es kommt hierbei ganz entscheidend auf die Zusammenarbeit von Firmenkundenbetreuer und Kreditanalyst an. Nur wenn die Kommunikation zwischen diesen beiden Funktionen stimmt, wird die Kreditentscheidung letztlich auf dem bestmöglichen Informations- und Analysestand erfolgen können.

Um eine möglichst hohe Objektivierung bei der Bonitätseinschätzung zu erreichen, wird bankintern eine strikte organisatorische und kompetenzmäßige Trennung zwischen Firmenkundenbetreuer und Kreditanalyst verfolgt. Da Letzterer in der Regel nicht in die Kundengespräche involviert und daher unvoreingenommen gegenüber dem Firmenkunden ist, obliegt ihm die Aufgabe der Bonitätseinschätzung. Eine Abkehr von diesem Prinzip der organisatorischen Trennung erfolgt erst im nächsten Schritt, bei dem Firmenkundenbetreuer und Kreditanalyst entweder durch das „Vier-Augen-Prinzip“ oder in „Kreditkomitees“ eine gemeinsame Kreditentscheidung treffen müssen.

Damit sich die Firmenkundenbetreuer und Kreditanalysten auf die besonderen Bedürfnisse ihres Kundensegments spezialisieren können, werden in den meisten Banken Segmente, wie beispielsweise Mittelstand, Großkunden und Multinationals, unterschieden.

2.1 Bonitätsbeurteilung heute

Das Kreditrisikomanagement hat in den letzten zwanzig Jahren enorme Fortschritte in der Qualität und der Effizienz erzielt. Dabei reicht die Palette der angewandten Methoden von der maschinellen Jahresabschlussanalyse, der Beurteilung von Finanzplänen und anderen Planzahlen, über die Bewertung von Unternehmenspotenzialen bis hin zu methodisch anspruchsvollen Rating-Verfahren und Kreditmodellen mit Stressszenarien, die die Risikostruktur des Kreditportfolios unter verschiedenen Szenarien abbilden.

Die Organisationsstruktur sowie die eingesetzten Verfahren und Methoden im deutschen Bankwesen bieten hierbei die gesamte Breite der auch in der Wissenschaft kontrovers diskutierten Möglichkeiten. Insgesamt lässt sich feststellen, dass gerade die großen Banken bereits anspruchsvolle Risk-Management-Systeme im Einsatz haben, die internationalen Standards entsprechen. Im Hinblick auf die Anforderungen von Basel II laufen in allen Bankenverbänden und wohl auch allen Banken enorme Anstrengungen, diese Systeme noch weiter zu optimieren, um die ehrgeizigen Vorgaben in 2005 oder 2006 erfüllen zu können.

Die tragende Säule für ein anspruchsvolles Kreditrisiko-Management sind und bleiben jedoch hochqualifizierte Mitarbeiter. Das notwendige Fachwissen ist nur gewährleistet, wenn kontinuierlich in die Ausbildung der Mitarbeiter investiert wird und insbesondere junge Mitarbeiter zügig auf einen ausreichenden Kenntnisstand gebracht werden.

2.2 Veränderung der Bonitätsbeurteilung durch Basel II

Basel II regelt die Eigenkapitalunterlegung der Banken in Abhängigkeit von Ratings und den jeweiligen Ausfallwahrscheinlichkeiten. Im internen Rating-Ansatz wird gefordert, dass Banken alle Kreditnehmer vor der Kreditentscheidung „raten". Damit geht Basel II deutlich über die Anforderungen des derzeitigen Kreditwesengesetzes hinaus, da die Erstellung eines Ratings ohne detaillierte, umfassende und aktuelle Informationen nicht möglich ist.

Weitere Anforderungen von Basel II betreffen die jährliche Pflicht zur Überprüfung des Ratings sowie die Unabhängigkeit der Rating-Feststellung. Es ist eindeutig ausgeführt, dass diejenigen Kompetenzträger, die ein Rating festlegen, von Vertriebsinteressen unabhängig sein müssen. Damit ist klar, dass nur die Kreditabteilung und nicht die Akquisition das Rating feststellen kann. Somit werden Arbeitsabläufe und Organigramme mehr oder weniger vorgezeichnet. Auf der anderen Seite bleibt die Beteiligung des Firmenkundenbetreuers am Rating-Prozess unverzichtbar. Derjenige, der mit dem Kunden spricht, muss die erforderlichen Informationen beiziehen und die Firmenstrategie sowie die Unternehmenspotenziale einschätzen und analysieren. Insofern muss die Rating-Erstellung, die gemäß Basel II qualitative und quantitative Kriterien umfassen soll, in einem guten Zusammenspiel zwischen dem Firmenkundenbetreuer und dem Kreditanalysten erfolgen.

Insgesamt betrachtet eröffnet die Bonitätsbeurteilung im Sinne eines Ratings ein neues und komplexes Anforderungsprofil für die im Rating-Prozess eingebundenen Bankmitarbeiter. Für die erfolgreiche Bewältigung dieser Anforderungen werden Experten benötigt, die sich mit allen Facetten eines Unternehmens-Ratings, hier verstanden im Sinne eines bankinternen Rating-Ansatzes, auskennen. Hierzu gehören insbesondere Kenntnisse in folgenden Aufgabenbereichen:

- Quantitative und qualitative Bonitätsbeurteilung
- Anwendung und Evaluierung von Rating-Verfahren
- Internes und Externes Rating
- Kreditrisiko- und Kreditportfoliomanagement

- Restrukturierung von Zahlungsströmen und Risiken insbesondere durch den Einsatz von Derivaten

- Kreditrisikomitigation und Kreditkosten

Diese fachlichen Anforderungen korrespondieren mit den Kerntätigkeitsprofilen von Kreditanalysten:

- Bewertung von Unternehmen und Märkten

- Kreditrisikomanagement

- Verkauf und Handel von Kreditinstrumenten

- Asset & Liability Management

- Unternehmensfinanzierungen, Corporate Treasury Management und Strukturierte Finanzierungen

Die zentrale Bedeutung der Fortbildung der am Rating-Prozess beteiligten Mitarbeiter wird daran deutlich, dass sich Banken und ihnen nahe stehende Verbände bereits 2001 erfolgreich für die Realisierung entsprechender Qualifizierungsprogramme eingesetzt haben. Die Erfahrung mit diesen Qualifizierungsprogrammen zeigt, dass sich nicht nur Bankangehörige, sondern auch Berater sowie Mitarbeiter aus Unternehmen und damit auch die „andere Seite" der am Rating-Prozess Beteiligten auf die neue Form der Bonitätsbeurteilung im Sinne eines Ratings vorbereiten müssen.

3 Konkrete Anforderungen an den Kreditanalysten

Der deutsche Analystenverband qualifiziert Fach- und Führungskräfte für die stetig wachsenden Anforderungen des Kapitalmarkts seit über einem Jahrzehnt. Praxisgerecht und erfolgsorientiert entwickeln die Teilnehmer die Fähigkeiten, sich rasch und effektiv in neue Wissensbereiche einzuarbeiten und Problemlösungskompetenz zu erlangen. In Zusammenarbeit mit der Hochschule für Bankwirtschaft/HfB bietet die DVFA das Qualifizierungsprogramm zum *Certified Credit Analyst* (Level II) an. Zur optimalen Vorbereitung bieten die Bankakademie und die DVFA gemeinsam die Qualifizierung Credit Analyst Level I (Bankakademie) an.

Mit dem Curriculum der Ausbildung zum *Certified Credit Analyst* werden erstmals umfassend Mindeststandards der beruflichen Qualifikation für Tätigkeiten in allen Bereichen der Evaluierung und Restrukturierung von Kreditrisiken gesetzt (vgl. Tabelle 1).[2] Dabei geht es in erster Linie um die Systematisierung von Fachkenntnissen für die nach Basel II geforderte quantitative und qualitative Unternehmensanalyse zur Risikobewertung in Form eines Ratings und die kritische Überprüfung dieser Evaluierung. Das spezifische Expertenwissen für eine objektive und fundierte Bonitätsanalyse ist eine solide Basis für das Kreditgeschäft und den Kapitalmarktbereich, etwa für Emission und Handel mit Unternehmensanleihen.

Grundlagen • Berufsethik • Rating-Einführung • Rating-Objekte
Rating nach Basel II • Risikotransfer durch Kreditderivate • Kreditportfoliobildung • Bankenspezifische Aspekte
Qualitative Rating-Informationen • Markt- und technologiespezifische Information
Quantitative Rating-Informationen • Abschlussanalyse nach internationaler Rechnungslegung • Planungsrechnungen zur Erfolgs- und Finanzlage
Rating-Methoden • Neuronale Netze (mit Fallstudie) • Quantitative Methoden
Rating-Research in Banken und Agenturen • Modulare Bonitätsbeurteilungsverfahren • Kapitalmarktorientierte Bonitätsbeurteilung • Internes Credit Research Buy Side • Corporate Rating-Analyse • Fallstudie: Internes Rating eines mittelständischen Unternehmens • Bonitätsbeurteilung mit wissensbasierten Systemen
Evaluierung von Rating-Verfahren • Validierungsverfahren • DVFA-Rating Standards

Tabelle 1: Syllabus der Ausbildung Certified Credit Analyst
(Stand: November 2002; Änderungen vorbehalten)

Die Ausbildungsinhalte basieren auf den DVFA-Rating Standards.[3] In der bereits 2000 gegründeten Kommission „Rating Standards" haben Experten aus Wissenschaft und Praxis die Rating Standards erarbeitet. Diese definieren die für die Evaluierung von Rating-Methoden notwendigen Transparenz- und Informationsanforderungen.

3.1 DVFA-Rating Standards: Transparenz und Information

Die fortschreitende Globalisierung der Finanzmärkte hat den Informationsbedarf der Finanzmarktteilnehmer an vergleichbaren und zugleich prägnanten Aussagen zur Beurteilung von Unternehmen auch schon vor Basel II merklich ansteigen lassen. Insbesondere Kreditanalysten, die letztlich über die Kreditkonditionen bzw. -vergabe auf der Grundlage eines individuellen Risikoprofils entscheiden müssen, haben ein maßgebliches Interesse an fundierten und validen Unternehmensinformationen sowie an einer transparenten Unternehmensstruktur: Wie sieht die Wettbewerbsposition aus? Ist das Unternehmen in einem wachsenden oder schrumpfenden Marktumfeld tätig? Ist das Unternehmen von einem bestimmten Kunden abhängig? Gibt es ein Risikomanagement und welche Systeme werden für Controlling und Qualitätssicherung genutzt? Sind Gesellschafterstruktur und Management zukunftsfähig? Diese und ähnliche Fragen der Unternehmensführung und -kontrolle werden künftig bei der Bewertung eines Unternehmens eine größere Rolle spielen. Potenzielle Kreditschuldner, die eine gute strategische Ausrichtung und eine transparente und effiziente Corporate Governance nachweisen können, werden von den Banken künftig besser beurteilt werden.

Die Informationsnachfrage wurde durch die Diskussion um das zweite Konsultationspapier des Baseler Ausschusses für Bankenaufsicht forciert. Entsprechend hat sich, ergänzend zu den internen Rating-Systemen der Banken, ein vielfältiges Angebot externer Rating-Dienstleister entwickelt. Diese Angebotsvielfalt und die im Baseler Akkord vorgeschlagenen Empfehlungen erfordern die Entwicklung von Standards zur Transparenzschaffung. Die am Markt angebotenen Rating-Systeme müssen trotz ihrer divergierenden Methoden vergleichbar gemacht werden. Dies ist die Grundvoraussetzung dafür, Qualitätsunterschiede identifizieren und sich für die Anwendung eines bestimmten Rating-Systems entscheiden zu können.

Zu diesem Zweck hat der deutsche Analystenverband im September 2000 die Kommission „Rating Standards" eingerichtet. Kernziel der Kommission, die sich aus Vertretern verschiedener Rating-Agenturen, Bankeninstitute, Investmentgesellschaften, Wirtschaftsprüfungsgesellschaften, Beratungsunternehmen und Hochschulen zusammensetzt, ist nicht die Bewertung der am Markt angebotenen oder in den Banken zum Einsatz kommenden unterschiedlichen Rating-Systeme, sondern die möglichst exakte Definition von allgemein gültigen Transparenzstandards. Diese sollen es allen Finanzmarktteilnehmern ermöglichen, eine kritische Evaluierung der eingesetzten Rating-Systeme vorzunehmen. Die Kommission versteht sich entsprechend als Kommunikationsplattform für alle am Rating-Prozess beteiligten Finanzmarktteilnehmer und die interessierte Fachöffentlichkeit. Die wichtigsten Ziele der Kommission sind die Zusammenstellung eines Katalogs von Informationen zur Evaluierung der Methode und der Rating-Aussage der betrachteten Rating-Systeme durch die Finanzmarktteilnehmer, die Förderung einer vergleichbaren Darstellung der Rating-Ergebnisse durch Offenlegung der entscheidungsrelevanten Informationen sowie die Gewährleistung der Akzeptanz der Rating Standards durch die Berücksichtigung der Expertise der verschiedenen Finanzmarktteilnehmer und Institutionen.

Die Informationsgrundlage für den Rating-Prozess basiert auf verschiedensten Quellen: Daten aus dem Rechnungswesen des beurteilten Unternehmens können genauso Berücksichtigung finden wie qualitative Daten und Benchmark-Kriterien. Ziel ist es, die aus den jeweiligen Inputdaten im Wege unterschiedlicher Rating-Methoden resultierenden Bonitätsurteile vergleichbar zu machen. Dies gelingt durch die Akzeptanz einer einheitlichen Masterskala durch alle Rating-Unternehmen, auf die die in der Praxis angewandten Rating-Skalen umgerechnet werden können. Dies ist die Basis für einen Wettbewerb der Rating-Systeme und beschleunigt die Optimierung eingesetzter Methoden.

3.2 Kernpunkte: Unternehmens-Rating und Ausfall

Grundlage der Rating Standards sind die Definitionen von „Unternehmens-Rating“ und „Ausfall“. Zu Beginn steht zunächst eine Abgrenzung des Unternehmens-Rating von anderen Rating-Arten. Die Kommission legt für ihre Arbeit zunächst eine enge Rating-Definition zugrunde, um den Geltungsbereich der Rating-Standards zu begrenzen. Die vorliegenden Standards sind zunächst nur für das Credit-Rating als Unternehmens-Rating entwickelt worden. Dieses Rating umfasst die ganzheitliche Analyse eines Unternehmens unter Einbeziehung aller verfügbaren und als relevant erkannten Informationen mit dem Ziel, eine Schätzung der Ausfallwahrscheinlichkeit vorzunehmen.[4]

Die Ausfalldefinition der Rating Standards orientiert sich an der Referenz-Ausfalldefinition der Neuen Baseler Eigenkapitalvereinbarung, die in der jüngst überarbeiteten Form wie folgt lautet:

„Der Kreditausfall im Hinblick auf einen spezifischen Schuldner gilt als gegeben, wenn eines oder beide der folgenden Ereignisse eingetreten ist:

- Die Bank geht davon aus, dass der Schuldner seinen Kreditverpflichtungen gegenüber der Bankengruppe mit hoher Wahrscheinlichkeit nicht in voller Höhe nachkommen wird, ohne dass die Bank auf Maßnahmen wie beispielsweise die Verwertung von Sicherheiten (soweit vorhanden) zurückgreift.

- Irgendeine wesentliche Verbindlichkeit des Schuldners gegenüber der Bankengruppe ist mehr als 90 Tage überfällig. Überziehungen werden als überfällig betrachtet, wenn der Kreditnehmer ein zugesagtes Limit überschritten hat oder ihm ein geringeres Limit als die aktuelle Inanspruchnahme mitgeteilt wurde.“[5]

Die Transparenz- und Informationsstandards der Rating-Kommission formulieren im Kern einen ausführlichen Fragenkatalog, auf dessen Basis Rating-Systeme evaluiert werden können. Dieser Katalog ist in die vier Bereiche „Allgemeine Angaben zum Rating“, „Angaben zur Informationsbasis des Rating-Ergebnisses“, „Angaben zur Informationsverarbeitung im Rating-Prozess“ sowie „Angaben zum Rating-Ergebnis“ untergliedert. Beispiele und Erläuterungen konkretisieren die aufgeführten Fragen, wodurch die Anwendung des Fragenkatalogs für die Evaluierung erleichtert wird.

Mit dem Teilgebiet „Allgemeine Angaben zum Rating“ lassen sich der Rating-Ansatz, die Geschäftsbeziehung zwischen Rating-Unternehmen (Rating-Agentur oder Bank) und beurteiltem Unternehmen und die Unabhängigkeit der am Rating beteiligten Personengruppen evaluieren. Der Bereich „Angaben zur Informationsbasis des Rating-Ergebnisses“ definiert Kriterien für die Beurteilung der Qualität der Eingangsdaten und der betrachteten Informationsbereiche. Der dritte Themenbereich „Angaben zur Informationsverarbeitung im Rating-Prozess“ versetzt den Benutzer in die Lage, verschiedene Arten von Rating-Systemen anhand von qualitätsorientierten Kriterien zu bewerten, etwa mathematisch-statistische Modelle oder Expertensysteme. Der abschließende Teil „Angaben zum Rating-Ergebnis“ dient der Evaluierung des Rating-Ergebnisses anhand von Fragen, die unter anderem die Interpretierbarkeit des Rating-Ergebnisses auf den Prüfstand stellen. Spezialfragen, Beispiele und Erläuterungen hinsichtlich der Anwendung mathematisch-statistischer Methoden im Anhang vervollständigen die Rating Standards.

3.3 Berufsethische Qualifikation

In der Regel sind Kreditanalysten bei Banken, Unternehmen und Beratern, wie z. B. Wirtschaftsprüfungsgesellschaften, sowie Rating-Agenturen tätig.

Neben der fachlichen Qualifikation erfordert eine seriöse und langfristig erfolgreiche Tätigkeit als Kreditanalyst auch den Nachweis einer entsprechenden berufsethischen Kompetenz. Die professionelle Verantwortung von Kreditanalysten ist damit sowohl in fachlicher als auch in berufsethischer Sicht vergleichbar mit der an die Berufsausübung zu stellenden Anforderungen von international tätigen Rechts- und Steuerexperten oder Wirtschaftsprüfern. Wie in allen anspruchsvollen Berufen mit hoher Verantwortung müssen Kreditanalysten somit fundamentale Prinzipien ordnungsgemäßer Berufsausübung befolgen.

Die Funktionsfähigkeit des harmonisierten europäischen Kapitalmarktes setzt eine umfassende und nachhaltige Vertrauensbildung und -erhaltung insbesondere bei Privatanlegern, allen übrigen Marktteilnehmern sowie in der breiten Öffentlichkeit voraus.

Das Vertrauen der Investoren bildet die Grundlage für die Aktivitäten aller Kapitalmarktexperten. Die Berufsangehörigen benötigen das Vertrauen der Anleger und Kunden in die Integrität, Kompetenz und Verlässlichkeit ihrer beruflichen Leistungen, denn diese Kapitalmarktdienstleistungen prägen das Kundenverhalten bei Wertpapieranlagen.

Mit der EU-Wertpapierdienstleistungsrichtlinie und deren Umsetzung in nationales Recht wurde der ordnungspolitische Rahmen für die weltweite Leistungsfähigkeit des europäischen Kapitalmarktes geschaffen. Unter den Kapitalmarktexperten sind vorrangig die Finanzanalysten aufgefordert, diese Generalklauseln des Gesetzgebers durch Berufsgrundsätze, die das ethisch und fachlich einwandfreie pflichtgemäße Verhalten vorgeben, zu konkretisieren.

Mit der Neufassung der Berufsgrundsätze entspricht der Berufsverband DVFA diesem Auftrag.[6] Dabei fanden die einschlägigen gesetzlichen Vorgaben des europäischen und des deutschen Kapitalmarktrechts, die Ethikgrundsätze der deutschen akademischen Berufe sowie die relevanten Standesregeln in Europa und den USA Berücksichtigung. Die Neufassung basiert auf der 1999 reformierten Satzung des Verbandes nebst Schieds- und Ehrengerichtsordnung und schreibt die Standesrichtlinien aus dem Jahre 1995 fort.

Die Berufsgrundsätze dienen der Konkretisierung des Berufsbildes des Kapitalmarktexperten und somit auch des Kreditanalysten. Sie formulieren die ethischen, rechtlichen und berufsständischen Anforderungen an die Berufsausübung und Berufsausbildung. Sie dienen der berufsrechtlichen Wegweisung und Bindung für alle Berufsangehörigen und als Interpretationshilfe für die kapitalmarktrechtliche Gesetzgebung. Die Rating Standards definieren darüber hinaus Berufsgrundsätze speziell für den Kreditanalysten.[7]

Insbesondere sollten Ratings den Standards zufolge unabhängig von geschäftspolitischen Interessen sein. Unabhängigkeit des Rating-Unternehmens bedeutet beispielsweise, dass ein Rating-Ersteller nicht gleichzeitig Berater des beurteilten Unternehmens sein darf. Das Rating-Unternehmen darf in seinen Rating-Ergebnissen ferner nicht durch politischen oder wirtschaftlichen Druck bzw. durch Interessenkonflikte belastet sein, die sich aus der Zusammensetzung der Geschäftsführung oder der Gesellschafter des Rating-Unternehmens ergeben können.[8]

4 Verhältnis von Unternehmen und Kreditanalyst im Wandel

Künftig wird das individuelle Kreditrisiko der entscheidende Faktor für die Preiskalkulation der Banken sein, da in Abhängigkeit von der Ausfallwahrscheinlichkeit des Kreditnehmers und dem jeweils angewandten Rating-Verfahren die Kreditsumme mit deutlich weniger als 100 % bzw. wesentlich mehr als 100 % die Berechnung des Eigenkapitals beeinflusst, mit dem die Bank den Kredit zu unterlegen hat.[9]

Dem Verhältnis zwischen Kreditanalyst und kreditsuchenden Unternehmen kommt dabei eine entscheidende Rolle zu. Für eine solide Bonitätsbeurteilung und Risikoanalyse benötigt der Kreditanalyst neben seiner eigenen fachlichen und berufsethischen Kompetenz vor allem eine umfassende, verlässliche und zeitnahe Informationsbasis von Seiten der Unternehmen. Grundlegende Voraussetzung ist demnach eine transparente Unternehmensstruktur und die Bereitschaft zum offenen Dialog mit den Kreditfachleuten. Die hohen Erwartungen der Eigenkapitalgeber an die Kapitalmarktkommunikation gelten damit ebenso für Fremdkapitalgeber.

Neben den quantitativen Anforderungen an das Kreditgeschäft durch Basel II wird die Bundesanstalt für Finanzdienstleistungsaufsicht (BaFin) neue Mindestanforderungen an das Kreditgeschäft (MaK) erlassen, die zusätzlich qualitative Anforderungen an die bankinternen Systeme stellt und Risikoaspekte stärker fokussiert.[10]

Die aufsichtsrechtlichen Regelungen von Basel II und MaK beeinflussen schon heute die Konditionengestaltung und Kreditvergabepraxis der Banken, obwohl sie erst noch abschließend diskutiert und in nationales Recht umgesetzt werden müssen. Bankinterne Rating-Verfahren müssen für die Anerkennung durch die Aufsichtsbehörden langjährige Datenhistorien vorweisen, die viele Häuser erst aufbauen müssen. Auch die MaK erfordern mehrjährige Vorbereitung, um eine regelungskonforme Umsetzung zu gewährleisten. Enormer Handlungsdruck lastet daher auf den Banken, den die kreditsuchenden Unternehmen bereits heute zu spüren bekommen: Nach einer Studie der KfW orientiert sich die Kreditvergabepraxis der Banken bereits heute deutlich stärker am Risiko der Bank als früher. Ein Drittel der etwas mehr als 6 800 im September und Oktober 2001 befragten Unternehmen schätzen die Kreditaufnahme als schwieriger ein, während nur 3 % der Unternehmen meinen, Kredite einfacher zu erhalten.[11]

Vor diesem Hintergrund sind Unternehmen dringend angehalten, zukünftig stärker auf die für ihr Rating relevanten Kriterien zu achten, um keine langfristigen Finanzierungs- und Wettbewerbsnachteile zu erlangen. Unternehmen geringer Bonität müssen auf verschlechterte Kreditkonditionen reagieren, Unternehmen hoher Bonität müssen bestrebt sein, ihren Finanzierungsvorteil zu halten und auszubauen.

Ratings basieren auf quantitativen und qualitativen Informationen über das Rating-Objekt, hier das kreditsuchende Unternehmen. Die Analyse quantitativer Finanzinformationen wird im bankinternen Verfahren nach wie vor eine zentrale Rolle im Rating-Prozess spielen. Künftig werden aber auch verstärkt qualitative und zukunftsorientierte Informationen einbezogen werden, was bisher vorrangig bei externem Rating anzutreffen war. Kreditnehmer werden unter anderem Planungsunterlagen präsentieren, ihre Strategie erläutern, den Nachweis interner Controlling-Systeme erbringen und ihre Managementqualität überzeugend darstellen müssen. Auch die Informationsversorgung des Kreditinstituts bzw. des Kreditanalysten wird künftig schwerer wiegen. Wenn Unternehmen nur ungenügend mit der Bank und ihren Analysten kommunizieren oder mangelhafte Informationen liefern, werden sie restriktiver bei der Kreditvergabe behandelt werden und schlechtere Konditionen erhalten. Erfolg im Wettbewerb um Fremdkapital hängt zunehmend von der Professionalität des Informationsmanagements ab. Die Bedeutung von Creditor Relations, die kontinuierliche Beziehungspflege mit Fremdkapitalgebern, für die erfolgreiche Unternehmensfinanzierung wird hier offensichtlich.

Viele Unternehmen sind sich bislang kaum über diese Rating-Anforderungen der Banken im Klaren, obwohl sie gleichzeitig stark am Unternehmens-Rating interessiert sind. Nach der KfW-Studie glauben zwar die Hälfte der befragten Unternehmen, die bisher angewandten Bonitätskriterien ihrer Bank zu kennen. Resultate anderer empirischer Studien lassen dieses Ergebnis jedoch fragwürdig erscheinen. Laut Studien des BDU[12] und der Unternehmensberatung PwC[13] kennen gerade viele mittelständische Unternehmen die veränderten Rating-Anforderungen bisher nicht und sind entsprechend nicht ausreichend auf sie vorbereitet. Allerdings streben immerhin 18 % der von der KfW befragten Unternehmen ein externes Rating an, was auf großes Interesse hinweist.[14]

Hier besteht offenbar noch erheblicher Beratungs- und Aufklärungsbedarf auf Unternehmensseite, insbesondere im Mittelstand. Wichtig ist hierbei der Aufbau eines vertrauensvollen Verhältnisses zwischen Unternehmen und Kreditanalyst. Unternehmensvertreter und Kreditfachleute müssen dieselbe Sprache sprechen und auch die gegenseitigen Bedürfnisse, Anforderungen und Problemlagen kennen. Die zielgerichtete Weiterbildung auf beiden Seiten in den Bereichen Rating und Kreditrisikomanagement ist dafür der erste Schritt in die richtige Richtung.

5 Literatur

Basler Ausschuss für Bankenaufsicht (2002): Quantitative Auswirkungsstudie 3 – Technische Anleitung, Übersetzung der Deutschen Bundesbank, Basel.

Basler Ausschuss für Bankenaufsicht (2001): Die neue Basler Eigenkapitalvereinbarung, Übersetzung der Deutschen Bundesbank, Basel.

BDU (2001): Rating von Unternehmen in Baden-Württemberg, Berlin.

Deutsche Vereinigung für Finanzanalyse und Asset Management (DVFA) (2002): Ausbildung DVFA-Credit Analyst – Certified Credit Analyst®. Informationsbroschüre, 3. Jahrgang, Oktober 2002, Dreieich.

Deutsche Vereinigung für Finanzanalyse und Asset Management (DVFA) (2003): DVFA-Kodex für Finanzanalyse, Dreieich.

DVFA-Kommission Rating Standards (2001): DVFA-Rating Standards, in: Finanzbetrieb, Beilage 4 zu Heft 11, 06.11.2001.

KfW (2002): Unternehmensfinanzierung im Umbruch – Die Finanzierungsperspektiven deutscher Unternehmen im Zeichen von Finanzmarktwandel und Basel.

o.V.(2002): Neue Regeln für das Kreditgeschäft können Risikovorsorge senken, in: Handelsblatt, 11.12.2002.

PwC Deutsche Revision (2001): Fit für Rating? Wie gut ist der deutsche Mittelstand auf die neuen Anforderungen der Banken vorbereitet?, Frankfurt/M.

6 Referenzen

[1] In Zusammenarbeit mit der Hochschule für Bankwirtschaft/HfB und der Bankakademie.

[2] Für Detailinformationen vgl. Informationsbroschüre DVFA (2002) oder Informationen unter www.dvfa.de.

[3] Vgl. DVFA (2001).

[4] Vgl. DVFA (2001), S. 2.

[5] Basler Ausschuss für Bankenaufsicht (2002), Nr. 399. Indikatoren für eine drohende Zahlungsunfähigkeit führt der Basler Ausschuss für Bankenaufsicht unter Nr. 400 auf. Inwieweit diese umzusetzen und zu beobachten sein werden, liegt nach der vorliegenden Fassung im Ermessen der nationalen Aufsichtsbehörden, vgl. Nr. 401.

[6] Vgl. DVFA (2003).

[7] Vgl. DVFA (2001), S. 6 f.

[8] Vgl. DVFA (2001), S. 6.

[9] Vgl. PwC Deutsche Revision (2001).

[10] Vgl. o.V. (2002).

[11] Vgl. KfW (2002).

[12] Vgl. BDU (2001).

[13] Vgl. PwC Deutsche Revision (2001).

[14] Vgl. KfW (2002), S. 17.

ValueReporting –
Einstieg in eine neue Dimension der kapitalmarktorientierten Unternehmensberichterstattung

Bernd Saitz/Joachim Wolbert

1 Ausgangssituation

Seit Jahrzehnten hat es im Bereich der Unternehmensberichterstattung keine so umwälzenden Entwicklungen gegeben wie in den vergangenen Monaten. Enron und andere Bilanzskandale wie WorldCom sendeten Schockwellen zunächst durch die USA und schließlich auch durch die anderen industrialisierten Länder. In den USA hat am 30.07.2002 die Bush-Administration in der Sorge um die schnelle Wiederherstellung des öffentlichen Vertrauens in die Unternehmensberichterstattung den „Sarbanes-Oxley-Act of 2002“ (SOA) verabschiedet.

Alle Unternehmen stehen unabhängig von einer solchen gesetzlichen Vorgabe vor der Aufgabe, das Vertrauen der Finanzmärkte in die Verlässlichkeit und Belastbarkeit ihrer Berichterstattung wiederherzustellen. Dies gilt neben der konsistenten und nachvollziehbaren Anwendung der einschlägigen Accounting und Reporting Standards für die gesetzlich geregelten Inhalte der Berichterstattung insbesondere auch für die darüber hinausgehenden freiwillig publizierten Informationen. Für die Adressaten sind gerade diese von großem Interesse, da sie im Gegensatz zu den überwiegend vergangenheitsorientierten gesetzlich vorgeschriebenen Berichtsinhalten regelmäßig auch zukunftsgerichtete und performanceorientierte Unternehmensinformationen enthalten, die für eine Einschätzung des Unternehmens aus Investoren- und Stakeholdersicht erforderlich sind. Ein Unternehmen kann nur dann langfristig eine stabile Kapitalversorgung und Bewertung am Kapitalmarkt sicherstellen, wenn es diesen Informationsanforderungen angemessen nachkommt.

Dies betrifft nicht nur börsennotierte Unternehmen, auch wenn hier traditionell die Equity-Story eine hohe Bedeutung hat. Alle Unternehmen müssen sich darauf einstellen, dass künftig auch eine Fremdkapitalaufnahme mit einer „Story“ unterlegt werden muss, sei es für ein Rating durch kreditgebende Banken oder durch Rating-Agenturen, beispielsweise für eine Finanzierung über den öffentlichen Kapitalmarkt.

Der Verband Deutscher Treasurer (VDT) hat 2002 die aktuellen Anforderungen an die Finanzmarktkommunikation für die verschiedenen Finanzierungsinstrumente untersucht.[1] Je nach Instrument und relevantem Kapitalmarkt gelten naturgemäß unterschiedlich stark ausgeprägte Standards für das Niveau der Berichterstattung.

In der folgenden Tabelle 1 sind diese Standards umso ausgeprägter, je dunkler die Schattierung dargestellt ist.

Finanzierungsinstrument	Kapitalaufnahme			Niveau der Finanzmarktkommunikation
	National	Europa	International	
Aktien/Börse				Kapitalmarktstandard
Öffentliche Anleihen				
Asset Backed Securites				
Schuldscheine/ Privatplatzierungen				
Bankkredite				Bankenstandard
Leasing/Factoring/ Kreditversicherungen				
Lieferanten				Lieferantenstandard

Tabelle 1: Niveau der Finanzmarktkommunikation (Quelle: VDT)

Der VDT empfiehlt, unabhängig vom jeweiligen Instrument und Standard, eine gemeinsame Datenbasis für die Finanzmarktkommunikation (Fact Book). Das Fact Book soll alle relevanten Informationen über das Unternehmen einheitlich und widerspruchsfrei für alle in Frage kommenden Kommunikationskanäle und -anforderungen enthalten. Eine jeweils eigene Debt- oder Equity Story lehnt der VDT ab.[2] Das Fact Book sollte neben den unerlässlichen Finanzdaten Informationen zu Ressourcen und Kompetenzen des Unternehmens, seinem Markt- und Wettbewerbsumfeld und der Strategie enthalten.

Somit wird künftig auch für die Fremdkapitalseite eine gegenüber der heutigen Situation nach Art und Umfang wesentlich umfangreichere Berichterstattung erforderlich. Die klassische Finanzberichterstattung alleine kann diese Informationen nicht liefern. Das in diesem Beitrag vorgestellte ValueReporting-Konzept zeigt einen Weg auf, den Anforderungen der Finanzmärkte zu entsprechen. Zukunftsbezogene Informationen sowie bislang ausschließlich intern verwendete Daten des Controllings zu finanziellen und nichtfinanziellen Wertetreibern ermöglichen durch eine prinzipielle Neuorientierung der kapitalmarktorientierten Rechnungslegung einen „Quantensprung" in der Berichterstattung.

2 Informationsdefizite im Informationszeitalter

Die in herkömmlichen Unternehmensabschlüssen enthaltenen Informationen genügen längst nicht mehr den heutigen Anforderungen der Investoren und anderen Stakeholder. So sind Jahresabschlüsse prinzipiell vergangenheitsorientiert und berücksichtigen grundsätzlich keine wertrelevanten Kennzahlen. Es fehlen insbesondere zukunftsorientierte Informationen über Wertetreiber. Dieses Manko lastet strukturell allen Jahresabschlüssen an, gleich ob sie nach IAS, US-GAAP oder HGB erstellt werden.

In einer Zeit, in der das Controlling die Unternehmensleistung erheblich schneller messen und via Internet eine gesicherte Unternehmensberichterstattung in Echtzeit realisiert werden kann, mutet es schon verwunderlich an, dass sich die Verfahren zur Information der Kapitalmärkte in den vergangenen hundert Jahren so gut wie nicht verändert haben. Wer heute Eigen- oder Fremdkapital gewinnen und halten will, sollte überlegen, bei der Finanzmarktkommunikation über die gesetzlichen Vorschriften hinauszugehen. Zusätzlich zum traditionellen Jahresabschluss sollte das Management konkrete Aussagen zur strategischen Ausrichtung sowie zum hierauf aufbauenden Wertemanagement treffen: Diese Informationen enthalten zunächst die zusammenfassende Darstellung der Hauptwertetreiber und deren Zusammenwirken. Ziel ist es hierbei, das Geschäftsmodell auf der Basis der wesentlichen Wertetreiber zu verdeutlichen. Auf dieser Grundlage sollten dann vergangenheits- und zukunftsbezogene Informationen zu diesen Wertetreibern ergänzt werden. Das können auch nichtfinanzielle Zielgrößen wie Reputation, Managementqualität, Innovationskraft, Vermarktungsgeschwindigkeit oder Kundenzufriedenheit sein. Geschieht das nicht, muss das Management damit rechnen, dass die Meinungsbildung am Kapitalmarkt auf Basis von unvollständiger Information stattfindet; es besteht das Risiko, von den Aktionären mit Kursverlusten oder durch die Fremdkapitalgeber mit überhöhten Kapitalkosten abgestraft zu werden.

Auch Fondsmanager achten bei Anlageentscheidungen immer mehr auf Kriterien wie Transparenz und Fairness. Offenheit zahlt sich daher langfristig für Firmen und Aktionäre durch bessere Renditen aus. Für Aktien eines Unternehmens, welches transparent berichtet und auch aus Sicht der Aktionäre faire Grundsätze der Überwachung der Vorstandstätigkeit (Corporate Governance) anwendet, sind Fondsmanager sogar schon heute bereit, 15–20 % höhere Kurse zu bezahlen. Unternehmen, für die Transparenz keine Rolle spielt, müssen künftig damit rechnen, dass sie nicht mehr Ziel langfristiger Investitionen sind. Ihnen fließt dann vor allem nur opportunistisches Geld zu, das entsprechend schnell auch wieder abgezogen wird.

Es ist zu erwarten, dass Unternehmen, welche die Transparenz ihrer externen Berichterstattung durch ein kapitalmarktorientiertes Konzept sinnvoll weiterentwickeln, ihren Vorsprung ausbauen können. Der Grund liegt auf der Hand: Mehr

Transparenz bedeutet aus Sicht der Investoren und Fremdkapitalgeber weniger Spekulation und damit ein geringeres Risiko, sowohl für die Eigen- als auch für die Fremdkapitalseite.

3 Der Kapitalmarkt setzt die Maßstäbe

Der Wettbewerb um Eigen- und Fremdkapital hat sich in den letzten Jahren weltweit verschärft, gleichzeitig ist die Unsicherheit bei der Bewertung von Unternehmen gestiegen. Noch gut sind die Entwicklungen am Neuen Markt vor etwa drei Jahren in Erinnerung, die in Deutschland eine schwere Vertrauenskrise und den Ausstieg vieler institutioneller Investoren aus der New Economy ausgelöst haben. Viele junge, erst kurz an der Börse notierte Internetunternehmen erreichten damals allein durch die Visionen ihrer Vorstände, die Phantasie der Analysten und die Begeisterung der Investoren ohne nennenswerte Gewinne eine Marktkapitalisierung, die weit über deren fundamentalen Wert sowie über dem von etablierten und seit Jahren Gewinne erzielenden Unternehmen lag. Überholte Methoden der Wertbestimmung und erhebliche Informationsdefizite haben hier dazu geführt, dass Mängel in der Qualität der Unternehmensplanung, der Managementkompetenz, der Budgetierung und im Controlling vom Kapitalmarkt nicht erkannt und bei der Bewertung vernachlässigt wurden.

Da die bisherigen Standards der Aktienbewertung – Kurs-Gewinn-Verhältnis (KGV) und Earnings per Share – sowie quantitative Verfahren zur Bewertung von Kreditrisiken offensichtlich viel von ihrer bisherigen Relevanz verloren haben, müssen neue branchenbezogene Bewertungsmetriken gefunden werden, die auch immaterielle Vermögenswerte berücksichtigen und nichtfinanzielle Leistungsparameter evaluieren. Dies zeigt sich auch bei den Verfahren, die von Banken und Rating-Agenturen zum Rating nach der vermutlich ab Ende des Jahres 2006 geltenden Baseler Eigenkapitalvereinbarung (Basel II) zur Anwendung kommen. Dieses Rating dient der Einschätzung der Bonität bzw. des Kreditrisikos. Dabei werden aus dem Rechnungswesen stammende quantitative Fakten, aber auch die qualitativen Aspekte der Unternehmensplanung berücksichtigt. Wenn auch je nach Art des Rating-Verfahrens Unterschiede im Detail bestehen, es lässt sich jedoch festhalten, dass im Regelfall neben quantitativen auch qualitative Aspekte mit einer erheblichen Gewichtung in das Rating-Ergebnis einfließen.

4 Revolution ValueReporting

Da die in der Rechnungslegung der Unternehmen ausgewiesenen Quartals- und Jahresergebnisse heute für die Beurteilung eines Unternehmens an Bedeutung verloren haben und insbesondere längerfristig orientierte Investoren und Stakeholder an Informationen zu den Grundlagen der Wertschöpfung und dem daraus zukünftig resultierenden Cashflow interessiert sind, muss sich eine neue Form von Finanzmarktkommunikation herausbilden, über die Investoren und andere Stakeholder Zugang zu den für sie wirklich relevanten Informationen bekommen. Dann erfüllen auch rein finanzielle IST-Zahlen wieder ihren eigentlichen Zweck: Sie geben Aufschluss über die bisherige Unternehmensleistung und geben Hinweise auf die Planungstreue, wenn sie mit früher kommunizierten Zielvorgaben verglichen werden. Und wenn wertrelevante Daten in kurzen Zeiträumen – beispielsweise via Internet – regelmäßig offen gelegt werden, können die Unternehmen Schwankungen in der Einschätzung durch die Finanzmärkte vermeiden, welche von eigennützigen oder schlecht informierten Marktteilnehmern herbeigeführt werden. Verfügt der Markt ständig über relevante und präzise Informationen, kann er sich regelmäßig selbst ein Bild von der Entwicklung des Unternehmens machen. Analystenprognosen traditioneller Machart, Vorabankündigungen und so genannte Flüsterschätzungen von Quartalsergebnissen könnten dann allesamt entfallen.

Um die von den Investoren benötigten Informationen zu identifizieren, hat PricewaterhouseCoopers (PwC) über einen Zeitraum von vier Jahren mehrere Surveys durchgeführt. Befragt wurden institutionelle Investoren und Sell-Side-Analysten in den USA, Europa und Asien nach den für sie besonders wichtigen Kennzahlen für Investitionsentscheidungen. Aus insgesamt 21 finanziellen und nichtfinanziellen Maßgrößen wurden von der überwältigenden Mehrheit der Befragten die folgenden neun Kennzahlen genannt:

- (Quartals-)Ergebnisse
- Cashflow
- Kosten
- Investitionsausgaben
- Umfang der FuE-Investitionen

- Segmentbezogene Leistungsdaten
- Aussagen zu strategischen Zielsetzungen
- Entwicklung neuer Produkte
- Marktanteil

Dabei wurde auch deutlich, dass Investoren und Analysten mit der Qualität der von den Unternehmen zur Verfügung gestellten Informationen für nichtfinanzielle Kennzahlen keineswegs zufrieden sind. Auf der Basis weiterer, diesmal branchenbezogener Befragungen und Bedarfsanalysen hat PricewaterhouseCoopers (PwC) das Modell „ValueReporting" entwickelt, das diese Defizite durch Ergänzung um wertrelevante Informationen beseitigt. ValueReporting versteht sich als Konvergenz von unternehmensinterner und -externer Finanzinformation. Kann der Anleger quasi durch die Augen des Managements auf das Unternehmen blicken, hat er die Informationen, die er benötigt, um seine Investitionsentscheidungen auf der Basis eindeutiger Parameter zu treffen. Ausgangspunkt dabei ist der Marktwert eines Unternehmens, ermittelt durch den Barwert zukünftiger Zahlungsüberschüsse, die aus der Unternehmensplanung abgeleitet werden. Das Management steuert die Zahlungsüberschüsse durch Zielvorgaben und Performance-Messung über finanzielle und nichtfinanzielle Kennzahlen. Werden die wesentlichen dieser Kennzahlen auch extern kommuniziert, können sich Analysten und Investoren ein genaueres Bild über die Wertentwicklung des Unternehmens machen. Für den Fremdkapitalgeber wird die Sicherheit der künftigen Cashflows nachvollziehbar, die zur Rückführung seines Kredits benötigt werden.

Dennoch reicht eine umfassende Berichterstattung über alle relevanten finanziellen und nichtfinanziellen Maßgrößen der Wertschöpfung nicht aus. Sie muss ergänzt werden um Aussagen zu den Risiken, mit denen die Wertschöpfung verbunden ist. Um die Risiko-Informationslücke zu schließen, müssen sich die Unternehmensleitungen auskunftsfreudiger zeigen, was die eingegangenen Risiken und das Risikomanagement anbelangt. Risiken sind Unsicherheiten bezüglich der Zielerreichung des Unternehmens. Wird die Zielsetzung in finanziellen Erfolgsgrößen, beispielsweise dem Cashflow, ausgedrückt, lassen sich die budgetierten Zielwerte als Erwartungswerte interpretieren, während Risiken zu einer möglichen negativen Abweichung von diesem Wert führen. Mögliche positive Abweichungen von Erwartungswert resultieren aus Chancen. Somit ergibt sich aus Chancen und Risiken eine mögliche Schwankungsbandbreite des Cashflows und des daraus resultierenden Unternehmenswerts. Das Risikomanagement hat die Aufgabe, diese Schwankungsbandbreite unter Berücksichtigung der Risikokosten möglichst eng zu halten und damit die Sicherheit zu erhöhen, dass das Unternehmen seine Ziele erreicht. Die folgende Abbildung verdeutlicht diesen Zusammenhang:

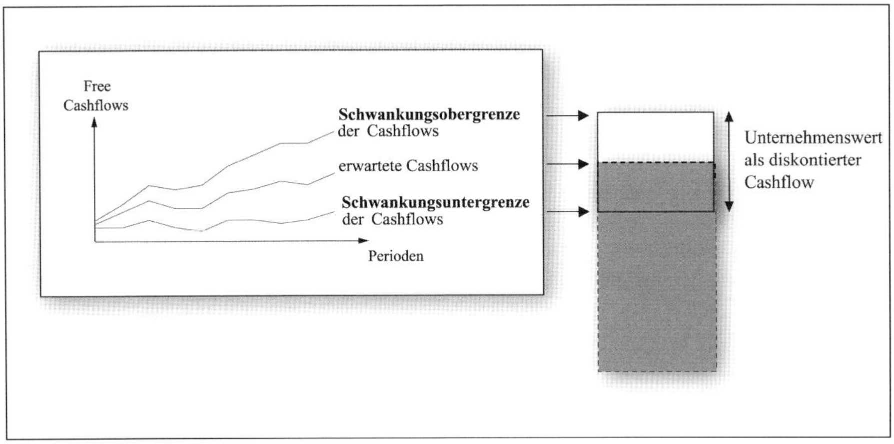

Abbildung 1: Auswirkungen eines Risikomanagements auf den Unternehmenswert (Quelle: RMCE RiskCon GmbH & Co. KG)

Wenn die Investoren über umfassende Informationen verfügen, wie das Unternehmen mit seinen Risiken umgeht, können sie selbst entscheiden, ob die berichteten Risiken und Chancen eines Unternehmens zu ihrem individuellen Investment-Risikoprofil passt. Risikobereite Anleger bevorzugen Unternehmen mit großem Chancenpotenzial, auch wenn es mit erheblichen Gefahren verbunden ist. Risikoscheue Anleger fühlen sich eher zu Unternehmen hingezogen, bei denen das Gefahrenpotenzial gering ist. Aber auch sie wollen wissen, welche Chancen sich das Unternehmen durch die Risikominimierung hat entgehen lassen.

5 Ein Modell für wertorientierte Informationen

Das Modell ValueReporting ruht auf vier Säulen, die in einer vernetzten Gesamtdarstellung ein umfassendes Bild der Unternehmensperspektiven widerspiegeln:

Marktübersicht	Strategie	Wertschöpfende Aktivitäten	Finanzielle Erfolgsgrößen
• Wirtschaftliches Umfeld • Regulatorisches Umfeld • Wettbewerbs-situation	• Vision und Ziele • Organisation • Governance	• Kunden • Mitarbeiter • Innovation • Marken • Beschaffung • Reputation	• Finanzielle Lage • Risikomanagement • Wirtschaftliche Leistung • Segmentleistung

Tabelle 2: Modell des ValueReporting (Quelle: PwC ValueReporting^{TM} Review 2003/Transparency in Corporate Reporting, S. 15)

Eine effektive Publizität beginnt mit einer **Marktübersicht**. Hier setzt sich das Unternehmen mit allen externen Marktkräften auseinander. Darüber hinaus beinhaltet die Marktübersicht auch eine Einschätzung der weiteren Marktentwicklung und die Positionierung des eigenen Unternehmens auf den relevanten Märkten.

Die **Strategie** beschreibt, wie sich das Unternehmen unter den gegebenen Marktbedingungen im Wettbewerb zu behaupten gedenkt. Dazu gehört eine Darstellung des Geschäftsmodells zur Umsetzung der Strategie auf Basis der wesentlichen Wertetreiber einschließlich der Interdependenzen zwischen diesen. Dabei sollten die Kernkompetenzen bzw. Wettbewerbsvorteile des Unternehmens und die Strategie zu deren Nutzung dargelegt werden. Da Strategien nur einen Sinn haben, wenn sie in konkrete Pläne, Zielsetzungen und Vorgaben übersetzt werden, sollten auch diese in die Berichterstattung mit einbezogen werden.

Wertschöpfende Aktivitäten zeigen, wie das Unternehmen die zugrunde liegenden Wertetreiber nichtfinanzieller Art zur Erreichung der finanziellen Ergebnisse entsprechend den strategischen Vorgaben kombiniert und einsetzt, z. B. Innovation, Marken, Kunden, Mitarbeiter.[3] Die Wertebasis eines Unternehmens ist teils interner Art (Mitarbeiter, Innovation) und teils externer Art (Kunden, Marken, Reputation bei anderen Stakeholdern).

Da Shareholder-Value letztlich aus finanzieller Performance resultiert, muss das Unternehmen in seiner Berichterstattung die **finanziellen Erfolgsgrößen** den eigenen Vorgaben gegenüberstellen und an den entsprechenden Daten des Wettbewerbs messen. Dazu gehören Ziele und Ergebnisse für das Unternehmen und seine Segmente sowie pro Segment Wertschaffung, Risikomanagement und Kapitalstruktur.

Zu jeder der vier Säulen des ValueReporting werden Valuedriver identifiziert, die Gegenstand einer wertorientierten Berichterstattung sind. Hieraus wird deutlich, dass die interne Voraussetzung für ein externes ValueReporting ein implementiertes System der wert- und risikoorientierten Steuerung ist. Hieraus leitet sich weiterhin ab, dass bei der Konzeptionierung der externen Berichterstattung eine enge Zusammenarbeit zwischen dem Controlling, dem Risikomanagement und der Investor Relations-Abteilung eines Unternehmens empfehlenswert ist.

Für eine erste Diagnose der wertorientierten externen Unternehmensberichterstattung eignet sich ein von PwC geschaffenes branchenspezifisches Erhebungs-Tool, der so genannte „ValueReporter“. Dieses Werkzeug ermöglicht neben der Ermittlung des Status quo einen branchenspezifischen Best-Practice-Vergleich sowie ein Benchmarking mit einer vom Unternehmen selbst definierten Vergleichsgruppe. Ziel ist dabei, Lücken des traditionellen Reporting durch qualitative Optimierung des Informationsangebots zu schließen, um so die Position des Unternehmens am Kapitalmarkt und gegenüber den Stakeholdern transparenter darzustellen und zu verbessern. Dabei werden die drei Informationskanäle Geschäftsbericht, Informationen für Analysten sowie alle weiteren externen Medien wie der Internetauftritt des Unternehmens betrachtet.

Das nachstehende Beispiel zeigt beispielsweise eine Auswertung der Kanäle „Geschäftsbericht“ und „Gesamte Berichterstattung“, gemessen an Best Practices der Branche:

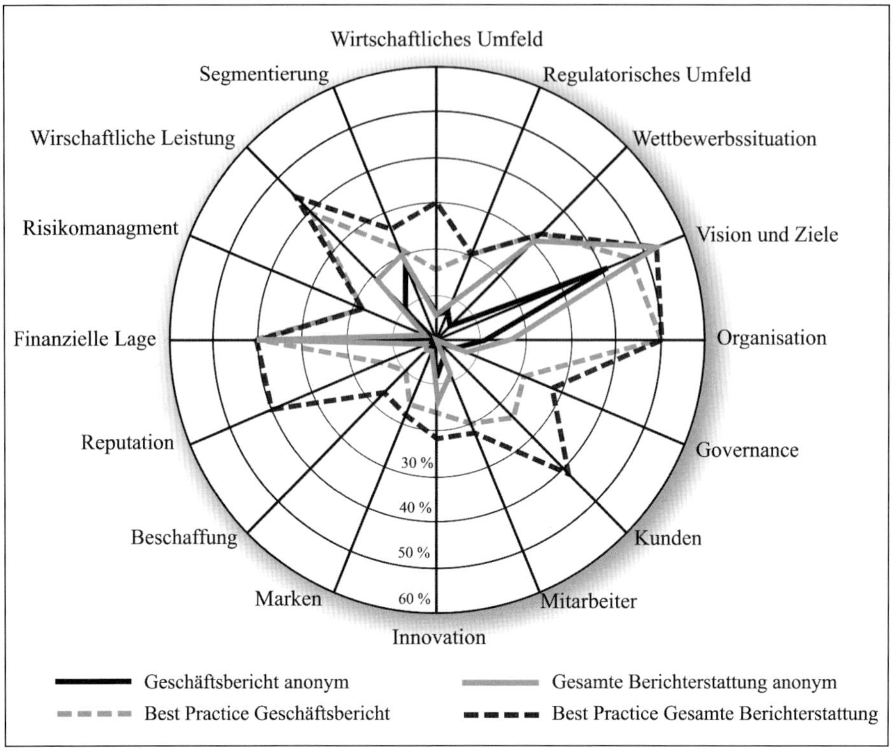

Abbildung 2: Exemplarische Auswertung der Unternehmensberichterstattung im Geschäftsbericht und allen sonstigen Medien (Quelle: PwC)

Anhand einer solchen Analyse lassen sich Rückschlüsse ziehen, ob die eigene Berichterstattung dem Branchenstandard entspricht. Erkannte negative Abweichungen können Nachteile für das eigene Unternehmen begründen und zur Optimierung genutzt werden oder als bewusste Managemententscheidung auch weiterhin beibehalten werden.

Interessant ist in diesem Zusammenhang auch die Frage, ob das Unternehmen über alle drei Informationskanäle eine gleichmäßige Informationsverteilung sicherstellt. Die folgende Abbildung zeigt eine entsprechende Auswertung des Unternehmensreporting nach Art der Information:

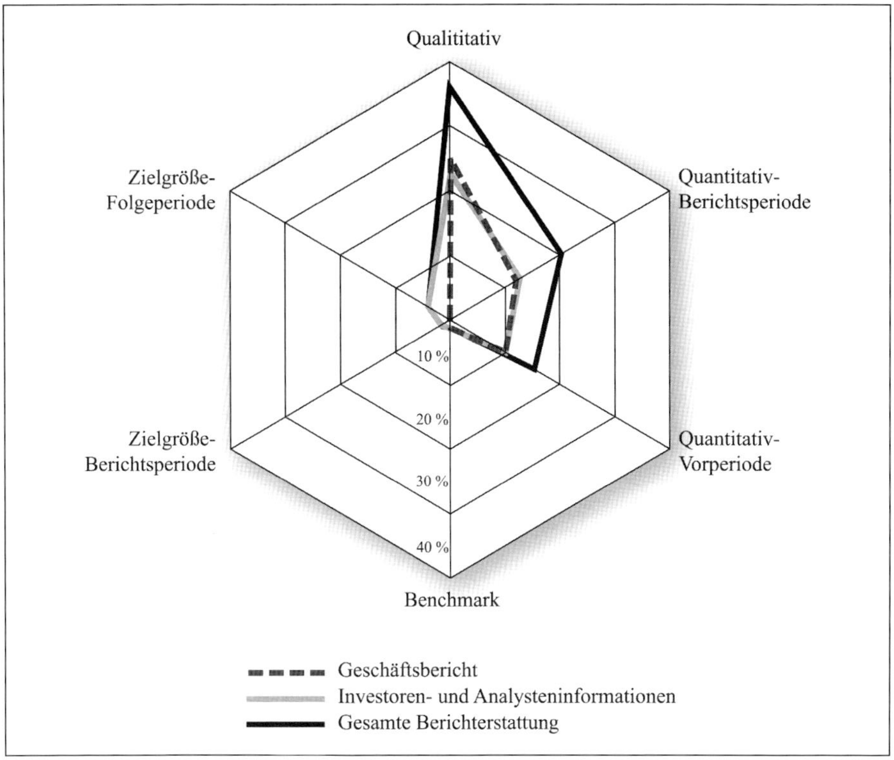

Abbildung 3: Gegenüberstellung der Unternehmensberichterstattung in drei Informationskanälen (Quelle: PwC)

Hier wird den Fragen nachgegangen,

- ob und inwieweit für alle berichteten Informationen wie beispielsweise Kundenzufriedenheit neben qualitativen Aussagen auch quantitative Daten berichtet werden und ob diese Daten in einem Vorjahresvergleich, im Vergleich mit Zielwerten und Benchmarks dargestellt werden,

- ob das Unternehmen Informationsunterschiede zwischen seinen verschiedenen Kanälen hat und damit Inkonsistenzen in der externen Berichterstattung vorliegen.

Diese Auswertung ermöglicht beispielsweise eine Aussage im Hinblick auf die Anforderung des Deutschen Corporate Governance-Kodex, 6.3: „Die Gesellschaft wird die Aktionäre bei Informationen gleichbehandeln. Sie soll ihnen unverzüglich sämtliche neuen Tatsachen, die Finanzanalysten […] mitgeteilt worden sind, zur Verfügung stellen.“

Daneben wird so ermöglicht, die eigene Kommunikationsstrategie in Bezug auf ihre tatsächliche Umsetzung in verschiedenen Medien zu überprüfen und zu optimieren.

6 Einwände gegen die Transparenz-Offensive

Naturgemäß werden die Vorteile einer besseren Publizität von den Führungskräften der Unternehmen weniger positiv gesehen als von den Analysten und Investoren. Auch Manager, welche die positive Wirkung einer Transparenz-Offensive auf den Aktienkurs erkennen, sind nicht unbedingt davon begeistert, dem Markt eine Fülle an Informationen zur Verfügung zu stellen. Aussagen wie „schlechte Zahlen schaden unserem Aktienkurs“, „unsere Wettbewerber können diese Informationen gegen uns verwenden“ und „unsere Kunden und Lieferanten könnten erfahren, wie viel Profit wir machen“ sind nur einige der gängigen Gründe, die von Managern zur Rechtfertigung mangelnder Transparenz in Bezug auf Leistungen und Pläne vorgebracht werden. Keiner dieser Gründe ist dabei gänzlich von der Hand zu weisen, doch im Großen und Ganzen handelt es sich dabei nur um Ausreden, die Entscheidung für eine umfassende Publizität aus Furcht vor den Folgen vor sich herzuschieben. Eine mögliche Folge für die Unternehmensleitung könnte nämlich sein, bei schlechten Leistungen zur Rechenschaft gezogen zu werden. Dabei ist jedoch zu bedenken, dass gerade ein Fehlen von Informationen Raum für Spekulationen und Gerüchte lässt, die eine verheerende Wirkung zeigen können.

Ein anderer Grund kann natürlich auch sein, dass die erforderlichen Informationen intern nicht vorliegen oder nicht mit der für eine externe Publikation erforderlichen Qualität und Sicherheit, Aussagekraft sowie Schnelligkeit beschafft und aufbereitet werden können. Dies ist ein wichtiges Argument, denn nur intern zur Steuerung des Geschäfts verwendete Größen sollten im Rahmen des ValueReporting verwendet werden. Mit anderen Worten: Erhöhte Transparenz nach außen erfordert zunächst Transparenz nach innen. Der Druck auf die Unternehmen, hier ihre „Hausaufgaben“ in Angriff zu nehmen, nimmt mit der Implementierung eines flächendeckenden Banken-Ratings nach Basel II eher zu, da die von Fremdkapitalgebern geforderte Transparenz sich inhaltlich nicht von jener unterscheidet, die Investoren beanspruchen. Das dafür erforderliche Instrumentarium bietet die Chance, die Leistungen des Managements insgesamt zu verbessern, beispielsweise durch die Einrichtung eines durchgängig am Unternehmenswert ausgerichteten Steuerungssystems.

7 Vorteile einer transparenten Berichterstattung

ValueReporting eröffnet den Unternehmen eine Fülle neuer Möglichkeiten und Chancen zur Stärkung der Wettbewerbsfähigkeit und zur Zukunftssicherung. Die zentralen Vorteile lassen sich in zehn Punkten zusammenfassen

- Schaffung einer neuen Qualität der Investor Relations durch mehr Transparenz und Glaubwürdigkeit
- Effektivere Kommunikation mit Analysten
- Abbau der Volatilität von Aktienkursen und Beitrag zur Kurspflege
- Bindung langfristig engagierter Aktionäre und Fremdkapitalgeber
- Faire Bedingungen für den Zugang zu Kapitalquellen und für die Bemessung der Kapitalkosten
- Mehr Gestaltungsspielraum für das Management bei der Umsetzung langfristiger Strategien durch geringeren kurzfristigen Performancedruck und erhöhte Planungssicherheit bei den Fremdkapitalkosten
- Vorsprung im Wettbewerb um Mitarbeiter
- Vertrauenszuwachs der Stakeholder in Unternehmen und Führung
- Nutzung der laufenden Dokumentation von Erfolgsfaktoren wie Innovationskraft, Produktqualität und Kundenzufriedenheit für die strategische Planung
- Effizienzsteigerung durch Vereinheitlichung der externen und internen Kommunikation

8 Vorteile auch für den Mittelstand

Das Konzept des ValueReporting ist zwar in erster Linie auf die Verbesserung der kapitalmarktorientierten Finanzberichterstattung und damit auf börsennotierte Unternehmen ausgerichtet, wird aber auch für den Mittelstand nützlich sein. Hier lassen sich positive Effekte beim Rating erzielen, da eine verstärkte Transparenz die Glaubwürdigkeit und damit das Rating des Unternehmens positiv beeinflusst. Darüber hinaus bietet das dahinter stehende Modell einer wertorientierten Unternehmensführung klare Vorteile: Ein Value Based-Management und entsprechendes Reporting ermöglichen eine effizientere Kommunikation über die verfolgte Strategie und deren Umsetzung, intern wie extern. Damit werden diese Unternehmen für einen potenziellen Investor oder Geschäftspartner wesentlich transparenter und attraktiver. M&A-Transaktionen – z. B. im Zusammenhang mit einer Nachfolgeregelung – gestalten sich bei einer wertorientierten Unternehmensführung wesentlich leichter. Dies macht sich letztlich auch vorteilhaft bei der Höhe des Verkaufserlöses bemerkbar. Für alle kleinen und mittleren Unternehmen hat dies zur Konsequenz, dass sie die Transparenz ihrer Unternehmenssituation mittels geeigneter Controlling- und Risikomanagementsysteme deutlich erhöhen sollten. ValueReporting ist also auch hier der richtige Weg.

9 Referenzen

[1] Vgl. Verband Deutscher Treasurer e.V (2002): Finanzmarktkommunikation, Frankfurt, S. 61.

[2] Vgl. Verband Deutscher Treasurer e.V (2002), a.a.O., S. 60.

[3] Vgl. Eccles, R. G.; Herz, R. H.; Keegan, E. M.; Phillips, D. M. H. (2002): Die ValueReporting Revolution, Weinheim, S. 260.

Bondholder Value versus Shareholder Value

Dr. Claus Huber

1 Einleitung

Die zunehmende Internationalisierung der europäischen Finanzmärkte und die dadurch bedingte stärkere Kapitalmarktorientierung, eine breitere Investorenbasis und nicht zuletzt die Reform zur Besteuerung von Gewinnen aus der Veräußerung von Anteilen an Kapitalgesellschaften im Jahr 2000 in Deutschland führten dazu, dass sich immer mehr Personen mit den Aktienmärkten beschäftigten. Das Schlagwort „Shareholder Value" fand Eingang in den täglichen Sprachgebrauch.

Die gleichen Gründe führten dazu, dass mit dem Start der europäischen Währungsunion im Jahre 1999 die Neuemissionen von Unternehmensanleihen im Euroraum deutlich anstiegen. Dazu trug neben der Globalisierung auch der Strukturwandel an den Fremdkapitalmärkten bei: Bis weit in die 1990er Jahre bestanden die europäischen Rentenmärkte im Prinzip nur aus den Schuldverschreibungen von staatlichen bzw. halbstaatlichen Emittenten sowie von Finanzinstituten. Unternehmen kamen als Fremdkapitalnachfrager an den europäischen Rentenmärkten praktisch nicht vor, weil Bankkredite die dominierende Form der Kapitalaufnahme waren. Während der gesamte Anleihemarkt in Europa 1999 immerhin mehr als halb so groß war wie der US-Rentenmarkt, betrug das Volumen des Marktes für Unternehmensanleihen nur etwa 5 % des entsprechenden US-Marktes (vgl. Huber et al., 2001a, S. 4). Seit dem Start der europäischen Einheitswährung hat sich diese Situation völlig verändert. Die Kapitalmärkte Europas haben an Breite und Tiefe gewonnen. Abbildung 1 zeigt das stark gestiegene Neuemissionsvolumen von EUR-denominierten Industrieanleihen in den Jahren 1998 bis 2002.

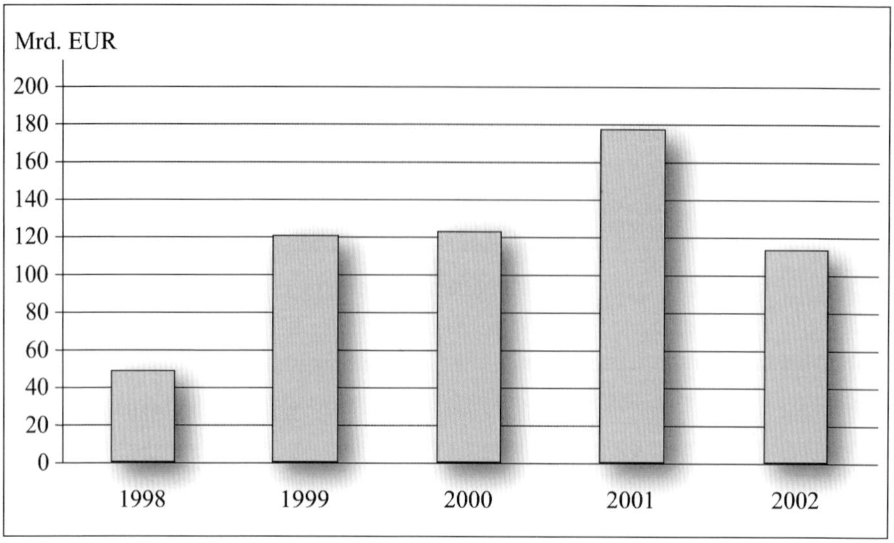

Abbildung 1: Neuemissionen EUR-Industrieanleihen von 1998–2002 (Quelle: Deutsche Bank, Anlage-Strategie Privatkunden; Reuters)

Auch wenn das Neuemissionsvolumen im Jahr 2002 unter dem des Vorjahres lag, lässt sich anhand der Zunahme im Vergleich zu 1998 festhalten, dass die Interessengruppe der Anleihegläubiger an den Finanzmärkten zunehmend Gewicht erlangt. Damit rückt auch der Bondholder Value stärker in das Bewusstsein der Investoren.

Dieser Beitrag definiert den bisher eher unbekannten Begriff des Bondholder Value und stellt ihn in Abschnitt 2 dem Shareholder Value gegenüber. In Abschnitt 3 werden die unterschiedlichen Sichtweisen von Aktionären auf der einen Seite und Anleihekäufern auf der anderen Seite beleuchtet. Bei der Diskussion der Brennpunkte des Interessenkonflikts beider Parteien stehen die Kapitalstruktur, Aktienrückkäufe bzw. Dividendenpolitik und die Unternehmensstrategie im Mittelpunkt. Da jedoch auch Gemeinsamkeiten zwischen Aktionären und Gläubigern existieren, beschreibt Abschnitt 4, wie Instrumente des Shareholder Value-Konzepts dazu genutzt werden können, Bondholder Value zu erzeugen. Dazu zählen Investor Relations, Risikomanagement und die Balanced Scorecard. Abschnitt 5 schließt mit einer Zusammenfassung.

2 Shareholder und Bondholder – Definition und Interessen

2.1 Shareholder Value

Die Ansätze des Shareholder Value enthalten alle Aspekte einer Unternehmensführung, in deren Mittelpunkt das Aktionärsvermögen steht. Der Unternehmenswert errechnet sich als Summe aller mit den durchschnittlichen Kapitalkosten diskontierten Zahlungsströme des Unternehmens (vgl. Black et al., 1998, S. 69). Nach der originären Definition fokussiert der Shareholder Value auf die Erhöhung des Marktwerts des Eigenkapitals. Mittlerweile hat sich jedoch die Orientierung an der Steigerung des Unternehmenswertes als Ganzes durchgesetzt (vgl. Welch, 1996, S. 2). Gemeinsam ist allen Ansätzen, dass sie eine an Zahlungsströmen orientierte, langfristige Betrachtungsweise einnehmen, wobei die Erwartungen der Kapitalgeber eine zentrale Rolle spielen (vgl. Bühner, 1993, S. 749).

Ansprüche der Aktionäre auf das Vermögen des Unternehmens liegen hinter denjenigen der Fremdkapitalgeber. Da die Aktionäre damit in Bezug auf Besicherung und Höhe der zukünftigen Zahlungsströme ein größeres Risiko als die Anleihebesitzer eingehen, liegt ihre Renditeforderung in der Regel über derjenigen der Bondholder.

Im Zusammenhang mit dem Shareholder Value wird häufig von der „wertorientierten Unternehmensführung“ gesprochen (vgl. Black et al., 1998, S. 97). Die Steuerung des Unternehmens erfolgt über Kenngrößen des Rechnungswesens. Sein Wert ergibt sich wie folgt (vgl. Rappaport, 1999, S. 39):

$$\text{Unternehmenswert} = \text{Shareholder Value} + \text{Fremdkapital}$$

Der Unternehmenswert kann durch Maßnahmen gesteigert werden, die den Shareholder Value erhöhen. Der Wert des Fremdkapitals sollte nicht verringert werden. Die effektivste Art, den Unternehmenswert zu erhöhen, besteht somit in einer simultanen Erhöhung von Shareholder Value und des Fremdkapitalwertes. Damit kommt nicht nur den Aktionären, sondern auch den Fremdkapitalgebern erhebliche Bedeutung zu. In diesem Zusammenhang ist eine wichtige Frage, wie sich der Bondholder Value analog zum Shareholder Value definieren lässt. Dies wird im folgenden Abschnitt erörtert.

2.2 Bondholder Value

Eine allgemein gültige Definition des Bondholder Value existiert nicht. So könnte man den Bondholder Value als den Marktwert des Fremdkapitals eines Unternehmens beschreiben (vgl. Krämer, 2001, S. 6). Da sich der Marktwert der ausstehenden Anleihen auch durch Neuemission weiterer Bonds erhöhen lässt, dies aber wiederum die Preise der bereits existierenden Anleihen sinken lassen würde, wird der Bondholder Value auch im Zusammenhang mit der Renditedifferenz zu einer Staatsanleihe betrachtet (vgl. Mansi/Reeb, 2001, S. 13): Je höher der Spread, desto höher wird das mit dem Emittenten verbundene Risiko eingeschätzt. Weitet sich der Spread durch Unternehmensaktivitäten aus, führt dies zu einer Reduktion von Bondholder Value. Der Spread setzt sich jedoch nicht nur alleine aus unternehmensindividuellen Faktoren zusammen, sondern hängt auch vom Gesamtmarkt ab: So kann ein Wechsel der politischen und/oder gesamtwirtschaftlichen Situation eine Änderung der Risikoneigung der Finanzmarktteilnehmer hervorrufen. Da sich die Risikokomponenten im Zeitablauf ändern, schwankt auch die Risikoprämie bzw. der Spread (vgl. Jaffee, 1975, S. 310ff). Dabei wurde häufig festgestellt, dass die Risikoprämien in Zeiten wirtschaftlichen Wohlstands sinken und bei konjunkturellen Schwächen ansteigen (vgl. Van Horne, 1970, S. 112). Unternehmen mit einem niedrigen Rating weisen in der Regel ein geringes Maß an Diversifikation ihrer Einnahmequellen auf und sind daher gegenüber Änderungen des makroökonomischen Umfelds anfälliger als Unternehmen mit hohem Rating (vgl. Kaiser et al., 1999, S. 130). Bei zunehmender Unsicherheit sinkt die Risikoneigung und damit steigt die von den Investoren geforderte Kompensation in Form der Renditedifferenz zu Staatsanleihen. Daher lassen sich die Auswirkungen von unternehmensindividuellen Maßnahmen zur Steigerung des Bondholder Value am Credit-Spread des Emittenten nur ungenau messen. Auf der anderen Seite besitzen die an den Finanzmärkten gebildeten Spreads antizipativen Charakter und bilden die Einschätzungen eines breiten Durchschnitts von Marktteilnehmern ab.

Bondholder Value kann auch als Maßnahme des Unternehmens verstanden werden, „die die Wahrscheinlichkeit der termingerechten Begleichung der Zins- und Kapitalschuld erhöht“ (Utzig, 1999, S. 468), wenngleich diese Definition sehr allgemein gehalten ist. Eine mögliche Operationalisierung besteht im Zusammenhang mit der Bonität des Unternehmens. Dabei ist das Rating ein Spiegel des Risikos (vgl. Behrenwaldt, 1996, S. 293): Je besser das Rating, desto geringer wird das mit dem Emittenten in Verbindung stehende Risiko erachtet. Der Bondholder Value erhöht sich, wenn sich die Kreditwürdigkeit bzw. das Rating des Emittenten verbessert und umgekehrt (vgl. Krämer, 2001, S. 6). Nachteilig bei der ratingabhängigen Definition des Bondholder Value ist, dass die Änderungen der Rating-Agenturen häufig mit erheblicher Verspätung, also erst nachdem bonitätsbeeinflussende Tatsachen bekannt geworden sind, durchgeführt werden. Meistens haben die Finanzmärkte eine Rating-Veränderung schon vor ihrer Bekanntgabe durch die Anpassung des Spreads verarbeitet. Das Rating eines Unternehmens muss nicht zwangsläufig von Maßnahmen zur Schaffung von Bondholder Value abhängen, sondern wird z. B. auch von der konjunkturellen Lage bestimmt (vgl. Heinke, 1998, S. 37). Der Bondholder Value von Unternehmen, welche kein Rating besitzen, kann mit diesem Konzept gar nicht bestimmt werden.

Statt auf ein Rating könnte auch auf Bilanzrelationen als Indikator für den Bondholder Value abgezielt werden (vgl. Krämer, 2001, S. 7). Die Basis vieler Bonitätseinschätzungen bilden Bilanzrelationen, wie z. B. die Schuldenquote, Liquiditäts- oder Profitabilitätskennzahlen eines Unternehmens (vgl. Huber et al., 2001b, S. 23). Die Messung von Bondholder Value nach dieser Art unterliegt immer einer zeitlichen Verzögerung: Bilanzgrößen von börsennotierten Unternehmen werden bestenfalls einmal pro Quartal oder z. B. von mittelständischen Unternehmen überhaupt nicht publiziert. Wegen der Vergangenheitsorientierung von Bilanzkennzahlen besitzen sie retrospektiven Charakter. Ebenso wie das Rating sind Kennzahlen von Änderungen des makroökonomischen Umfelds betroffen: In konjunkturell schwächeren Zeiten besteht eine Tendenz zu höheren Ausfallwahrscheinlichkeiten von Anleihen (vgl. Heinke, 1998, S. 37) und zu einer Verschlechterung der Bilanzrelationen. Gelingt es dem Unternehmen, auch in einem gesamtwirtschaftlich schwierigen Umfeld die Bilanzkennzahlen stabil zu halten, so kann dies als ein Zeichen von Stärke interpretiert werden. Unberücksichtigt bleiben bei der bilanzrelationalen Perspektive qualitative Faktoren, wie z. B. die Unternehmensstrategie: Wechselt das Unternehmen den Fokus von seinem Heimatmarkt hin zu einer fremdfinanzierten internationalen Expansion (Beispiel: Telekommunikationsunternehmen), erhöht sich das Risiko einer Verschlechterung der Kapitalstruktur und der Bondholder Value sinkt. Abbildung 2 stellt die Definitionsmöglichkeiten des Bondholder Value noch einmal überblicksartig zusammen.

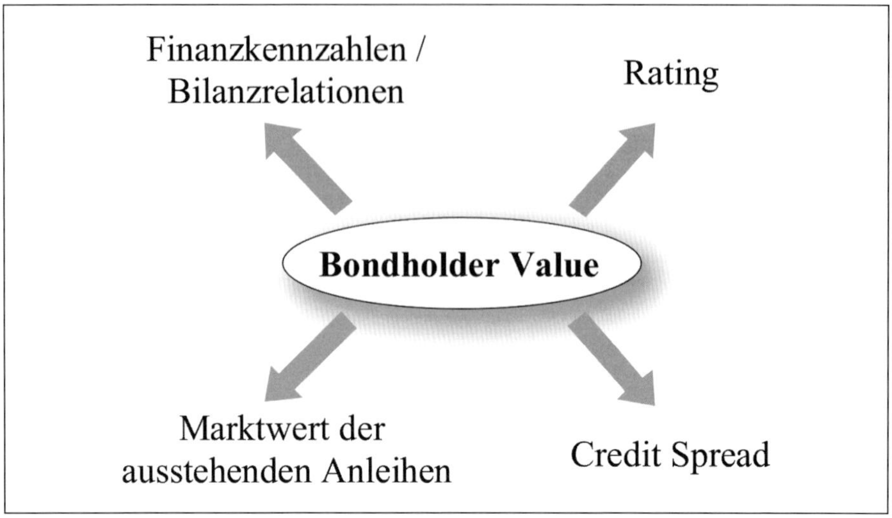

Abbildung 2: Definitionsmöglichkeiten des Bondholder Value

Als sinnvollste Art und Weise, Bondholder Value zu messen, erscheint die Betrachtung des Spreads zu Staatsanleihen: Die Finanzmärkte verarbeiten Informationen schnell und antizipativ. Gleichzeitig sollte der Spread zu einer Benchmarkanleihe, welche die Branche repräsentiert, in der das Unternehmen tätig ist, einbezogen werden. Dadurch können sektorspezifische und allgemein die Zinsmärkte betreffende Faktoren weitgehend eliminiert werden.

Der Shareholder Value stellt die Wertsteigerung des Eigenkapitals bzw. des Unternehmens in den Mittelpunkt, während sich der Bondholder Value auf die Begleichung der vereinbarten Zins- und Tilgungsleistung konzentriert. Weitere Unterschiede zwischen Aktionären und Anleihebesitzern zeigt Tabelle 1.

Aus Tabelle 1 ist ersichtlich, dass Anleihen im Vergleich zu Aktien ein geringeres Kurspotenzial enthalten. Auf der anderen Seite besteht das Risiko eines Totalverlusts. Daher liegt ihr Fokus auf den Risiken einer Investition in die Anleihen des Unternehmens und nicht auf den damit verbundenen Chancen. Die Aktionäre riskieren ebenfalls den Totalverlust, können aber an theoretisch unbegrenzten Steigerungen des Unternehmenswertes profitieren. Der folgende Abschnitt zeigt mögliche Brennpunkte, die aus den unterschiedlichen Sichtweisen von Aktionären und Anleihegläubigern resultieren.

	Aktien	Unternehmensanleihen
Restlaufzeit	Unbegrenzt	Begrenzt (bei EUR-Anleihen meist 2–10 J.)
Erträge	Erfolgsabhängige Dividenden, Verzinsung des eingesetzten Kapitals nach Abzug der Fremdkapitalzinsen	(fixe) Coupons, unabhängig vom Erfolg
Chance	Kurssteigerungen, Teilnahme am Wachstum des Unternehmens	Kursgewinne (im Vergleich zu Aktien gering), keine Teilnahme am Unternehmenswachstum
Risiko	Kursverluste, Totalverlust	Kursverluste, Totalverlust
Teilnahme am Liquidationserlös	In der Regel keine	Je nach Rang der Ansprüche, Bedienung vor den Aktionären
Mitspracherechte	Stimmrecht in der Hauptversammlung	Im Allgemeinen keine Mitspracherechte. Evtl. in Anleihebedingungen fixiert durch Covenants (z. B. Einhaltung einer bestimmten Eigenkapitalquote). Im Konkursfall können Gläubiger das Unternehmen übernehmen.

Tabelle 1: Ansprüche und Beteiligungen von Aktionären und Bondholdern

3 Brennpunkte des Shareholder-Bondholder-Konflikts

Als Brennpunkte des Interessenkonflikts zwischen Aktionären und Gläubigern werden häufig die Kapitalstruktur des Unternehmens, Aktienrückkäufe bzw. Dividendenpolitik und die Unternehmensstrategie genannt (vgl. Utzig, 1999, S. 469). In diesem Abschnitt werden diese Punkte beleuchtet.

3.1 Kapitalstruktur

Über die Bestimmung der optimalen Kapitalstruktur eines Unternehmens wurde in den letzten Jahren eine intensive Diskussion geführt. Hier werden die Thesen von Modigliani/Miller (MM), welche die Irrelevanz der Kapitalstruktur auf theoretischer Ebene nachweist, und die traditionelle Sichtweise, nach der eine optimale Kapitalstruktur existiert, kurz dargestellt. Eine Übersicht über theoretische und empirische Hintergründe zur Kapitalstruktur bieten (Barclay et al., 1995), (Bessler/Thies, 2000) und (Harris/Raviv, 1991). (Ramb, 2000) untersucht die Kapitalstruktur von europäischen sowohl börsennotierten Unternehmen als auch solchen ohne Listing.

MM erbrachten in ihrem Aufsatz von 1958 den theoretischen Beweis, dass die Kapitalstruktur eines Unternehmens für dessen Wert irrelevant ist. Kern ihrer Ausführungen ist der Gedanke, dass zwei Unternehmen, welche unterschiedliche Verschuldungssituationen aufweisen und die gleichen Cashflows erzeugen, mit dem gleichen Marktpreis bewertet werden. Andernfalls würde Arbitrage einsetzen. Daraus ergibt sich, dass der Markt einem Unternehmen unabhängig von seiner Verschuldungssituation Kapital zur Durchführung seiner Investitionsvorhaben zur Verfügung stellt, solange die Rendite daraus größer als die Kapitalmarktrendite ist.

Die grundsätzliche Aussage von MM zur Verschuldungssituation kann auf die Struktur der Fremdkapitaltitel des Unternehmens übertragen werden: Die Mischung aus kurz- und langfristigen, besicherten und unbesicherten, vor- und nachrangigen Schuldtiteln ist demnach ebenfalls irrelevant (vgl. Brealey/Myers, 2000, S. 477). Dabei treffen MM mehrere zum Teil realitätsferne Annahmen, wie z. B. die Abwesenheit von Transaktionskosten und Steuern.

Die Kapitalkosten eines Unternehmens r werden dazu verwendet, seine zukünftigen Zahlungsströme auf den heutigen Zeitpunkt abzuzinsen. Als Kalkulationszins zur Berechnung des Unternehmenswertes werden häufig die gewichteten Kapitaldurchschnittskosten (Weighted Average Cost of Capital) verwendet (vgl. Brealey/Myers, 2000, S. 484ff). Aus der Summe dieser diskontierten Zahlungsströme lässt sich der Unternehmenswert berechnen. Daraus folgt, dass der Unternehmenswert umso größer wird, je höher die Zahlungsströme bzw. je niedriger der Diskontierungszinssatz ist. Die Kapitalkosten setzen sich aus den eigen- bzw. fremdkapitalgewichteten Zinssätzen zusammen:

$$(1) \qquad r = r_{EK} \cdot \frac{EK}{EK + FK} + r_{FK} \cdot \frac{FK}{EK + FK}$$

Aus Gleichung (1) lässt sich nun ableiten, wie MM die erwartete Rendite der Eigenkapitalgeber bestimmen. Nach Umstellen erhält man:

$$(2) \qquad r_{EK}(MM) = r + \frac{FK}{EK} \cdot (r - r_{FK})$$

Aus Gleichung (2) wird deutlich, dass die Eigenkapitalgeber bei zunehmendem Verschuldungsgrad $\frac{FK}{EK}$ eine höhere Kompensation verlangen. Dabei steigt die geforderte Eigenkapitalrendite r_{EK} zunächst linear an. Bei niedrigen Fremdkapitalanteilen wird das Unternehmen als risikofrei eingeschätzt (vgl. Brealey/Myers, 2000, S. 482).

Ab einem bestimmten Verhältnis $\left(\frac{FK}{EK}\right)'$ wird die Verschuldungssituation des Unternehmens als nicht mehr risikolos empfunden. Die geforderte Mindestverzinsung der Aktionäre steigt dann weniger stark an, weil ein Teil des zusätzlichen Risikos an die Bondholder übertragen wird. Deren geforderte Verzinsung r_{FK} erhöht sich.

Per Saldo bleibt dabei die erwartete Rendite *r(MM)* des Unternehmens unverändert (vgl. Abbildung 3). Daher lässt sich in der MM-Modellwelt kein optimaler Verschuldungsgrad feststellen: Die Kapitalstruktur ist für den Unternehmenswert irrelevant.

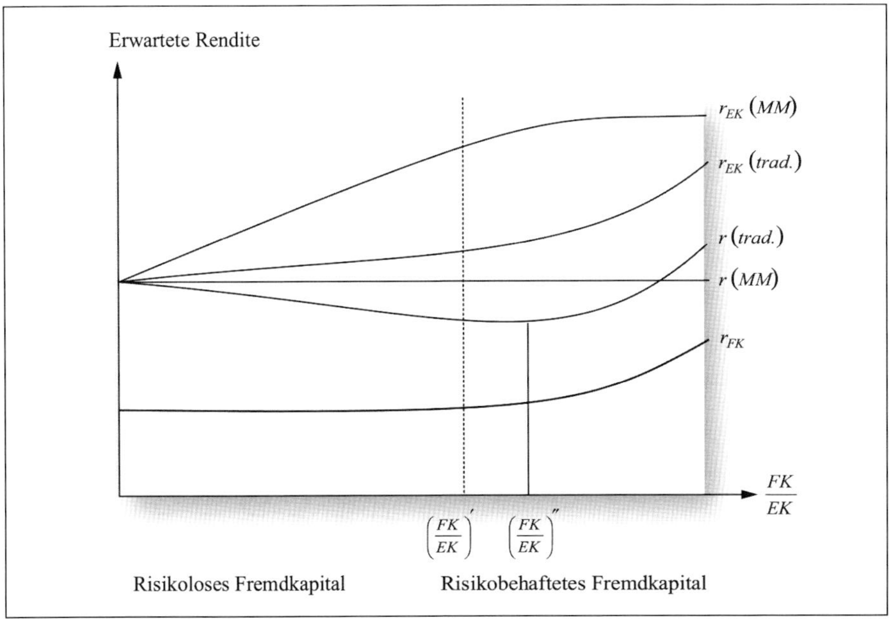

Abbildung 3: Kapitalstruktur und erwartete Rendite

Die traditionelle Sichtweise geht bei zunehmender Verschuldung ebenfalls von einer steigenden Renditeforderung der Aktionäre aus. Allerdings fällt deren Anstieg nicht so deutlich aus wie bei MM. Steigt die Relation von Schulden zu Eigenkapital über einen bestimmten Schwellenwert, in Abbildung 3 der Punkt $\left(\frac{FK}{EK}\right)''$, nehmen die Renditeforderungen der Aktionäre aufgrund des gestiegenen Risikoempfindens signifikant zu. Daher lässt sich nach traditioneller Auffassung eine Kapitalstruktur feststellen, bei der die Kapitalkosten r minimal und damit der Unternehmenswert maximal werden.

In der Praxis wird der Verschuldungsgrad häufig aufgrund von „kosmetischen" Überlegungen gestaltet: um die Anforderungen der Rating-Agenturen oder die Kennzahlen der (Benchmark-)Konkurrenten zu erfüllen bzw. die Auswirkungen der Finanzierungskosten auf den Gewinn je Aktie zu optimieren (vgl. Opler et al., 2000, S. 21). Ein (theoretisches) Gesamtmodell, das diese Komponenten an den Shareholder Value anbindet, existiert in der Regel nicht.

Ein Anreiz für die Aktionäre, Eigenkapital durch Fremdkapital zu ersetzen, wird bei Betrachtung von Gleichung (1) deutlich: Da der Fremdkapitalzins häufig unter dem Eigenkapitalzins liegt, wird mit dem Ersetzen von Eigen- durch Fremdkapital der Diskontierungsfaktor der Cashflows geringer. Dadurch steigt der Unternehmenswert. Die Verwendung von Fremdkapital hat zudem den steuerlichen Vorteil, dass Zinsausgaben im Gegensatz zu Dividenden von dem Unternehmen Gewinn mindernd geltend gemacht werden können. Darüber hinaus kann Außenfinanzierung durch die Emission neuer Aktien als Signal interpretiert werden, dass das Management den Aktienkurs für überbewertet hält (vgl. Opler et al., 1997, S. 22). In den meisten Fällen sinkt der Aktienkurs nach Ankündigung einer Kapitalerhöhung (vgl. Bessler/Thies, 2000, Kap. 3.4.4, S. 7ff).

Aus der Perspektive der Gläubiger dient das Eigenkapital als Risikopuffer: Je höher das Eigenkapital, desto besser sind die Zahlungsansprüche der Fremdkapitalgeber durch die Einlagen der Aktionäre abgesichert. Sollte die Gewinnsituation in einer Periode unbefriedigend ausfallen, so kann das Eigenkapital dazu verwendet werden, um die Zins- und Tilgungszahlungen an die Gläubiger zu leisten. Daher besitzt die Kapitalstruktur für das Rating eines Emittenten große Bedeutung. Erhöht sich der Schuldenstand, sinkt das Rating.

Der Teil des Unternehmensergebnisses, der über die Fremdkapitalkosten hinausgeht, fällt den Eigenkapitalgebern zu. Auch aus Sicht der Shareholder ist eine Erhöhung des Schuldenstands nicht immer unisono zu begrüßen, da sich die Volatilität der Eigenkapitaltitel erhöht, weil das Einkommen der Aktionäre nach Abzug der Zinskosten größeren Gewinnschwankungen unterliegt (vgl. Opler et al., 2000, S. 22). Als Beispiel dient Tabelle 2, wobei ein Gesamtkapital in Höhe von 10 000 Geldeinheiten (GE) angenommen wird.

	Szenario 1	**Szenario 2**	**Szenario 3**	**Szenario 4**
Operatives Ergebnis	1 000	1 000	500	500
Fremdkapital	2 500	5 000	2 500	5 000
Eigenkapital	7 500	5 000	7 500	5 000
Gesamtkapital	10 000	10 000	10 000	10 000
Zinszahlungen (10%)	250	500	250	500
Einkommen der Aktionäre	750	500	250	0
Rendite der Aktionäre (in %)	10	10	3,3	0

Tabelle 2: Einkommensschwankungen der Aktionäre in Abhängigkeit vom Unternehmensergebnis

In Szenario 1 beträgt das Fremdkapital 2 500 GE (Fremdkapitalanteil 25%). Nach der Zinszahlung von 10 % (=250 GE) verbleibt aus dem operativen Ergebnis in Höhe von 1 000 das Aktionärseinkommen in Höhe von 750. Dies entspricht einer Rendite von 10 % in Bezug auf das eingesetzte Eigenkapital. Die gleiche Rendite kann erzielt werden, wenn ein höherer Fremdkapitalanteil eingesetzt wird (Szenario 2). Damit wird ein Teil des Geschäftsrisikos an die Gläubiger transferiert. Die stärkeren Gewinnschwankungen bei einem gesteigerten Fremdkapitalanteil zeigen die Szenarien 3 und 4: Sinkt das operative Ergebnis auf 500 GE, ergibt sich bei einem Fremdkapitalanteil von 25 % eine Eigenkapitalrendite von 3,3 %, während sich die Aktionäre bei 50 % Fremdkapital mit 0 % Rendite begnügen müssen. Vergleicht man die Szenarien 1 und 3 sowie 2 und 4, wird die größere Schwankungsbreite der Renditen deutlich: Zwischen 1 und 3 (=niedriger Fremdkapitalanteil) reduziert sich die Aktionärsrendite von 10 % auf 3,3 %, während sie zwischen den Szenarien 2 und 4 von 10 % auf 0 % sinkt.

Falls die Fokussierung auf den Shareholder Value in den letzten Jahren zu Lasten der Bondholder stattgefunden hat, müsste sich dies empirisch belegen lassen. Als

Indikator kann Abbildung 4 verwendet werden, die den Median des Ratings europäischer Emittenten durch Standard & Poor's der Entwicklung des Aktienindex MSCI Europe gegenüberstellt.

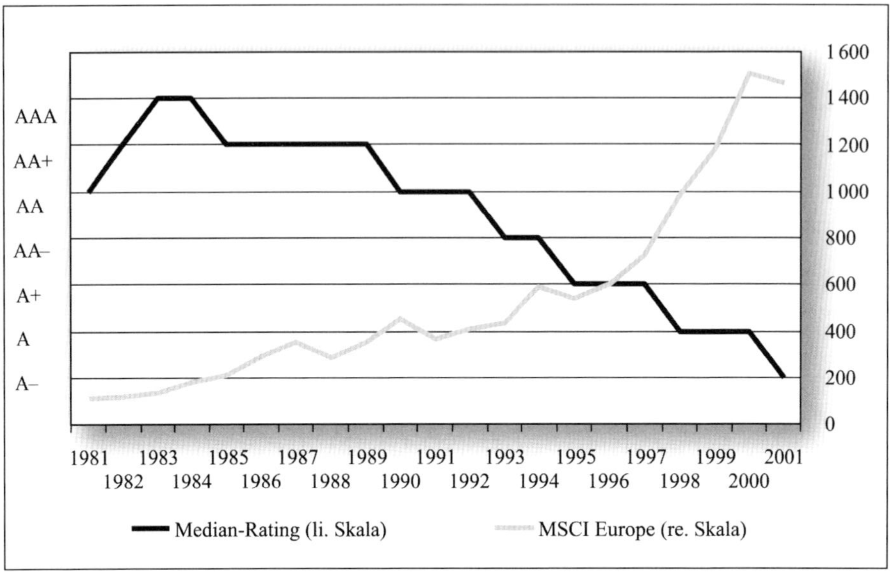

Abbildung 4: Median-Rating europäischer Emittenten 1981–2001 (Standard & Poor's) vs. MSCI Europe

Das Median-Rating sank von seinem Höhepunkt AAA in den Jahren 1983 und 1984 auf nur noch A– in 2001. Gleichzeitig stieg der Wert des MSCI Europe deutlich an. Zu Beginn des Jahres 1981 lag das Median-Rating genau wie 1989 bei AA. In diesem Zeitraum verdreifachte sich der MSCI Europe von 115 auf 351 Indexpunkte. Von 1990 bis 2001 glitt das Rating deutlich um vier Stufen auf A– ab, während sich der europäische Aktienindex ausgehend vom Niveau von 1989 nochmals vervierfachte.

Die gestiegene Bedeutung des Shareholder Value und die damit einhergehende stärkere Beachtung einer Optimierung der Kapitalstruktur führte dazu, dass die Emission von Unternehmensanleihen seit Einführung der Europäischen Währungsunion so deutlich angestiegen ist. Dadurch können Investoren breiter diversifizieren, ihre Erträge maximieren und über früher existierende Grenzen hinweg Kapital anlegen. Emittenten können ihre Finanzierungskosten senken und dadurch den Unternehmenswert steigern, was wiederum den Bondholdern zugute kommt. So führt die Konzentration auf den Shareholder Value zur Generierung von Bondholder Value.

Als Fazit dieses Abschnitts lässt sich festhalten, dass die Frage der optimalen Kapitalstruktur nicht abschließend geklärt ist. Obwohl eine zu hohe Verschuldung weder im Interesse der Aktionäre (höhere Volatilität der Ergebnisse) noch der Gläubiger (Eigenkapital dient als Risikopuffer) liegt, weisen empirische Daten darauf hin, dass die Fokussierung auf den Shareholder Value insgesamt zu Lasten der Bondholder ging.

3.2 Aktienrückkäufe

Bei einem Aktienrückkauf verwendet das Unternehmen liquide Mittel, um eigene Aktien zurückzukaufen. In der Literatur werden zwei Hypothesen, welche die Wirkung von Aktienrückkäufen auf die Preise von Anleihen erklären, unterschieden (vgl. Klock/Maxwell, 2000, S. 1): Die Signaling-Hypothese geht davon aus, dass das Management das Unternehmen für unterbewertet hält und daher ein höherer Marktpreis für Aktien und Anleihen angemessen wäre. Auf der anderen Seite sinkt der Wert der Anleihen bei Ankündigung eines Rückkaufprogramms nach der Wealth Transfer-Hypothese: Aktienrückkäufe, Dividendenzahlungen und andere Auszahlungen an die Aktionäre reduzieren die Mittel, mit denen das Unternehmen seinen Zahlungsverpflichtungen nachkommt (vgl. Maxwell/Stephens, 2001, S. 2). Darüber hinaus kann ein Rückkauf den Verschuldungsgrad erhöhen, sodass die Bondholder ein größeres Risiko tragen müssen.

Ein Aktienrückkauf kann für die Bondholder dann vorteilhaft sein, falls ein niedriger Aktienkurs dadurch angehoben werden kann. Damit könnte die Gefahr einer Übernahme und der Wechsel des Managements vermindert werden. Weiterhin verringert ein Aktienrückkauf zukünftige Dividendenzahlungen. Dies ist für die Bondholder insbesondere dann von Vorteil, wenn z. B. auf Vorzugsaktien hohe Dividenden gewährt werden, die faktisch unabhängig von der Ertragslage gezahlt werden und damit zinsähnlichen Charakter bekommen. Mitunter kann sich ein Aktienrückkauf für die Bondholder erfreulicher gestalten als eine Investition, die mit diesem Kapital durchgeführt wird und damit das Risikoprofil des Unternehmens verändert (vgl. Volk/Fischer, 2001, S. 4). Auf der anderen Seite stellt ein hoher Aktienkurs eine Akquisitionswährung dar, wodurch die Möglichkeit des Kaufs eines anderen Unternehmens ansteigt. Längerfristig könnten sich dadurch auch positive Auswirkungen ergeben, wenn durch eine Akquisition z. B. neue Geschäftsfelder erschlossen werden können, die zur Sicherung der Cashflows beitragen. Insgesamt ist die Auswirkung eines Aktienrückkaufs nicht immer klar: Zumindest kurzfristig bewirkt er eine Spreadausweitung, eventuell ein verschlechtertes Rating und dadurch höhere Finanzierungskosten, die durch die höhere Marktbewertung der Aktien egalisiert werden müssen.

Einige empirische Untersuchungen kommen zu dem Ergebnis, dass die Aktienkurse bei Ankündigung eines Rückkaufprogramms steigen, während der Wert der Anleihen sinkt (vgl. Maxwell/Stephens, 2001, Dhillon/Johnsson, 1994). Dabei hängt das Ausmaß der Kursbewegung von dem Umfang des Rückkaufprogramms ab. High Yield-Anleihen reagieren stärker als Investment-Grade-Bonds (vgl. Maxwell/Stephens, 2001, S. 4 und 21). Andere Studien kommen zu dem Schluss, dass der Signaling- den Vermögenstransfereffekt überkompensiert (z. B. Woolridge, 1983, Handjinicolaou/Kalay, 1984). Damit kann auch die Frage der Bewertung von Aktienrückkäufen bzw. der Dividendenpolitik nicht pauschal beantwortet werden.

3.3 Unternehmensstrategie und Geschäftspolitik

Wie das Beispiel in Abschnitt 3.1 gezeigt hat, fällt den Aktionären nach Bedienung der fixen Zahlungsansprüche der Gläubiger der Rest der Zahlungsüberschüsse zu. Der Gläubiger möchte nur den Betrag, der zur Deckung seiner Zinsforderungen nötig ist, verdienen und auf riskante Investitionen verzichten. Auf der anderen Seite entspricht es der Interessenlage der Aktionäre, riskantere Investitionen, die einen höheren Ertrag versprechen, durchzuführen. Denn die Aktionäre und nicht die Gläubiger entscheiden über die Weiterbeschäftigung des Managements. Daher wird die Geschäftsführung vorrangig Entscheidungen treffen, die im Interesse der Shareholder liegen. Die Bondholder tragen zwar ein ähnliches Risiko, bei Gelingen der riskanten Investition nehmen sie an Vermögenszuwächsen jedoch nicht teil.

Eine Unternehmensstrategie zur Steigerung des Shareholder Value und zu Lasten der Bondholder könnte in einem Vermögenstransfer von den Anleiheeignern zu den Aktionären z. B. durch die Emission einer Anleihe erfolgen, deren Einnahmen als Dividenden an die Aktionäre ausbezahlt werden (vgl. Kalay, 1982, S. 212). Geplante Investitionen könnten unterlassen und die dadurch gesparten Ausgaben als Dividenden ausgeschüttet werden. Analog könnte dies bei dem Verkauf von betriebsnotwendigem Anlagevermögen geschehen. In diesen Situationen sind die Bondholder die Verlierer, sofern sie diese Aktionen nicht bereits bei Emission der Anleihen vorhersahen und eine entsprechende Kompensation forderten.

Fremdfinanzierte Akquisitionen gehen häufig zu Lasten der Gläubiger, weil der höhere Schuldenstand mit einer gestiegenen Risikoeinschätzung des Unternehmens korrespondiert. Derartige Unternehmenskäufe kamen in der jüngeren Vergangenheit in Geschäftsfeldern vor, die bis noch vor wenigen Jahren durch staatliche Regulierung gekennzeichnet waren, wie z. B. die Versorger- oder Telekommunikationsbranche. Waren die dort tätigen Unternehmen früher weitgehend auf den Heimatmarkt konzentriert, der ihnen bei nur geringer Konkurrenz üppige Gewinne bescherte, sahen sie sich mit dem Wegfall der staatlichen Regulierung neuen Wettbewerbern ausgesetzt. Zudem wurde erkannt, dass erodierende Margen auf dem Heimatmarkt nicht dazu ausreichten, um eine kritische Größe für den internationalen Wettbewerb durch organisches Wachstum herzustellen. Daher wechselten sie ihre Strategie ausgehend von national fokussierten Unternehmen zu international bzw. global agierenden Spielern. Die dazu nötige kritische Größe sollte durch häufig fremdfinanzierte Unternehmenszukäufe erreicht werden.

Übernahmen müssen aber nicht immer zu Lasten der Bondholder gehen: Falls Unternehmensakquisitionen der Sicherung und dem Ausbau der eigenen Marktposition oder der Erschließung neuer Geschäftsfelder dienen, liegen diese auch im Interesse der Gläubiger. Denn nur ein wettbewerbsfähiges Unternehmen kann die Zahlungsströme, welche zur Bedienung der Zins- und Tilgungsleistungen erforderlich sind, generieren. Wenn eine Akquisition vorsichtig finanziert wird (z. B. neutral in Bezug auf die Schuldenquote) oder der Emittent von einem anderen Unternehmen mit höherer Bonität gekauft wird, profitieren auch die Bondholder davon (vgl. Utzig, 1999, S. 469).

Bei vielen Aktiengesellschaften ist es üblich, die Gehälter des Vorstands z. B. durch Aktienoptionen mit dem Erfolg des Unternehmens zu verknüpfen. Damit wächst die Wahrscheinlichkeit, dass Maßnahmen zur Steigerung des Aktienkurses auf Kosten der Bondholder im Vordergrund des Geschäftsgebarens stehen. Dem könnte z. B. mit der Kopplung der Gehälter der Geschäftsleitung an das Rating des Unternehmens entgegen gewirkt werden.

Nach der Emission einer Anleihe können die Bondholder wenig gegen ihren Interessen zuwider laufende Aktivitäten des Managements ausrichten. Eine Möglichkeit, die Unternehmensführung stärker auf die Bondholder zu verpflichten, besteht in dem Einbau von so genannten Anlegerschutzklauseln (Covenants) in die Anleihen. Eine Anlegerschutzklausel ist eine Vorschrift, welche dem Unternehmen verbietet, nach der Emission von Anleihen bestimmte Aktionen durchzuführen (z. B. das Verbot des Verkaufs von Teilen des Anlagevermögens, vgl. Smith/Warner, 1979, S. 177). Anlegerschutzklauseln sollen Investoren vor unerwünschten Aktionen des

Emittenten, wie z. B. eine fremdfinanzierte Übernahme eines anderen Unternehmens, schützen.

Außer mit Anlegerschutzklauseln können Instrumente des Shareholder Value dazu genutzt werden, um den Bondholder Value zu erhöhen. Dazu gehören Investor Relations, Risikomanagement und die Balanced Scorecard (vgl. Weiss/Heiden, 2000, S. 38), die im nächsten Abschnitt diskutiert werden.

4 Instrumente des Shareholder Value zur Steigerung des Bondholder Value

Instrumente zur Umsetzung des Shareholder Value-Konzepts sind Investor Relations, Risikomanagement und die Balanced Scorecard. Diese drei Instrumente und ihre Eignung zur Steigerung des Bondholder Value werden im Folgenden beschrieben.

4.1 Investor Relations nicht nur für Aktionäre – Auf dem Weg zu Creditor Relations

Der Erfolg des Unternehmens muss nicht nur erzielt, sondern auch an die Investoren kommuniziert werden, damit er sich auf die Kurse der Wertpapiere auswirkt. Diese Kommunikation ist die zentrale Aufgabe der Investor Relations. Viele Unternehmen haben deren Bedeutung erkannt und richten eigene Investor Relations-Abteilungen ein. Diese sind bislang hauptsächlich auf die Aktionäre ausgerichtet. Da die Bondholder eine andere Ausgangsposition besitzen und damit auch eine unterschiedliche Sichtweise einnehmen (z. B. bei Akquisitionen anderer Unternehmen), sollten ihre Belange verstärkt in die Investor Relations-Arbeit einfließen. Investor Relations werden damit auch zu Creditor Relations.

Essenziell ist dabei die rechtzeitige, regelmäßige und transparente Darstellung des Unternehmens, an der sowohl Aktionäre als auch die Bondholder in gleichem Maße interessiert sind: Die Marktteilnehmer und Analysten müssen verstehen, wie das Unternehmen arbeitet. Umgekehrt sollte das Unternehmen wissen, worauf diese Wert legen. Erfolgreiche Investor Relations-Arbeit kann zur Vertrauensbildung der Marktteilnehmer in das Unternehmen beitragen (vgl. Paul/Zieschang, 1994, S. 1486). Gleichzeitig kann der Principal-Agent-Konflikt zwischen Management und Shareholdern bzw. Bondholdern gemildert werden. Dabei kommt es auf die regelmäßige und ausführliche Berichterstattung an, welche die Vorgänge im Unternehmen verständlich machen, denn Unsicherheit bedeutet Risiko. Information kann das Risikoempfinden der Investoren mindern: Je höher die Quantität und die Qualität der von dem Unternehmen zur Verfügung gestellten Information zum Verständnis und zur Transparenz beiträgt, desto geringer sollte die „Unsicherheits"-Risikoprämie ausfallen (vgl. Abbildung 5).

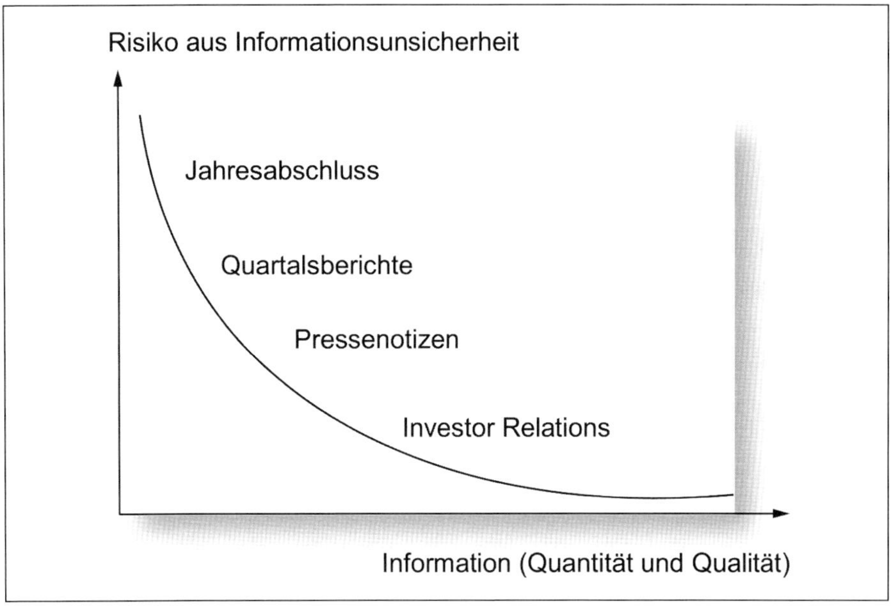

Abbildung 5: Zusammenhang zwischen Information und Risiko aus Informationsunsicherheit (Quelle: modifiziert aus Paul, 1996, S. 402)

Kontinuierliche Finanzmarktkommunikation kann sich auszahlen, denn dann können neue Aktien und Anleihen auch in schlechten Börsenzeiten platziert werden. Wünschenswert wäre eine weitere Verbesserung des Informationsflusses von Unternehmen zu Investoren, wozu auch die Aufstellung des Jahresabschlusses nach einheitlichen und damit auch international vergleichbaren Regeln, wie z. B. nach den International Accounting Standards, gehört.

4.2 Risikomanagement

Risikomanagement umfasst die Identifikation, die Quantifizierung und die Steuerung sowie die Berichterstattung und das Controlling der mit den Geschäftsaktivitäten verbundenen Risiken (vgl. Pfennig, 2000, S. 1296). Dabei kann man zwischen der Perspektive des Emittenten und derjenigen der Investoren unterscheiden. Auf der Emittentenseite existieren z. B. das Währungs- und Zinsrisiko sowie die Entwicklung der Warenpreise und Umsätze. Diese Risiken können durch Szenarioanalysen und Monte Carlo-Simulationen sichtbar gemacht werden, um das Unternehmen dafür zu sensibilisieren und um geeignete Maßnahmen zu ihrer Steuerung und Kontrolle zu treffen. Risikomanagement schafft Shareholder Value, indem sich die Unternehmensführung durch genaue Einschätzung der augenblicklichen und zukünftigen Situation vorbereiten kann und es dadurch zu einer Verringerung der Volatilität der Cashflows sowie der Eintrittswahrscheinlichkeit finanzieller Schwierigkeiten kommt (vgl. Pritsch/Hommel, 1997, S. 683). Darüber hinaus ermöglicht die proaktive Nutzung eine Verbesserung der Kapitalallokation und der Wahrnehmung unternehmerischer Chancen in Krisensituationen (vgl. Pfennig, 2000, S. 1328). Damit dient das Risikomanagement in gleicher Weise auch dem Bondholder Value.

Risikomanagement auf der Investorenseite kann durch Credit Research implementiert werden, das die Entwicklung der Emittenten von Unternehmensanleihen verfolgt. Im Mittelpunkt steht dabei die Bonitätsanalyse jedes einzelnen Unternehmens (vgl. Heilenkötter/Klein, 1999, S. 13f). Dabei wird zunächst die Branche betrachtet. Ist z. B. ein Sektor besonders sensitiv gegenüber konjunkturellen Veränderungen, so wird er von einer Abschwächung der Volkswirtschaft relativ stark betroffen. Aus diesem Grund werden zyklische Branchen tendenziell eine geringere durchschnittliche Bonität aufweisen als eher konjunkturunabhängige Branchen. Weiterhin ist die Wettbewerbssituation innerhalb der Branche von Interesse. Zu ihrer Einschätzung können Kriterien wie die Anzahl der Konkurrenten, ihr Marktanteil sowie deren Strategien und Stärken untersucht werden.

Danach rückt das einzelne Unternehmen in den Mittelpunkt. Dabei werden das Finanzrisiko, das Geschäftsrisiko sowie die konkrete Ausgestaltung der Anleihe (z. B. mit Anlegerschutzklauseln) analysiert. Um das Finanzrisiko zu ermitteln, sind vor allem Unternehmensdaten der Geschäftsberichte hilfreich. Relevant sind dabei Kennzahlen zur Verschuldung, wie z. B. zum Verschuldungsgrad und der Profitabilität des Unternehmens. Neben der absoluten Höhe des Unternehmensergebnisses und der Zahlungsströme sind auch deren Stabilität im Zeitablauf für die Bonitätseinschätzung wichtig. Stabile Erträge in der Vergangenheit, wie zum Beispiel bei Konsumgüterherstellern mit starken Markennamen, lassen tendenziell auch für die Zukunft stabilere Erträge erwarten. Zur Beurteilung des Finanzrisikos des Unternehmens gehört auch die Ausschüttungspolitik. Hohe Dividenden und Sonderausschüttungen erfreuen zwar die Aktionäre, für Gläubiger bedeuten sie jedoch verminderte Zugriffsmöglichkeiten bei einer Insolvenz.

Da Kennzahlen eher vergangenheitsorientiert sind und nur eingeschränkt Prognosen über die künftige Unternehmensentwicklung erlauben, reichen sie für eine Bonitätseinschätzung nicht aus. Um die Bonität eines Unternehmens beurteilen zu können, muss das Geschäftsrisiko genauer untersucht werden: Dazu zählen die Erfolgsfaktoren und die Wachstumspotenziale, aber besonders eventuelle Risiken, welche die künftige Zahlungsfähigkeit des Unternehmens beeinträchtigen können. Dabei interessieren Kriterien wie die Qualität der Produkte, die Innovationsfähigkeit, die Strategie des Unternehmens und die Abhängigkeiten von wichtigen Lieferanten oder Kunden. Wichtig zur Beurteilung des Geschäftsrisikos ist weiterhin die Einschätzung der Qualität und der Glaubwürdigkeit des Managements: Besondere Ereignisse, wie etwa ein Wechsel der Unternehmensstrategie, ein Unternehmenskauf oder eine Sonderausschüttung an Aktionäre, können zu einer sofortigen Veränderung der Bonitätseinschätzung des Unternehmens führen. Aus diesem Grund reicht es nicht aus, lediglich bei der Emission der Anleihe oder nach Veröffentlichungen von Geschäftsberichten Bonitätseinschätzungen durchzuführen. Um Anleger vor negativen Entwicklungen frühzeitig schützen zu können, sollten Bonitätsanalysen regelmäßig vorgenommen werden.

4.3 Balanced Scorecard

Die Balanced Scorecard, die auf (Kaplan/Norton, 1992) zurückgeht, dient zur Übertragung der Unternehmensstrategie in ein Kennzahlensystem. Mit diesen Kennzahlen kann der Erfolg der Strategieumsetzung direkt gemessen werden. Dabei sollen vergangenheits- und zukunftsorientierte Kennzahlen vereint und sowohl finanzielle als auch nichtfinanzielle Größen (z. B. Kundenzufriedenheit) integriert werden (vgl. Frick, 2000, S. 22). In der Regel wird auf die Finanzperspektive, die Kundenperspektive, die Personal- bzw. Innovationsperspektive und die Prozessperspektive abgestellt. Eine Steuerungsgröße innerhalb der Finanzperspektive könnte der Shareholder Value sein, der um eine Kennzahl zur Messung von Bondholder Value ergänzt wird. Damit wird der Bondholder Value zum unmittelbaren Bestandteil der Unternehmensstrategie.

5 Zusammenfassung und Fazit

Die Gegenüberstellung der Ausgangspositionen von Aktionären und Bondholdern zeigte, dass Letztere ihren Fokus auf die Risiken einer Investition legen, während die Chancen geringere Bedeutung besitzen.

Wegen seiner Eigenschaft als Risikopuffer sind die Bondholder an einem möglichst hohen Eigenkapitalanteil interessiert. Andererseits liegen die Kosten für Fremdkapital unter denjenigen von Eigenkapital. Daher streben Aktionäre zur Erzielung einer möglichst hohen Eigenkapitalrendite einen höheren Verschuldungsgrad an, der allerdings wiederum mit einer zunehmenden Dividendenvolatilität einhergeht. Das Konzept des Shareholder Value bezieht sich nicht nur auf eine Erhöhung des Verschuldungsgrades, sondern allgemein auf das Ziel einer höheren Kapitaleffizienz sowie das Verfolgen und der Kommunikation einer klaren Unternehmensstrategie. Damit steht es im Einklang mit dem Bondholder Value.

Die Wirkung von Aktienrückkäufen auf den Bondholder Value kann nicht eindeutig beantwortet werden. Obwohl die Gefahr des Vermögenstransfers von Gläubigern zu Aktionären besteht, kann ein gestiegener Aktienkurs z. B. die Übernahme des Unternehmens durch ein anderes verhindern. Empirische Untersuchungen liefern widersprüchliche Ergebnisse.

Wiederum motiviert durch ihre unterschiedliche Ausgangssituation legen Aktionäre Wert auf riskantere Investitionen. Dazu gehören z. B. fremdfinanzierte Übernahmen anderer Unternehmen, welche die Schuldenquote deutlich nach oben drücken. Das gestiegene Risiko spiegelt sich dann in zunehmenden Refinanzierungskosten des Emittenten bei erneuter Inanspruchnahme des Kapitalmarktes wider. Längerfristig sinkt damit auch der Shareholder Value. Akquisitionen, um den Emittenten wettbewerbsfähig zu halten, liegen auch im Interesse der Bondholder. Jedoch sollten sie vorsichtig finanziert sein.

Langfristig besteht weitgehend Zielkongruenz zwischen Shareholdern und Bondholdern. Dies drückt sich auch dadurch aus, dass Instrumente des Shareholder Value (Investor bzw. Creditor Relations, Risikomanagement, Balanced Scorecard) auch zur Steigerung des Bondholder Value genutzt werden können. Daher ergibt es keinen Sinn, kurzfristige Maximierung des Aktienwertes auf Kosten der Gläubiger zu betreiben. Diese Tatsache sollte noch stärker in das Bewusstsein der Akteure auf dem Kapitalmarkt rücken.

6 Literatur

Barclay, M.; Smith, C.; Watts, R. (1995): The Determinants of Corporate Leverage and Dividend Policies; in: Journal of Applied Corporate Finance, Winter 1995, S. 4–19.

Behrenwaldt, U. (1996): Funktionen des Rating für Anleger, in: Büschgen, H.E.; Everling, O. (Hrsg.): Handbuch Rating, Wiesbaden.

Bessler, W.; Thies, S. (2000): Kapitalstruktur, Kapitalkosten und Informationseffekte, in: Achleitner, A.-K.; Thoma, G.F.: Handbook Corporate Finance, Kapitel 3.4.

Black, A.; Wright, P.; Bachman, J.E. (1998): Shareholder Value für Manager, Frankfurt/New York.

Brealey, R.A.; Myers, S.C. (2000): Principles of Corporate Finance, 6. Auflage.

Bühner, R. (1993): Shareholder Value, in: Die Betriebswirtschaft, S. 749–769.

Dhillon, U.; Johnsson, H, (1994): The Effect of Dividend Changes on Stock and Bond Prices, in: Journal of Finance, Vol. 49, S. 281–289.

Frick, I. (2000): Visionen und strategische Ziele sind messbare Größen des Erfolgs, in: Industrieanzeiger, Heft 45, S. 22–25.

Handjinicolaou, G.; Kalay, A. (1984): Wealth Redistributions or Changes in Firm Value: An Analysis of Returns to Bondholders and Stockholders around Dividend Announcements, in: Journal of Financial Economics, Vol. 13, S. 35–63.

Harris, M.; Raviv, A. (1991): The Theory of Capital Structure; in: Journal of Finance, Vol. 46, S. 297–355.

Heilenkötter, A.; Klein, C. (1999): Unternehmensanleihen – neue attraktive Anlagechancen, Deutsche Bank Private Banking, Sonderpublikation, Juni 1999.

Heinke, V. (1998): Bonitätsrisiko und Credit Rating festverzinslicher Wertpapiere, Bad Soden/Ts.

Huber, C.; Kaiser, H.; Klein, C. (2001a): High Yield-Anleihen – Eine attraktive Depotbeimischung für Privatanleger, Deutsche Bank Private Banking, ASP Analysetools.

Huber, C.; Kaiser, H.; Klein, C. (2001b): Analysis and Evaluation of Corporate Bonds, in: Economic & Financial Review, Vol. 8, No. 1, Spring 2001, S. 3–44.

Jaffee, D.M. (1975): Cyclical Variations in the Risk Structure of Interest Rates, in: Journal of Monetary Economics, Vol. 1, S. 309–325.

Kaiser, H.; Heilenkötter, A.; Herrmann, M.; Krämer, W. (1999): Der Euro-Kapitalmarkt, Wiesbaden.

Kalay, A. (1982): Stockholder-Bondholder Conflict and Dividend Constraints, in: Journal of Financial Economics, Vol. 10, S. 211–233.

Kaplan, R.S.; Norton, D.P. (1992): The Balanced Scorecard, Harvard Business School Press.

Klock, M.; Maxwell, W. (2000): Do Large Dividend Changes Convey Information or Appropriate Wealth? Evidence from the Noninvestement Grade Bond Market; Working Paper, Texas Tech University.

Krämer, W. (2001): Shareholder und Bondholder – Ein grundsätzlicher Antagonismus?, Lazard Asset Management, Frankfurt und Hamburg.

Mansi, S.A.; Reeb, D.M. (2001): Corporate Conglomeration: Where does the Wealth go?, Working Paper, Donahue School of Business, February 2001.

Maxwell, W.F.; Stephens, C.P. (2001): The Wealth Effects of Repurchases on Bondholders; Working Paper.

Opler, T.C.; Saron, M.; Titman, S. (1997): Designing Capital Structure to create Shareholder Value, in: Journal of Applied Corporate Finance, Vol. 10, Nr. 1, S. 21–32.

Paul, W.; Zieschang, M. (1994): Wirkungsweise der Investor Relations, in: Die Betriebswirtschaft, Heft 30, S. 1485–1487.

Paul, W. (1996): Rating als Instrument des Finanzmarketing; in: Büschgen, H.E.; Everling, O. (Hrsg.): Handbuch Rating, Wiesbaden.

Pfennig, M. (2000): Shareholder Value durch unternehmensweites Risikomanagement, in: Johanning, L.; Rudolph, B. (Hrsg.): Handbuch Risikomanagement, Band 2, S. 1295–1332.

Pritsch, G.; Hommel, U. (1997): Hedging im Sinne des Aktionärs, in: Die Betriebswirtschaft, 57. Jahrgang, Nr. 5, S. 672–693.

Ramb, F. (2000): Verschuldungsstrukturen im Vergleich – Eine Analyse europäischer Unternehmen; in: Kredit und Kapital, Heft 1, S. 1–38.

Rappaport, A. (1999): Shareholder Value. Ein Handbuch für Manager und Investoren, Stuttgart.

Smith, C.W.; Warner, J.B. (1979): On Financial Contracting: An Analysis of Bond Covenants, in: Journal of Financial Economics, Vol. 7, S. 117–161.

Utzig, S. (1999): Shareholder versus Bondholder – Partner oder Konkurrenten?, in: Die Bank, Heft 7/99, S. 468–471.

Van Horne, J.C. (1970): Function and Analysis of Capital Market Rates, N.J., Prentice-Hall.

Volk, B.; Fischer, F. (2001): Aktienrückkauf aus Sicht der Bondholder, in: Börsen-Zeitung, 23.03.2001, S. 4.

Weiss, H.-J.; Heiden, M. (2000): Shareholder und Bondholder – Zwei Welten oder Partner?, in: Betriebs-Berater, 55. Jahrgang, Heft 1, S. 35–39.

Welch, I. (1996): A Primer on Capital Structure; Working Paper, University of California.

Woolridge, R. (1983): Dividend Changes and Securuity Prices, in: Journal of Finance, Vol. 38, S. 1607–1615.

Corporate Bond Communication

Peter Saß/Elmar Zurek

1 Einleitung

Der europäische Corporate Bond Markt hat in den letzten Jahren eine explosionsartige Entwicklung genommen. Vor der Einführung des Euros als gemeinsame Währung in Europa fanden Emissionen von Unternehmensanleihen nur sporadisch statt. Diese wurden im Rahmen der DM-Auslandsanleihen begeben. Ein klar definierter Markt für diese Papiere existierte nicht, sie wurden mit supranationalen Anleihen (z. B. von der Weltbank), Emissionen von Staaten (z. B. Schweden) und sogar Pfandbriefen verglichen.

Eine systematische Creditanalyse fand faktisch nicht statt. Ebenso wenig besaßen gerade deutsche Emittenten ein Rating. Auch auf Seiten der Banken gab es kein explizites Credit Research. Die Emission und der Handel von Corporate Bonds fand also eher zufällig und situationsgetrieben statt.

Folglich gab es praktisch keinerlei direkten Kontakt zwischen Unternehmen und Investoren. Die heute bekannten Roadshows, E-Mails und Credit Research Updates gab es nicht. Viele Unternehmen haben noch nicht einmal außerhalb ihrer offiziellen jährlichen Hauptversammlung über die Unternehmensentwicklung informiert.

Von diesem Stand ausgehend hat sich schon viel verbessert, wie nachfolgend beschrieben wird.

Allerdings ist bei vielen Unternehmen gerade die Creditor Relations noch verbesserungswürdig.

Im Folgenden geben wir einen Überblick über das Marktumfeld, die Emission einer Unternehmensanleihe und deren Handel im Sekundärmarkt in Hinblick auf die im jeweiligen Stadium stattfindende Kommunikation zwischen den beteiligten Parteien. Des Weiteren untersuchen wir die Informationsbeschaffung durch externe Quellen (z. B. Rating-Agenturen) und geben Hinweise, wie die Corporate Bond Communication insbesondere im Sinne der Anleger verbessert werden kann.

2 Corporate Bond Communication bei Neuemissionen

In der Regel findet der erste Kontakt zwischen Unternehmen und Investor bei der (erstmaligen) Begebung einer Anleihe statt. Im Folgenden wird dargestellt, wie eine

Neuemission im Einzelnen abläuft und welche Kontakte sich zwischen Unternehmen und potenziellem Käufer entwickeln.

2.1 Marktumfeld

In den letzten Jahren hat sich der Markt für Unternehmensanleihen in Europa sprunghaft erweitert.

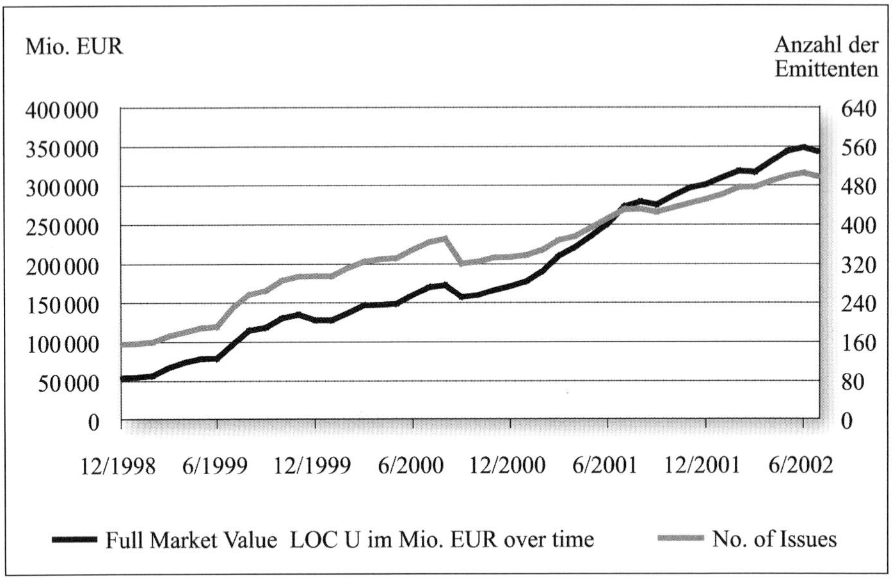

Abbildung 1: Unternehmensanleihen in Europa (Quelle: JPMorgan)

Dies hängt zum einen mit der Einführung des Euros ab, durch den die bisher durch die unterschiedliche Währung getrennten nationalen Märkte zusammengeführt wurden, zum anderen durch die sich verändernde Rolle der Banken.

Der größere gemeinsame Währungsraum erlaubt es nun den Unternehmen, größere Volumina in einer Währung aufzulegen, da nun mehr Investoren unmittelbar angesprochen werden können. Außerdem besteht kein Währungssicherungsbedarf mehr.

Durch die gestiegenen Anforderungen an die effiziente Verwendung des Eigenkapitals waren die Banken auf der anderen Seite gezwungen, ihre bisherige Kreditvergabepraxis zu überdenken. Gerade in Deutschland haben sich Firmen traditionell über (syndizierte) Kredite ihrer Hausbanken finanziert und brauchten daher den Kapitalmarkt nicht in Anspruch zu nehmen.

Nun sind die Banken zunehmend daran interessiert, Kreditrisiken in den Büchern zu beschränken und gleichzeitig margenschwache Großkredite zurückzufahren. Darüber hinaus bietet das Anleihenemissionsgeschäft zusätzlich die Möglichkeit, (fast) risikolos Provisionseinnahmen zu erzielen. Spätestens mit der Einführung der neuen Eigenkapitalanrechnungsvorschriften (Basel II) wird sich diese Tendenz noch verstärken, da dort vorgesehen ist, Darlehen an Unternehmen tendenziell mit mehr Eigenkapital zu unterlegen.

Auf der anderen Seite steht jedoch das ebenfalls stark gewachsene Interesse der Anleger an Corporate Bonds. Zum einen bieten sie eine gute Diversifikationsmöglichkeit, zum anderen haben sie durchweg eine höhere Rendite als Staatsanleihen.

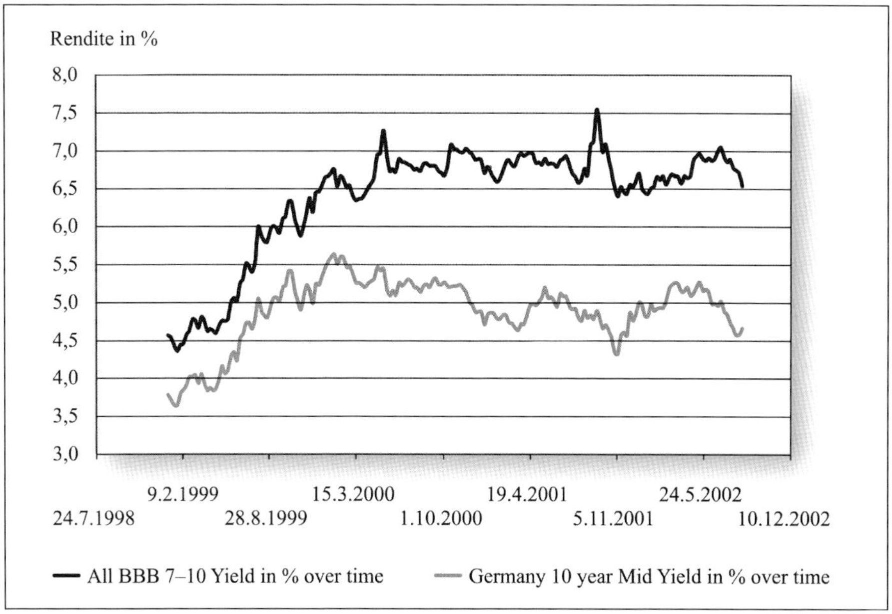

Abbildung 2: Renditen von Corporate Bonds (Quelle: JPMorgan)

Die erhebliche Nachfrage führt auf Seiten der Fondsgesellschaften zur Auflage spezieller Corporate Bond Fonds, welche bereits ein erhebliches Volumen aufweisen.

2.2 Erste Ansprache durch den Broker

Unternehmen und Investoren treten nicht direkt miteinander in Kontakt, sondern es wird eine Bank als Mittler dazwischengeschaltet. Innerhalb der Bank teilen sich zwei Abteilungen diese Aufgabe: „Origination“ als Betreuer der Firmen und „Sales“ als Kontaktstelle zur Anlegerseite.

Generell geht die Initiative zur Begebung einer Anleihe von der emittierenden Seite aus. Das heißt, dass das Unternehmen der Bank einen Kapitalbedarf signalisiert, welchen diese dann in Zusammenarbeit von Origination und Sales zu befriedigen sucht. Es ist allerdings auch nicht selten, dass Origination die Firmen auf eine günstige Situation am Kapitalmarkt anspricht, um so Aufträge (gleich Anleiheemissionen) zu generieren. Besonders bei Emittenten mit hohem permanenten Kapitalbedarf wie z. B. der Deutschen Telekom ist diese eher opportunistische Praktik häufiger anzutreffen.

Aber es kommt auch vor, dass Kapitalanleger den ersten Schritt tun, wenn sie beispielsweise eine maßgeschneiderte Anlage suchen, welche derzeit am Markt nicht verfügbar ist. Dann wird die Bank versuchen, diesen Wunsch über die Emission aus einem MTN-Programm eines Unternehmens zu erfüllen. Das Unternehmen hat hier oft eine günstigere Refinanzierung.

Betrachten wir aber den gängigen Fall der Ansprache der Investoren durch den Broker zwecks Emission einer Anleihe. Zuerst wird die Sales-Abteilung herauszufinden versuchen, ob der Schuldner an sich und welche Konditionen (Laufzeit, Rendite, Volumen) beim Kunden überhaupt Interesse wecken könnten. Kommt genügend Potenzial zusammen, wird die Sache konkreter, d. h. die Bank wird dem potenziellen Emittenten Möglichkeiten zur Emission vorschlagen und eine Roadshow vorbereiten.

2.3 Roadshow-Präsentation und die Bedeutung von Covenants

Die Roadshow ist der erste direkte Kontakt zwischen Unternehmen und Investoren. Sie führt den potenziellen Emittenten in zeitlich gedrängter Form durch alle wichtigen Finanzzentren. Hier präsentiert das Unternehmen sich selbst, stellt seine Geschäftsfelder und Strategien vor und bespricht die finanziellen Kennzahlen. Die Investoren haben die Möglichkeit, unklare Punkte anzusprechen und eventuelle

Wünsche bezüglich der Konditionen (bezüglich der Covenants siehe unten) zu äußern.

Allerdings läuft eine Roadshow sehr unterschiedlich ab und behandelt nicht alle Investoren gleich. Während die meisten Investoren nur zu einer gemeinschaftlichen zentralen (Lunch-)präsentation eingeladen werden, wo nur wenig direkter Kontakt zu den Vertretern der Firmen besteht, haben Großinvestoren wie die DWS das Privileg, so genannte One-to-Ones zu bekommen. Das heißt, dass die Firmenrepräsentanten die Kapitalgeber in deren Geschäftsräumen besuchen und dort die Präsentation halten. Natürlich sind hierbei wesentlich mehr und detailliertere Fragen möglich als bei der zentralen Veranstaltung. Meistens kommt eine regelrechte Diskussion über das Unternehmen und seine Strategie in Gang. Da zugleich nur ranghohe Mitarbeiter der Firma auf Roadshow gehen (meist der Treasurer oder Finanzvorstand), hat der Investor gleichzeitig die Möglichkeit, sich von der Kompetenz der Entscheidungsträger ein Bild zu machen. Diese wiederum bekommen unmittelbares Feedback, wie ihre potenzielle Anleihe im Markt aufgenommen wird.

Bezüglich der Konditionen hat sich seit ca. zwei Jahren eine Besonderheit herausgebildet, die einen Bond einem Kredit in Bezug auf die Sicherheit ähnlicher werden lässt. Es handelt sich hierbei um die Covenants (Sicherheiten für Investoren). Diese stellen meistens während der Roadshow den Gegenstand der Verhandlungen zwischen Emittent und Abnehmer dar, denn die anderen Konditionen werden in der Zeichnungsphase festgelegt. Covenants sollen den Investoren vor Bonitätsverschlechterungen seiner erworbenen Anleihe schützen, sie umfassen z. B. erhöhten Kupon bei Rating-Verschlechterung (so genannter Step-up) oder Verbot des Verkaufes von Firmenteilen. Wichtig sind auch solche Covenants, welche verhindern, dass der Emittent später Anleihen mit besserer Besicherung herausgibt.

Je nachdem, wie gut die Resonanz bisher auf die Neuemission war, ist der Anleiheschuldner mehr oder weniger bereit, solchen Schutzklauseln zuzustimmen. Es hat sich aber gezeigt, dass im Zuge der One-to-One-Diskussion viele, vor allem deutsche Emittenten sich überzeugen lassen und so ihre Anleihe erfolgreich am Markt platzieren. So hat die mg technologies auf unseren Hinweis hin einen Step-up Kupon eingeräumt, was die Anleihe mit Rating BBB– (unterste Stufe Investment Grade) deutlich attraktiver machte.

Covenants sind also ein gutes Beispiel für direkte Verhandlungen zwischen Unternehmen und Investoren, wie es sie sonst nur bei Krediten gibt.

2.4 Bond-Syndikat und die erste Marktphase des Bonds

2.4.1 Zuteilungsprozess

Nach Beendigung der Roadhow wird das Buch für die Zeichnung der Anleihe gebildet. Aufbauend auf dem Feedback der Präsentation werden die Konditionen konkretisiert, d. h. insbesondere die Laufzeit und die Rendite (bzw. besser der Spread der Emission über Bundesanleihen oder Swaps) werden grob vorgegeben.

Die Anleger haben nun die Möglichkeit, ihr Zeichnungsinteresse zu bekunden und einen begrenzten Einfluss auf den Spread (innerhalb weniger Basispunkte) auszuüben. Angeheizt durch die Sales-Gruppe, deren Erfolg in der Platzierung der Anleihe liegt, baut sich meist relativ schnell ein Zeichnungsvolumen auf, welches die Emissionsgröße oft deutlicher übersteigt.

Zu beachten ist, dass während dieser Phase der Emittent über den Fortgang der Emission permanent auf dem Laufenden gehalten wird, aber kein direkter Kontakt mehr zum Kunden besteht.

Sind genügend feste Zeichnungen eingegangen, wird das Buch geschlossen und die Zuteilung beginnt. Hier wird von dem emissionsführenden Konsortium eine möglichst gute Platzierung angestrebt, d. h. die Anleihe soll in langfristig investierende Hände gelegt werden. Eine gewisse regionale Streuung ist ebenfalls von Vorteil. Bei der Zuteilung nimmt das Unternehmen manchmal auch direkten Einfluss, wobei auch Eindrücke aus den One-to-One-Gesprächen eine Rolle spielen.

Besonders Kapitalanlagegesellschaften und Versicherungen versuchen in dieser Phase, ebenfalls Einfluss zu nehmen und so ihr Zuteilungsvolumen zu erhöhen. Wiederum ist interessant, dass immer der Broker dazwischengeschaltet ist, also kein direkter Kontakt zwischen Unternehmen und Käufer besteht. Es wäre manchmal wünschenswert, dies wäre anders, würde aber auch einen immensen organisatorischen Aufwand bedeuten, da die Anzahl der interessierten Zeichner oft in die Hunderte geht.

2.4.2 Performance des Bonds in den ersten Handelstagen

Offensichtlich sind alle beteiligten Parteien (Emittent, Broker, Zeichner) an einer guten Wertentwicklung der Anleihe speziell in der ersten Phase nach Begebung interessiert. Der Emittent möchte für weitere Emissionen in guter Erinnerung bleiben, der Broker weitere Geschäfte mit Schuldnern und Kunden machen und der Käufer braucht Performance. Deshalb hält der Broker beide anderen Gruppen über die Entwicklung der Anleihe in den ersten Tagen permanent auf dem Laufenden. Dabei hat er Folgendes zu beachten: Läuft der Bond zu gut, könnte der Emittent verärgert sein, da er glaubt, zu viel Zinsen zu bezahlen. Außerdem könnten die Käufer versucht sein, Gewinne mitzunehmen und so das Ziel der langfristigen Platzierung unterlaufen. Also versucht die Bank, den Bondkurs zu steuern, indem sie den Eigenbestand marktglättend einsetzt.

Wiederum ist zu bemerken, dass kein Kontakt zwischen Gläubiger und Schuldner stattfindet, obwohl dies doch die beiden interessierten Parteien sind.

3 Corporate Bond Communication im Sekundärmarkt

Nach dem Debüt des Bonds am Primärmarkt geht die Anleihe in den Sekundärmarkt über. Unter Sekundärmarkt ist der Markt unter Banken, Brokern und institutionellen Anlegern zu verstehen, die die Anleihe handeln. Aktive Investoren sind dabei besonders daran interessiert, dass der Bond liquide ist, d. h., es muss möglich sein, zumindest in normalen Marktsituationen, die Anleihe zu kaufen und – noch wichtiger – auch wieder verkaufen zu können. Es hat sich herauskristallisiert, dass besonders in schwierigen Marktphasen vor allem das Verkaufen von Anleihen eine Herausforderung darstellt.

Der Sekundärmarkt gliedert sich in zwei Teilmärkte. Dabei gilt als Trennungslinie die Rating-Stufe BBB–. Ab einem Rating von BBB– und besser gehört ein Wertpapier dem so genannten Investment Grade-Markt für Anleihen besserer Qualität an. Liegt das Rating des Bonds hingegen unterhalb dieser Bonitätseinstufung, so findet sich die Anleihe im High Yield Markt (in den USA so genannter Junk Bond Market) wieder.

3.1 Regelmäßiger Informationsfluss

Ein Grundprinzip des erfolgreichen Auftritts am Kapitalmarkt ist das rechtzeitige und vollständige Informieren der Marktteilnehmer. In der Empirie hat sich herausgestellt, dass Unternehmen, die unregelmäßig, selten oder schlecht informieren, ein schwächeres Standing am Markt entwickelten als Unternehmen, die regelmäßig zu den Quartalszahlen den Markt informieren und umfassend erörtern, was bisher erreicht wurde und wie der Ausblick für das nächste Quartal und das kommende Jahr ist. Ein Beispiel für schlechte Corporate Bond Communication ist die Firma Stagecoach PLC. Dieses Unternehmen bietet öffentlichen Personennahverkehr im Vereinigten Königreich und den USA an. Es gibt zwar eine gewisse Corporate Bond Communication, trotzdem verweigert das Unternehmen die Kommunikation mit dem Kapitalmarkt in den so genannten Quiet Periods. Während dieser Zeit wird die Anleihe des Unternehmens führungslos den Kräften des Marktes ausgesetzt. Dadurch geht viel Vertrauen in das Unternehmen verloren, und man kann sagen, dass ein Teufelskreis in Gang gesetzt wird, der den Wert der Anleihe immer weiter nach unten zieht. Die Rating-Historie dieses Unternehmens spricht für sich und macht deutlich wie bedeutsam die richtige Kommunikation mit dem Markt ist. Es gibt weitere Beispiele für unzureichende Corporate Bond Communication: Die Firma Ahold N.V., einer der weltweit größten Lebensmittelhändler, betreibt an sich eine sehr gute Informationspolitik. Das Unternehmen hat sich allerdings in der Vergangenheit einige grobe Fehler erlaubt. So wurde während der Präsentation eines Quartalsberichtes versichert, dass keine weiteren größeren Akquisitionen geplant seien. Schon einen Tag später verkündete jedoch das gleiche Unternehmen eine weitere Akquisition mit einem Volumen im Milliarden-Euro-Bereich. So etwas darf nicht passieren, denn die Investoren werden sich für sehr lange Zeit an einen solchen Vorgang erinnern (siehe hierzu auch Abschnitt 3.2.1).

Um regelmäßige Informationen zu transportieren, bieten sich mehrere Medien an. Die oben erwähnten Quartalsberichte werden in der klassischen Form per gelber Post versandt. Diese Form ist wichtig wird aber immer mehr durch den Internetauftritt, und hier insbesondere den E-Mail-Dienst, in den Hintergrund gedrängt.

3.1.1 Internetauftritt von Unternehmen

Neben vielen anderen Möglichkeiten, die interessierten Stakeholder zu informieren, hat sich das Internet als besonders effizient erwiesen. In der heutigen Zeit ist ein Unternehmen ohne eigene Website nicht mehr denkbar. Die Website sollte so eingerichtet sein, dass nicht nur auf eigene Produkte hingewiesen wird, sondern es dem Finanzanalysten innerhalb einer angemessenen Frist ermöglicht wird, sich einen „true and fair view" über das Unternehmen zu verschaffen. Unter der Rubrik Investor Relations sollten mindestens die Quartalsberichte der letzten vollen zwei Geschäftsjahre sowie die Jahresberichte der letzten drei Jahre hinterlegt sein. Präsentationen von Quartalsberichten und Hauptversammlungen sollten ebenfalls abrufbar sein. Des Weiteren können hier unternehmensspezifische Neuigkeiten in so genannten Investorenbriefen veröffentlicht und archiviert werden.

3.1.2 E-Mail-Ansprache

Neben dem in Abschnitt 3.1.1 beschriebenen, eher passiven Einstellen von Informationen ins Netz ist die elegantere Form der Ansprache das Anbieten eines so genannten E-Mail-Services zu den jeweiligen Ereignissen des Unternehmens. So kann sich der interessierte Analyst auf der Unternehmenswebsite eintragen und sich Finanzinformationen wie Quartalsberichte, Jahresberichte und Präsentationen direkt zumailen lassen. Der Vorteil dieser Variante liegt auf der Hand: Da das Unternehmen die E-Mail-Adressen der interessierten Stakeholder erhält und diese gezielt ansprechen kann, werden somit kaum mehr Streuverluste auftreten. Ganz nebenbei wird die sicherlich in Europa stärker in den Vordergrund tretende Insiderproblematik von vornherein weitestgehend vermieden. Beispiele für einen guten Internetauftritt stellen die großen drei Automobilkonzerne DaimlerChrysler, GM und Ford dar.

3.1.3 Non-Deal Roadshow

Eine so genannte Non-Deal Roadshow stellt ein weiteres Medium der Corporate Bond Communication dar. Bei dieser Art der Roadshow steht nicht die Neuemission einer weiteren Anleihe im Vordergrund, sondern die bisherige und zukünftige Entwicklung des Unternehmens im Verlauf des Jahres. Auf der Non-Deal Roadshow kann sich der Analyst direkt beim Finanzvorstand informieren und offene Fragen klären. Die Non-Deal Roadshow vertieft die Beziehung zwischen der Unternehmensführung und dem Investorenkreis. Ziel der Roadshow ist es nicht, eine neue Anleihe zu verkaufen, sondern zu informieren und Vertrauen weiter aufzubauen.

Im weitesten Sinne können auch Unternehmensbesuche unter die Kategorie Non-Deal Roadshow eingeordnet werden. Dabei lädt das Unternehmen die Stakeholder ein und präsentiert das Unternehmen vor Ort. Ein Unternehmensbesuch sollte von dem Unternehmen so ablaufen, dass zunächst das Unternehmen per Vortrag, Film etc. vorgestellt wird, wobei verschiedene Aspekte des letzten Quartalsberichts nochmals diskutiert werden können und offene Fragen geklärt werden können. Somit ist wichtig, dass bei diesen „Events" auch kompetente Ansprechpartner seitens des Unternehmens zur Verfügung stehen. Nach der Unternehmenspräsentation sollte sich dann eine Führung durch die wesentlichen Produktionsstätten des Unternehmens anschließen. Als Abrundung des Programms kann ein Produkttest angeboten werden.

3.1.4 Sell-Side Research

Unter Sell-Side Research versteht man Studien, die von Brokern über Emittenten erarbeitet werden. Diese Studien werden sehr oft in Begleitung einer Neuemission veröffentlicht. Potenzielle Investoren legen Wert darauf, dass eine Studie kein einmaliges Ereignis bleibt, sondern dass es bei jedem Quartalsbericht eine Neuauflage der Studie und auch der darin veröffentlichten Meinung gibt. Professionelle Investoren sind sich sehr wohl des Beziehungsgeflechts am Kapitalmarkt bewusst, wenn sie eine Studie von der Sell-Side in Händen halten. Trotzdem oder gerade deshalb sollte ein Unternehmen versuchen, frühzeitig mit den Sell-Side-Analysten in Kontakt zu treten und diese als Multiplikatoren zu nutzen. Im Idealfall ist der Sell-Side-Analyst beim ersten Unternehmensbesuch des Origination-Teams mit vor Ort und hat schon die Möglichkeit, erste Fragen zu klären.

Von der Sell-Side werden auch so genannte branchenspezifische Investorenkonferenzen angeboten. Der Vorteil dieser Konferenzen liegt auf der Hand: Investoren können an zwei bis drei Tagen eine Vielzahl von Emittenten treffen und sich einen Überblick über die Branche verschaffen. Für Emittenten liegt der Vorteil darin, dass sie sich einen Überblick über den Investment Markt machen können und ebenfalls innerhalb einer kurzen Zeit viele (potenzielle) Investoren kennen lernen und informieren können.

3.2 Informationsfluss bei besonderen Anlässen

Die Informationspolitik bei besonderen Anlässen kann für das Unternehmen von fundamentaler Bedeutung sein. Unter besonderen Anlässen versteht man Ereignisse, die den Fortgang des Unternehmens wesentlich beeinflussen. Beispiele hierfür sind Mergers & Acquisitions, Rating-Änderungen, Krisensituationen, aber auch schon allgemeine starke Marktvolatilitäten.

3.2.1 Mergers & Acquisitions

Die Thematik Mergers & Acquisitions (M&A) könnte einen eigenen Aufsatz füllen. Hier sollen deshalb die wichtigsten Punkte erörtert werden, die bei der Kommunikation mit den Marktteilnehmern Beachtung finden sollten.

Wie in dem Fall der Firma Ahold N.V. (Abschnitt 3.1) beschrieben, sind Kommunikations-inkongruenzen auf jeden Fall zu vermeiden. Es kann nicht sein, dass in einer

Präsentation dem Auditorium versichert wird, dass keine weiteren Akquisitionen geplant sind und schon am nächsten Tag eine Akquisition im Milliardenbereich bekannt gegeben wird. Eine elegantere Lösung wäre gewesen, die Bekanntgabe der Akquisition einen Tag nach vorne zu verlegen, also in die Präsentation mit einzubeziehen.

Bei Mergers gilt die Regel, den Markt so früh wie möglich zu informieren, natürlich unter Einhaltung der notwendigen Diskretion im Vorfeld, die unbedingt notwendig ist, um im M&A-Geschäft bestehen zu können.

3.2.2 Rating Actions

Rating Actions werden in aller Regel von den Rating-Agenturen bekannt gegeben und veröffentlicht. Der Corporate Bond Markt hat die Rating-Agenturen Standard&Poor's und Moody's als die beiden wichtigsten weltweit aufgestellten Agenturen anerkannt. Auch die Agentur Fitch IBCA hat sich im internationalen Umfeld einen guten Namen erarbeitet. Neben den bereits Genannten gibt es noch eine Reihe regionaler Agenturen.

Wenn eine Rating-Agentur eine Änderung des Ausblicks (Outlook) oder gar des Ratings bekannt gibt, so kann man immer wieder beobachten, dass von verschiedenen Seiten die eine oder auch andere Maßnahme auf wenig Verständnis stößt (dies ist meist bei Herabstufungen der Fall.) Ein Unternehmen kann sicherlich versuchen, in der Öffentlichkeit darzulegen, warum man mit dem momentanen Rating nicht einverstanden ist und was man zu tun gedenkt, um in die gewünschte Rating-Kategorie zu gelangen. Einen eher schlechten Eindruck hinterlässt der in Präsentationen oft gehörte Satz: „Diese Rating-Agentur bzw. dieser Analyst einer Rating-Agentur hat überhaupt keine Ahnung und ist eigentlich viel zu unerfahren, um unser Unternehmen zu beurteilen." Selbst wenn die individuelle Wahrnehmung des Sprechers eines Unternehmens dieser Behauptung nahe kommen mag, so lässt diese Äußerung in einer Q&A-Session doch eher Schwäche zeigen und vermittelt dem Buy-Side Credit-Analysten, dass nicht das Unternehmen mit dem Analysten der Agentur ein Problem hat, sondern es dem Unternehmen nicht möglich war, die Credit Story so zu vermitteln, dass ein für alle Seiten zufriedenstellendes Credit Rating entstehen konnte. Es ist nämlich Aufgabe des Unternehmens, dem Rating-Analysten das Unternehmen genau zu erklären und sich wiederum den Rating-Prozess auch genau erklären zu lassen. Mit anderen Worten: Wenn sich ein Unternehmen über sein Rating beschwert, so hat es irgendwo einen Fehler in der Kommunikation mit der Rating-Agentur gemacht und nicht umgekehrt.

3.2.3 Marktvolatilität

Jedes börsennotierte Unternehmen wird täglich durch Angebot und Nachfrage an den Finanzmärkten bewertet. In Zeiten, in denen die Meinungen der Marktteilnehmer weit auseinander liegen, kann diese Bewertung sehr starken Schwankungen ausgesetzt sein. Ein Grund dafür ist, dass Informationen über das jeweilige Unternehmen unterschiedlich interpretiert werden. Oft genügen auch schon Informationen eines Unternehmens aus der gleichen, der vor- oder nachgelagerten Branche, um die Bewertungen zu ändern.

In einer solchen Marktsituation kann es für das Unternehmen sinnvoll sein, verstärkt mit den Investoren in Kontakt zu treten und darzulegen, wie das Unternehmen den Zugang zu den Finanzmärkten offen halten will und wie es die aktuelle Lage einschätzt (z. B. ob man an den ursprünglichen Plänen festhalten kann oder nicht). Eine offene Kommunikation in volatilen Marktphasen kann ein Unternehmen vor dem Schlimmsten bewahren. Ein Beispiel hierfür sind die drei großen amerikanischen Automobilhersteller, die in Krisenzeiten zusätzliche Investoren-Calls veranstalten.[1]

4 Exkurs: Informationsbeschaffung mit Hilfe von Rating-Agenturen

Rating-Agenturen sind wichtige Infomationsquellen und erleichtern durch ihre Art der Informationsaufbereitung den Investmentprozess von (großen) Kapitalanlagegesellschaften. Die mittelständischen Unternehmen sehen sich vor die Kosten-Nutzen-Überlegung gestellt, die ein Rating mit sich bringen kann. Dabei sollte die langfristige, strategische Zielsetzung und der damit zusammenhängende Kapitalbedarf der Unternehmung in Betracht gezogen werden. Sich für ein Rating zu entscheiden, macht vor allem dann Sinn, wenn geplant ist, regelmäßig (etwa einmal pro Jahr) mit Volumina von 1 Mrd. EUR oder mehr am Kapitalmarkt vorstellig zu werden.[2]

KAGs bilden sich in der Regel eine eigene Meinung zu den Unternehmen, in die sie investieren. Die Rating-Meinung einer Agentur gibt allerdings schon eine erste Richtung vor. Vor allem bei Neuemissionen stellt die Rating-Meinung eine wichtige Kenngröße dar. Außerdem wird anhand des Ratings schon vorentschieden, welche Teams innerhalb einer KAG sich um den jeweiligen Emittenten kümmern. Es handelt sich hierbei um die schon erwähnte Grenze zwischen Investment Grade und Non-Investment Grade.

S & P	Moody's	Definitionen	
AAA	Aaa	beste Bonität, niedrigstes Ausfallrisiko	Investment Grade
AA+ AA AA–	Aa1 Aa2 Aa3	hohe Bonität, wenig höheres Ausfallrisiko als bei AAA	
A+ A A–	A1 A2 A3	gute bis über Durchschnit liegende Bonität unter Durchschnitt liegendes Risiko	
BBB+ BBB	Baa1 Baa2	befriedigende durchschnittliche Bonität durchschnittliches Risiko	
BBB–	Baa3	noch befriedigende Bonität, noch befriedigendes, aber schon erhöhtes Risiko	
BB+ BB	Ba1 Ba2	Bonität ausreichend, vertretbares Risiko, erste spekulative Elemente	High Yield
BB–	Ba3	spekulative Elemente, gerade noch ausreichende Bonität, hohes aber noch vertretbares Risiko	
B+ B	B1 B2	Zins und Tilgungszahlungen über einen längeren Zeitraum fraglich, Gefahr der Leistungsstörung gegeben, Intensivbetreuung angezeigt	
B–	B3	Leistungsstörung zu erwarten, Intensivbetreuung erforderlich	
CCC CC C	Caa Caa C	höchst spekulativ, Leistungsstörung ist gegeben, höchstes Ausfallrisiko	
D		Insolvenzfall ist eingetreten	

Abbildung 3: Rating-Klassen (Quelle: S&P; Moody's, DWS-GmbH)

Bis vor wenigen Jahren war es noch möglich, ohne Rating am Kapitalmarkt zu debütieren: Diese Möglichkeit ist heute faktisch nicht mehr gegeben, weil die großen KAGs ein Rating voraussetzen, bevor ein Emittent überhaupt näher betrachtet wird. Die KAGs sind ihrerseits wiederum den Kunden verpflichtet und wollen sich nicht der Kritik aussetzen, nicht alle zur Verfügung stehenden Informationsquellen genutzt zu haben.

Mit Hilfe der Rating-Agenturen verschaffen sich KAGs nicht nur eine erste Einschätzung zu dem jeweiligen Unternehmen, sondern auch einen Überblick über den jeweiligen Sektor einschließlich der besonderen Merkmale dieses Sektors und der spezifischen Default Probabilities und Recovery Rates, Letztere, um das sektorinhärente Risiko besser abschätzen zu können.

5 Handlungsempfehlungen für Unternehmen

Die vorstehende Analyse führt zu der Erkenntnis, dass die Kommunikation zwischen Unternehmen und Investoren auf verschiedenen Ebenen durchaus verbesserungswürdig ist. Besonders wichtig dabei ist, dass die Unternehmen regelmäßig den Markt informieren und insbesondere die Investorenschichten „pflegen". In der Praxis hat sich gezeigt, dass auch schlechte Nachrichten rechtzeitig und umfassend kommuniziert vom Markt durchaus konstruktiv aufgenommen wurden. Dabei sollten alle zur Verfügung stehenden Kommunikationsmittel intensiv genutzt werden. Im Vordergrund sollte aber eine knappe und sachdienliche Mitteilung stehen; es nützt wenig, ständig über Nebensächlichkeiten zu berichten. Ein klares und eindeutiges Auftreten der Unternehmung ist von höchster Wichtigkeit.

Wie im Punkt 1 dargestellt, treffen Unternehmen und Investoren insbesondere im Neuemissionsprozess aufeinander. Hier sollten die Firmen die Chance nutzen, mehr über die Probleme und Wünsche der Investoren zu erfahren. So benötigen z. B. deutsche Versicherungen häufig einen Emittentensitz im europäischen Inland, dies wird von gerade den großen Autoproduzenten aus purer Nachlässigkeit nicht beachtet. Auch in Bezug auf die bereits oben diskutierten Covenants ist manchmal eine flexiblere Verhandlungsführung von Vorteil für beide Seiten. Insbesondere vor der Aussage das Unternehmens-Rating halten oder verbessern zu wollen, kann man sich auf ein Mindest-Rating in den Covenants einlassen. Die Argumentation gewinnt somit wesentlich an Glaubwürdigkeit.

Aber auch nach der Emissionsphase ist es von großer Wichtigkeit für beide Seiten, den Kontakt zu pflegen. Neben dem Standardrepertoire wie Internet, E-Mail und Post sollten regelmäßige Konferenz-Calls und Non-Deal-Roadshows selbstverständlich sein. Hier können frühzeitig eventuelle Unstimmigkeiten vermieden werden.

6 Fazit: Bondholder Value

Der Shareholder Value-Gedanke hat in vielen Unternehmen bereits Einzug gehalten. Es ist heutzutage völlig unstrittig, dass durch sorgfältige Pflege des Markts der Unternehmenswert gesteigert werden kann. Weitgehend neu ist aber, dass durch vernünftige und offene Kommunikation mit den Fremdkapitalgebern Bondholder Value geschaffen wird, welcher ebenfalls positiv für die Firma ist. Neben der offensichtlichen Entlastung auf der Kostenseite durch niedrigere Fremdkapitalkosten wird insbesondere die Refinanzierung des Unternehmens auch in schwierigerem Umfeld deutlich verbessert, wenn der Markt umfassend über das Unternehmen informiert ist und in Bezug auf die Verlässlichkeit der Informationen ein positives Bild hat.

Corporate Bond Communication ist also ein wesentliches Mittel, das langfristige Überleben der Unternehmung zu sichern. Aber auch im relativen Bild der Unternehmen zu anderen der Branche (Peer-Group) kann eine Beachtung dieser Regeln zu einem deutlichen Vorteil führen. So ist es z. B. der niederländischen Telefongesellschaft KPN gelungen, auch in schwierigsten Zeiten (Rating zwischenzeitlich BBB–) neue Anleihen zu begeben, indem schonungslos über die Unternehmenslage informiert wurde. Die angekündigten Restrukturierungsmaßnahmen wurden prompt umgesetzt und (natürlich) die Covenants nicht vergessen. So ist nicht nur die Aktie stark gestiegen, sondern der Spread der Anleihen zu Staatstiteln hat sich deutlich verringert.

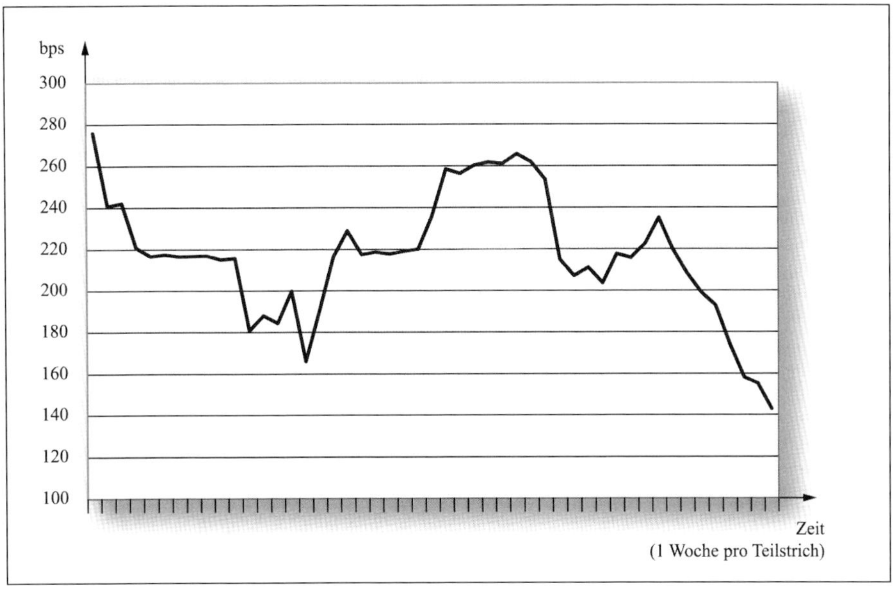

Abbildung 4: Anleihen Spread der niederländischen Telefongesellschaft KPN (Quelle: Bloomberg)

Andere Unternehmen in diesem Sektor wie z. B. France Telecom waren in ihren Aussagen diesbezüglich weniger stringent, was sich auch am Aktienkurs bzw. Anleihen-Spread widerspiegelt.

7 Referenzen

1 Dies sollte allerdings nicht zu dem Schluss verleiten, dass immer, wenn ein Unternehmen von sich aus Investoren-Calls anbietet, es sich automatisch in einer kritischen Situation befinden muss.

2 Insbesondere die Volumina haben sich in der Vergangenheit immer weiter nach oben bewegt. Es ist zu beachten, dass sich diese Angaben auf den Investment Grade-Markt beziehen. Im High Yield-Markt gelten andere Größenklassen und Zeitintervalle. So war es in diesem Marktsegment Unternehmen schon möglich, Anleihen mit Volumina von 100 Mio. EUR zu emittieren. Wichtige Kapitalanlagegesellschaften (KAGs) präferieren allerdings Anleihen in der Größenklasse um die 250 Mio. EUR.

Creditor Relations als integrierter Bestandteil von Investor Relations bei RWE – Ein Praxisbericht

Carsten Liedtke

1 Einleitung

Noch bis vor wenigen Jahren waren Shareholder Relations und Investor Relations gleichzusetzen. Dies gilt heute in vielen Unternehmen nicht mehr. Investor Relations nach heutiger Definition umfasst auch Creditor Relations. Damit hat die Notwendigkeit, neben der Eigenkapitalbeschaffung auch zunehmend auf Fremdkapital in Form von Unternehmensanleihen zurückzugreifen, den Kommunikationsauftrag von Investor Relations entscheidend erweitert. Nicht nur der Aktionär, auch der Bond-Holder rückt zunehmend in das Interesse von Vorständen, Finanzchefs und Investor Relations-Managern.

RWE hat in den vergangenen fünf Jahren einen bisher beispiellosen Umbruch seines Marktumfeldes erlebt und als Folge daraus den Konzern neu ausgerichtet. Aus dem deutschen Konglomerat mit Schwerpunkt im Stromgeschäft ist ein internationaler Versorgungskonzern mit führenden Positionen in Strom, Gas, Wasser und Umweltdienstleistungen geworden. Ohne den gezielten Schritt auf die Fremdkapitalmärkte wäre dieser Kraftakt nicht möglich gewesen.

Die im nachfolgenden Text verwendeten Begriffe wichtiger Marktteilnehmer am Fremdkapitalmarkt sind hier zur Veranschaulichung dargestellt. Zur Vereinfachung werden die Begriffe „Investoren" bzw. „Kreditoren" stellvertretend für den Eigen- bzw. Fremdkapitalmarkt stehen, sofern keine anderen Bezeichnungen verwendet werden.

Eigenkapitalgeber oder **Investoren** oder **Equity-Investoren**	**Fremdkapitalgeber** oder **Kreditoren** oder **Credit-Investoren**

Abbildung 1: Kapitalgeber der Unternehmen

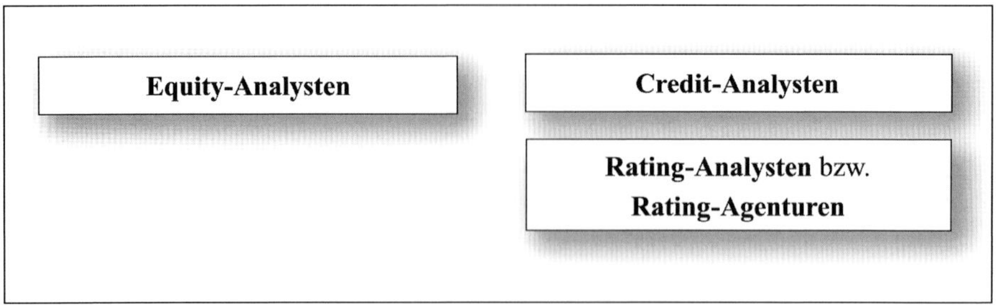

Abbildung 2: Mittler zwischen Unternehmern und Kapitalgebern

2 Energiemärkte im Umbruch – RWE nutzt Chancen der europaweiten Liberalisierung

2.1 April 1998: Strommarktliberalisierung in Deutschland

Im April 1998 wird der deutsche Strommarkt auf einen Schlag liberalisiert. Alle Kunden, vom Privathaushalt über Stadtwerke bis hin zu industriellen Großabnehmern, können ihren Stromanbieter ab sofort frei wählen. Deutschland setzt damit eine EU-Richtlinie wesentlich schneller um als die meisten anderen EU-Mitgliedstaaten.

Für das Konglomerat RWE, das neben dem Strom- und Umweltgeschäft auch in der Telekommunikation, im Bau, im Maschinenbau sowie in Mineralöl und Chemie tätig ist, kommt dieser Schritt zwar nicht unerwartet, jedoch in seiner Konsequenz härter als zunächst angenommen. Die Strompreise für Industriekunden sinken um bis zu 50 % als Folge eines zum Teil ruinösen Wettbewerbs um Marktanteile. Wenngleich dieser Einbruch auf einen kerngesunden und finanziell potenten RWE-Konzern trifft (EK-Quote 1998/1999: 18 %, Nettofinanzvermögen 13,5 Mrd. EUR), so werden schon bald deutliche Spuren in der operativen Performance sichtbar, die ein schnelles Reagieren erfordern.

Schnell wird klar, dass eine Konzentration auf wenige Kerngeschäftsfelder in Verbindung mit einschneidenden Kostensenkungsmaßnahmen und dem starken Ausbau der Präsenz in Auslandsmärkten notwendig ist. Im Zuge dieser Überlegungen trennt sich RWE im Oktober 1999 von seinen Telekommunikationsaktivitäten. Nahezu auf dem Höhepunkt der Bewertung an den Börsen gelingt der Ausstieg aus e-plus und O.tel.o (Anteil jeweils ca. 29 %) zum Preis von 3,6 Mrd. EUR. Damit steht zusätzlicher finanzieller Spielraum für den Konzernumbau zur Verfügung. Auch werden erhebliche Zusatzinvestitionen unter anderem in die UMTS-Technik vermieden. Künftig wird sich der Konzern im Rahmen der neuen Multi-Utility-Strategie auf die vier Kerngeschäftsfelder Strom, Gas, Wasser und Umweltdienstleistungen konzentrieren. Um insgesamt rund 12 500 Mitarbeiter – hauptsächlich im Strombereich – abzubauen, werden erhebliche Rückstellungen gebildet. Bis 2004 soll so ein jährliches Kosteneinsparvolumen von rund 2,6 Mrd. EUR erreicht werden.

Schließlich zwingt der zunehmende Wettbewerbsdruck in Deutschland zur Konsolidierung. Für RWE bedeutet die Fusion mit dem westfälischen Nachbarn VEW, die im Oktober 1999 bekannt gegeben wird, nicht nur eine ideale Kombination wegen hoher Synergien in Höhe von 725 Mio. EUR p.a. Die beiden Ruhrgebiets-Versorger passen auch aufgrund ihres Absatzprofils gut zueinander. Beide sind stark bei Strom und Umweltdienstleistungen, ohne sich regional zu überschneiden. VEW bringt zusätzlich ein starkes und strategisch wertvolles Gasgeschäft in die Fusion mit ein. Darüber hinaus haben beide eine starke Verbindung zu lokalen Kommunen, die zum Teil auch bedeutende Aktionäre von RWE und VEW sind.

2.2 Einstieg in das Wassergeschäft – und in den Bond-Markt

Im September 2000 holt RWE zum ersten großen internationalen Schlag aus: Für 7,2 Mrd. EUR (inkl. Verbindlichkeiten: 11,2 Mrd. EUR) kündigt der Essener Versorger die Übernahme der britischen Thames Water an und steigt damit zum weltweit drittgrößten Wasserunternehmen auf. Die Übernahme bedeutet gleichzeitig den umfassenden Einstieg in den hochprofitablen und wachstumsstarken Wasserbereich. Der Cash-Deal fällt in eine Zeit, in der großvolumige Share-Deals – vor allem in der Telekommunikation – üblich sind. Trotz ausreichend vorhandener eigener Finanzmittel erfolgt eine Teilfinanzierung des Kaufpreises erstmals für RWE über den Fremdkapitalmarkt. Das frühe Debüt am aufstrebenden internationalen Markt für Unternehmensanleihen verschafft RWE alle Vorteile eines „Early Movers“ und bereitet bereits den Boden für weitere Finanzierungen. Dazu wird im April 2001 ein Debt-Issuance-Programm (DIP) mit einem Finanzrahmen über 5 Mrd. EUR aufgelegt.

2.3 American Water Works, Transgas, Innogy – Meilensteine auf dem Weg zum Multi-Regional-Utility

Nur etwa ein Jahr später erfährt das noch junge Kerngeschäftsfeld Wasser eine weitere Stärkung: Im September 2001 unterbreitet RWE den Aktionären von American Water Works ein Übernahmeangebot im Wert von 4,6 Mrd. EUR (inkl. Verbindlichkeiten: 8,5 Mrd. EUR). Die Akquisition, die aufgrund der erforderlichen Zustimmungen mehrerer US-Bundesstaaten erst Anfang 2003 abgeschlossen wird, macht RWE zum größten regulierten Wasserversorger im größten Wassermarkt der Welt.

Im Dezember 2001 bietet RWE im Rahmen der Privatisierung der kompletten tschechischen Energiewirtschaft erfolgreich für 97 % der Anteile am tschechischen Gastransportunternehmen Transgas sowie Anteile an acht regionalen Verteilerunternehmen. Für rund 4,1 Mrd. EUR steigt RWE damit in die Spitzengruppe der europäischen Gasunternehmen auf. Gleichzeitig bieten die Beteiligungen die Möglichkeit, vor allem an den Wachstumsperspektiven des tschechischen Gasmarktes sowie dem Ausbau des Ost-West-Gastransits von Russland nach Westeuropa zu profitieren.

Bereits drei Monate nach diesem Schritt erfolgt die letzte größere Transaktion, diesmal im britischen Strom- und Gasmarkt. Im März 2002 gibt RWE bekannt, den zweitgrößten britischen Strom- und drittgrößten Gaskonzern Innogy für 8,5 Mrd. EUR übernehmen zu wollen.

Die Übernahmen in der Tschechischen Republik und Großbritannien werden ebenfalls über den Anleihemarkt finanziert, was zu einer Ausweitung des bestehenden DIP von 5 auf 15 Mrd. EUR führt.

2.4 Der Konzern hat sich neu formiert und in Position gebracht – Integration hat Priorität

Die großvolumigen Übernahmen haben RWE verändert. Neben den genannten beträchtlichen Zukäufen im Kerngeschäft hat sich der Konzern von seinem Tankstellen- und Raffineriegeschäft getrennt und ist bereits zuvor aus dem Chemiegeschäft ausgestiegen. Darüber hinaus wurden die Mehrheitsbeteiligungen an der Heidelberger Druckmaschinen AG und der HOCHTIEF AG als reine Finanzbeteiligungen zum Verkauf gestellt.

Nun kommt es darauf an, die Zukäufe erfolgreich in den Konzern zu integrieren. Dabei gilt es nicht nur, Synergien zu heben, sondern auch kulturelle Unterschiede zu überbrücken. Eine Aufgabe, bei der das RWE-Management unter Beobachtung des Kapitalmarktes steht. Investoren wollen die anspruchsvollen Renditeversprechen des Vorstands erfüllt sehen. Kreditoren haben bis Ende 2002 Fremdmittel über insgesamt rund 13 Mrd. EUR zur Finanzierung der Akquisitionen zur Verfügung gestellt. Sie sind angesichts mehrerer spektakulärer Kreditausfälle auch im Versorger-Bereich risikobewusster geworden und verlangen absolute finanzielle Disziplin.

2.5 April 2001: Debt-Issuance-Programm über 5 Mrd. EUR

Das RWE-Debüt auf den Anleihemärkten Europas hat eine Vorgeschichte, die bereits ein Jahr vor dem Emissionstermin beginnt: Noch vor der Mandatierung der beteiligten Banken steht die Kontaktaufnahme mit den Rating-Agenturen Moody's und Standard & Poor's (S&P) der bereits im Jahr 2000 durch das Einholen eines Erstratings für den RWE-Konzern erfolgte. Bei der Einholung dieses Erstratings stehen genaue Detailinformationen zur Bilanz, zur Finanzierungspolitik und zur weiteren Unternehmensstrategie im Vordergrund. Der Finanzbereich bindet bereits hier den bisher ausschließlich auf die Aktionärskommunikation ausgerichteten Bereich Investor Relations mit ein – die Geburtsstunde von Creditor Relations bei RWE.

Nach wenigen Wochen, an deren Ende eine umfangreiche Präsentation des Unternehmens vor den Rating-Agenturen steht, ist der Rating-Prozess erfolgreich abgeschlossen. Mit einem Doppel-A-Rating (AA– bei Standard & Poor's und Aa3 bei Moody's) fällt die Bewertung von RWE erwartungsgemäß gut aus.

Mit dem Aufsetzen eines ersten DIP über 5 Mrd. EUR schafft RWE im April 2001 den Finanzrahmen zur Begebung von Bonds in Euro und Pfund Sterling. Als Arranger und Dealer fungieren insgesamt elf Banken.

Mit der Etablierung des Programms wird der Treasury-Bereich des Konzerns beauftragt.

Dazu wird bereits im März 2001 die Dokumentationsplattform für das DIP, das Information Memorandum, erstellt. Gemeinsam mit den beteiligten Banken wird der Roadshowplan zur Platzierung der Anleihen ausgearbeitet. Ziel ist es zunächst, ein Volumen von etwa 3,5 Mrd. EUR zu platzieren, davon rund 2,5 Mrd. EUR und 600

Mio. £ (ca. 1 Mrd. EUR). Insgesamt werden dazu zwölf Finanzzentren in Europa besucht. Zwei Teams bestehend aus Treasury und Investor Relations, fallweise geführt durch den Konzern-Finanzvorstand und in ständiger Begleitung der jeweils für einzelne Zentren zuständigen Bankenvertreter, besuchen in neun Tagen wichtige Bond-Investoren in ganz Europa. Wie bereits im Rahmen des Rating-Prozesses bewährt, bearbeiten Treasury und Investor Relations die Fragenkomplexe zur Finanzstruktur und zur Unternehmensstrategie Hand in Hand. Eine vorab mit Hilfe der Banken erstellte Q&A-Liste, die durch die Erfahrung innerhalb der Roadshow ständig wächst, schafft eine Informationsbasis für die zukünftige Arbeit.

RWE stößt auf ein überaus großes Interesse bei mehr als 100 möglichen Kreditoren. Das Momentum für die Platzierung von Versorger-Anleihen ist ideal: Das Vertrauen in Technologiewerte am Aktienmarkt schwindet. Substanz ist wieder gefragt. Neben der RWE-Aktie profitiert auch das Placement von RWE-Anleihen von der vom Vorstand genannten langfristigen Rating-Zieluntergrenze eines „strong single A-Ratings“.

Nach neun Tagen gelingt es, das Orderbuch zu füllen und insgesamt 3,5 Mrd. EUR Anleihen zu platzieren. Besonderes Highlight: RWE eröffnet einen neuen Markt für 15-jährige Unternehmensanleihen im Euroraum. Bisher waren Unternehmensanleihen hier auf maximal zehn Jahre Laufzeit begrenzt. Die vier Tranchen des RWE Debt-Issuance-Programms 2001 sind nachfolgend im Überblick dargestellt:

Volumen	**2 Mrd. EUR**	**500 Mio. EUR**	**250 Mio. £**	**350 Mio. £**
Kupon	5,375 %	6,25 %	5,75 %	6,5 %
Laufzeit	April 2008	April 2016	April 2006	April 2021

Tabelle 1: RWE-Debt-Issuance-Programm 2001

3 Einbindung von Kreditoren in die Kapitalmarktkommunikation

3.1 Investor Relations zwischen den Märkten – Sind Bond-Investoren Kapitalgeber zweiter Klasse?

Mit der Beteiligung an der Kommunikation mit Kreditoren nach Abschluss eines Anleihe-Placements ist der Investor Relations-Part aber nicht abgeschlossen. Eine

Standardantwort auf die Frage nach dem Ausschluss des Fremdkapitalmarktes von Investor Relations-Kommunikations-Maßnahmen wie Conference Calls, Analystenkonferenzen oder Unternehmensmitteilungen dürfte sicher sein: „Warum, wir planen doch derzeit keine neue Emission ?" und: „Sind die Interessen der Kreditoren nicht konträr zu denen von Investoren ?" oder: „Wir haben unsere Zeit und vor allem die unserer Vorstände bereits verplant mit notwendigen Equity-Terminen."

So gedacht, springt die professionelle Investor Relations-Arbeit eindeutig zu kurz. Mehr noch als bei Investoren ist bei Kreditoren der Aufbau einer langfristigen Vertrauensbasis notwendig. Im Dezember 2002 titelte das „Investor Relations Magazine": „Bondholder = Handholder" und beklagte sich über die Ungleichbehandlung von Kreditoren und Investoren bei fast allen Unternehmen. Die häufig als Kapitalgeber „zweiter Klasse" behandelten Credit-Analysten und ihre Kundschaft, Portfoliomanager auf der ganzen Welt, spielen eine immer wichtigere Rolle auf den internationalen Kapitalmärkten. Kurseinbrüche an den Aktienmärkten, Firmenkonkurse aufgrund zum Teil krimineller Bilanzmanipulation sowie ein verändertes Risikobewusstsein der Finanzwelt insgesamt haben die Fragen der Credit-Analysten zu denen des gesamten Finanzmarktes gemacht.

Doch die Unternehmen sollten dies längst wissen. Für sie muss klar sein: Nach dem Spiel ist vor dem Spiel. Die Begebung von Anleihen setzt eine dauerhafte Kommunikation mit den Gläubigern voraus. Auch Anleihen können direkt nach der Zeichnung wieder verkauft werden. Die Performance einmal ausgegebener Bonds schlägt auch indirekt auf das emittierende Unternehmen zurück. Schließlich verfolgen Rating-Agenturen die Unternehmen dauerhaft, klopfen die Bilanz nach Risiken ab und messen die Unternehmensperformance an veränderten externen Anforderungen.

Das alles ist schon Grund genug, eine professionelle Kommunikation aufzubauen. Die Frage nach der möglichen Unterschiedlichkeit von Botschaften darf sich dabei gar nicht stellen. Es kann nur eine Kapitalmarkt-Story des Unternehmens geben. Nur ein geringer Teil der Botschaften muss ergänzt werden. Die für beide Investorengruppen so unterschiedlich bedeutsame Frage z. B. nach Aktienrückkäufen muss professionell und offen angegangen werden.

Investoren erwarten	Kreditoren erwarten
• Wachsende Free Cashflows • Steigerung des Unternehmenswertes (Shareholder Value) • Steigende Dividenden	• Stabile Cashflows • Vermeidung operativer Risiken • Gutes Credit-Rating • Solide Unternehmensfinanzierung

Tabelle 2: Erwartungen von Investoren und Kreditoren

3.2 Integration des Fremdkapitalmarktes in die „day-to-day“-Investor Relations-Arbeit bei RWE

Was bedeuten diese Einsichten für die tägliche Investor Relations-Arbeit? Die Antwort ist einfach: Es gibt keine Unterscheidung zwischen Investoren und Kreditoren. Beide Seiten sind voll in die Investor Relations-Arbeit integriert. Nach One-on-Ones, Roadshows und Analystenkonferenzen werden auch die Kontakte des Fremdkapitalmarktes in unsere Datenbank aufgenommen. Sie werden dort systematisch mit ihrer Funktion, und mit allen Details zu Meetings – z. B. wie besonders kritischen Punkten – erfasst. Sie erhalten Investor Relations-Mitteilungen, werden zu Analystenkonferenzen und Conference Calls eingeladen. Selbstverständlich führen sie auch Einzelgespräche mit Investor Relations-Managern und Vorständen.

3.3 „Debt Specials“ als Bestandteil der „Kapitalmarkt-Story“

Der Fremdkapitalmarkt hat zum Teil eigene Bewertungskennziffern, Risiko-Ratios und allgemeine Sichtweisen zu bestimmten Themen. Die Wahl einer einheitlichen Kommunikation mit dem gesamten Kapitalmarkt heißt daher auch – trotz dem Bestreben nach möglichst einheitlicher Darstellung –, dass bestimmten Erfordernissen Rechnung getragen werden muss. In der Kapitalmarkt-Story sollte daher mit Aussagen zu diesen Themen das spezielle Informationsbedürfnis des Fremdkapitalmarktes abgedeckt werden. Für RWE gehören hierzu die Entwicklung der Nettoverschuldung sowie die EBITDA / Net Interest Coverage. Für ein Unternehmen mit bestehendem Rating am Markt sollten Aussagen zum angestrebten Rating bzw. das Rating bestimmender Ratios zur Regelkommunikation gehören.

Die Auswahl der geeigneten Finanzkennzahlen hängt dabei individuell von der Branche, dem Marktumfeld, der Finanzverfassung des Unternehmens sowie der strategischen Zielrichtung ab. In der Kommunikation nach außen sollte dabei bewusst nur ein Ratio verwendet werden (bei RWE: EBITDA / Net Interest Coverage), ohne die Möglichkeit der Verwendung mehrerer Ratios nach innen aus der Hand zu geben.

Ratios auf Brutto-Basis	
• EBITDA Interest Coverage	• (EBITDA + Interest Income) / Interest Expense
• FFO (pre Working Capital)	• EBITDA + Associate Income + Other Financial Result + Change in Provisions – Taxes
• FFO (pre WCap) Interest Coverage	• (FFO pre Working Capital + Interest Income) / Interest Expense
• Total Debt / Total Capitalisation	• Total Financial Debt / (Total Financial Debt + Shareholders Equity incl. Minorities)

Ratios auf Netto-Basis	
• EBITDA Net Interest Coverage	• EBITDA Net Interest Expense
• FFO (pre WCap) Net Interest Coverage	• FFO pre Working Capital / Net Interest Expense
• Net Debt / Total Capitalisation	• Total Financial Debt – Cash and Equivalent-Securities, Current Assets) / (Total Financial Debt + Shareholders Equity incl. Minorities)

Tabelle 3: Wesentliche Credit Ratios bei RWE im Überblick

Darüber hinaus sollten Darstellungen zum aktuellen Maturity Profile, zu Cross Default-Regelungen und Rating Triggern in Standardpräsentationen nicht fehlen.

3.4 Roadshows

Selbstverständlich sind Bond-Roadshows im Rahmen einer Platzierung von Anleihen notwendig. Aber wie sieht es danach aus? Sind spezielle Roadshows für die Gläubiger des Unternehmens erforderlich? Die Antwort ergibt sich aus dem Vorangegangenen: Bei einer einheitlichen Behandlung beider Seiten des Kapitalmarktes ist ein integrierter Ansatz nicht nur notwendig, sondern auch effizient. In den meisten Fällen sind wichtige Investoren zugleich mit einem anderen Teil ihrer Organisation auch auf dem Bond-Markt investiert. Ziel sollte es daher sein, beim One-on-One mit dem Unternehmen sowohl den Credit- als auch den Equity-Analysten (Buy-Side) bzw. Fund Manager mit am Tisch sitzen zu haben. Auch wenn dies häufig durch die organisierende Bank aufgrund ihrer eigenen funktionalen Aufteilung im Sales-Bereich nicht notwendigerweise forciert wird, sollte das Unternehmen im eigenen Interesse immer darauf drängen. Dankenswerter Weise ist es häufig im Sinn des Investors selbst, die Möglichkeit, mit dem Top-Management eines Unternehmens zu sprechen, möglichst breit und effizient für sich zu nutzen.

3.5 Besondere Rolle des Internets

Die Investor Relations-Präsenz im Internet ist unverzichtbarer Bestandteil jedes umfassenden Kommunikationsplanes geworden. Wie soll nun mit der Zielgruppe Fremdkapitalmarkt umgegangen werden? In jedem Fall ist die Bereitstellung spezieller Informationen für Credit-Analysten und Kreditoren notwendig. Dazu sollten folgende Details innerhalb des Investor Relations-Bereichs im Webauftritt eines Unternehmens nicht fehlen:

- Aktuelles Rating der führenden Agenturen inklusive Kurzkommentar (mit Datumsangabe)

- Tableau mit wichtigen Anleihen (Volumen, Währung, Emissionsdatum, Laufzeit, Fälligkeit, Kupon usw.)

- Informationen zu geplanten oder laufenden Platzierungen (z. B. Roadshowpräsentation)

- Informationen zu für das Unternehmen wichtigen Debt-Ratios und Kennziffern (z. B. Funds from Operations, EBITDA / Net Interest, Gesamtsumme ausgegebener Bonds, Maturity Profile, Nettofinanzposition usw.)

- Statements des Vorstands zu angestrebten Zielwerten bzw. zur weiteren Positionierung auf dem Fremdkapitalmarkt (insbesondere Aussagen über geplante größere Platzierungen)

Eine hohe Aufmerksamkeit ist all jenen Unternehmen sicher, die einen eigenen Bereich für ihre Anleihen eingerichtet haben. Dies erleichtert nicht nur die Navigation auf der Homepage. Es verdeutlich auch sichtbar den Stellenwert des Fremdkapitalmarktes.

3.6 Präsenz bei Konferenzen

Stärker noch als der Aktienmarkt orientiert sich der Fremdkapitalmarkt an der Zinsentwicklung einzelner Volkswirtschaften. Grundsätzlich spielen volkswirtschaftliche Zusammenhänge eine direktere Rolle für Kreditoren. Eine ganze Reihe von Konferenzen bringt über das Jahr verteilt Bankenvertreter, Kreditoren, Wirtschaftswissenschaftler und Unternehmensvertreter zusammen. Grund genug für Unternehmen, die Anleihen emittiert haben bzw. dies planen, dort präsent zu sein. Bei der Vielzahl der angebotenen Konferenzen fällt die Auswahl schwer. Aus europäischer Ebene sind die folgenden Veranstaltungen von besonderer Bedeutung:

- International Bond Congress, i. d. R. im Februar
- Annual MTN Conference, London, i. d. R. im März/April
- Euromoney Global Borrowers and Investors Forum, London, i. d. R. im Juni
- Annual CP Conference, London, i. d. R. im März/April
- Annual MTN Conference, London, i. d. R. im Oktober

Je nach aktueller Situation und Verfügbarkeit ist eine Präsentation durch das Treasury, durch Investor Relations oder den Finanzvorstand angebracht. Auch kann eine Teilnahme als Zuhörer interessant sein, wenn darüber hinaus die Möglichkeit besteht, mit Investoren in Kontakt zu kommen.

3.7 Aufgabenteilung zwischen Investor Relations und Treasury

Die Investor Relations-Manager der Unternehmen sind traditionell mit der Kommunikation mit Investoren vertraut. Der Treasury-Bereich verantwortet in der Regel die Platzierung von Anleihen und hält bereits enge Kontakte zu Banken. Vor dem Hintergrund der gewachsenen Aufgabenteilung stellt sich die Frage, wie die Betreuung von Analysten, Investoren und Rating-Agenturen sinnvoll organisiert wird.

RWE hat sich so aufgestellt, dass die Betreuung der Rating-Agenturen im Treasury angesiedelt ist. Hier kommt es in der Kommunikation vorrangig darauf an, Verschuldungs-Szenarien anhand von Mittelfrist-Planzahlen zu entwickeln und den Rating-Agenturen zu verdeutlichen. Den Kontakt zu Kreditoren und Credit-Analysten hält bei RWE der Investor Relations-Bereich. Somit ist sicher gestellt, dass ganz im Sinne einer „One-Voice-Policy“ eine einheitliche Kapitalmarktkommunikation erfolgt.

Selbstverständlich ist jedoch eine enge Abstimmung zwischen beiden Bereichen erforderlich. One-on-Ones und Conference Calls werden – wenn möglich – auch gemeinsam durchgeführt. Für die Investor Relations-Arbeit – auch gegenüber Investoren – ist es notwendig, über alle laufenden Anleihe-Emissionen inklusive kleinerer Privatplatzierungen informiert zu sein. Kreditoren wie Investoren reagieren möglicherweise kritisch auf Nachrichten über zusätzliche Fremdkapitalaufnahmen durch Unternehmen. Um Fehlinterpretationen zu vermeiden, sollte die Investor Relations-Abteilung gegebenenfalls aktiv darüber informieren.

4 RWE-Sichtweise: Fremdkapitalgeber sind unsere Kunden

RWE folgt in Sachen Finanzkommunikation einer sehr einfachen Philosophie: Aktien wie Anleihen sind Produkte und stellen Teile des Eigen- bzw. Fremdkapitals von RWE dar. Investoren wie Kreditoren sind von den Produktqualitäten eines sich ständig ändernden Produktes immer wieder aufs Neue zu überzeugen. Dies gilt für die Analysten beider Seiten gleichermaßen. Wird dieses Selbstverständnis konsequent umgesetzt, so ist der Investor Relations-Manager als „Vertriebsbeauftragter“ unterwegs. Sein Ziel ist dabei klar umrissen: Vertriebskommunikation für Aktien und Anleihen mit dem Ziel der Schaffung einer nachhaltigen Vertrauensbasis. Das ist der Beitrag von Investor Relations zur Kurspflege und Kapitalkostenreduktion.

Wird diese Sichtweise konsequent angewandt, so ist auch ein Feedback-Prozess vom Kunden, d. h. vom Investor zum Unternehmen zurück essenziell. RWE erreicht dies mit Hilfe einer Reihe von internen Kommunikationsinstrumenten. So werden sämtliche Führungskräfte des Konzerns bei wichtigen Ereignissen am Kapitalmarkt sofort per E-Mail mit Markteinschätzungen von Analysten versorgt. Zusätzlich informieren die „Investor Relations News“ mehrmals jährlich als Informationsdienst über die aktuelle Ansicht des Kapitalmarktes zu RWE. Selbstverständlich stehen auch Research-Dokumente von Equity- wie Credit-Analysten allen Bereichen im

Konzern zur Verfügung und werden von Investor Relations auch ohne Aufforderung an relevante Abteilungen versandt.

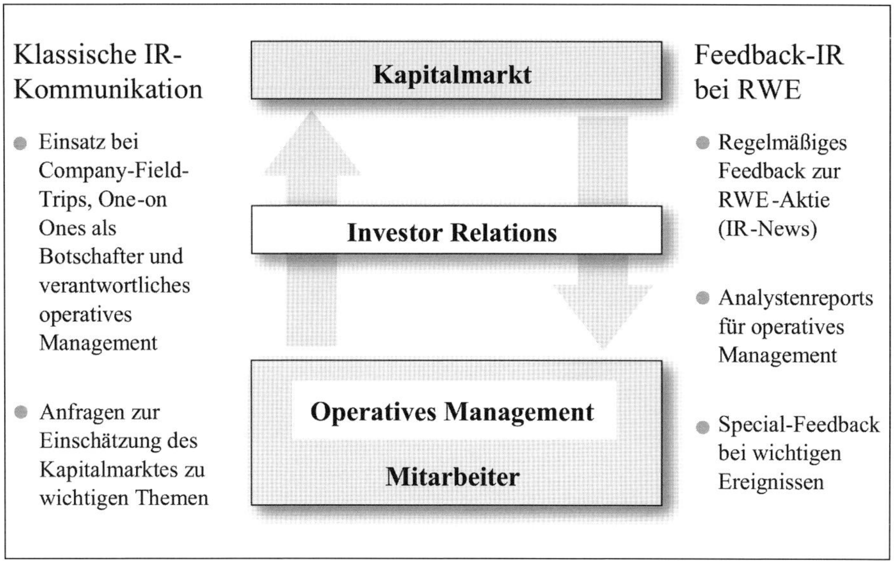

Abbildung 3: RWE-Investor-Relations-Kommunikation

5 Was bleibt festzuhalten?

Es darf kein Zweifel daran bestehen, dass Creditor Relations als unbedingter und integrierter Bestandteil einer umfassenden Investor Relations-Arbeit zu gelten haben. Dabei muss eine Kapitalmarktkommunikation für Fremdkapitalgeber nicht erst bei milliardenschweren Bonds beginnen. Sie beginnt bereits bei Kredit gebenden Banken und richtet sich an alle Finanzinstitutionen, die direkt oder indirekt Fremdkapital bereitstellen.

In der internationalen Financial Community darf angenommen werden, dass die Research-Abteilungen der Equity- und Bond-Investoren immer enger zusammenarbeiten. Vielleicht steht am Ende dieser Entwicklung eine vollständige Verschmelzung. Einige Investmentbanken denken bereits über ein weiteres organisatorisches Zusammenwachsen nach. Mit so genannten „Credit Default Swaps" wird schon heute ein neues Instrument immer populärer mit dem zwischen Aktien- und Anleihemärkten arbitriert wird. In jedem Fall darf angenommen werden, dass Investoren mehr und mehr auch die Sichtweise des Fremdkapitalmarktes übernehmen müssen, wollen sie dem im Vergleich zur Marktkapitalisierung der Unternehmen stark angestiegenen Anleihevolumen der Unternehmen Rechnung tragen.

Der weltweite Wettbewerb um Kapital wird zunehmend härter. Er wird global ausgetragen und doch sehr individuell gewonnen. Dabei wird nicht zwangsläufig die beste, sondern vor allem die Unternehmensstory, die die Interessen *aller* Investoren abdeckt, wird langfristig gewinnen.

„Fixed income investors cry out for attention", schreibt das „Investor Relations Magazine" im Dezember 2002. Unternehmen, die auf Fremdkapital angewiesen sind, sollten es so weit nicht kommen lassen und ihre Equity-Story bald zur Kapitalmarkt-Story machen.

Fazit der Herausgeber

Henryk Deter/Michael Diegelmann

Aus den vorliegenden Beiträgen ergibt sich eine zentrale Erkenntnis: Die heutigen Beziehungen zwischen Unternehmen und Fremdkapitalgebern sind von gravierenden Veränderungen geprägt. Wer diese Herausforderung erfolgreich meistern möchte, sollte offen für das Neue sein und in den Veränderungen eine Chance sehen. Generell gilt der deutsche Mittelstand als sehr innovativ und anpassungsfähig. Auch im Bereich der Unternehmensfinanzierung ist nun eine Situation entstanden, in der diese Flexibilität auf den Prüfstand gestellt wird.

Bei genauerer Betrachtung wird klar, dass beide Seiten vergleichbare Ziele verfolgen, nämlich Sicherheit und Rendite auf das eingesetzte Kapital. Insbesondere die Kreditinstitute professionalisieren ihr Vorgehen und begegnen den neuen Anforderungen strategisch. Sie verändern ihre Kapitalvergabepraxis und legen die Beurteilung von Risiken den jeweiligen Preisen für das zu vergebende Kapital zugrunde. Dies gilt genauso für öffentlich geförderte Kreditvergaben. Gleichzeitig steigen daher die Informationsbedürfnisse der Kapitalgeber. Und zwar nicht nur während der Vergabephase des Kapitals, sondern fortlaufend bis zur vollständigen Tilgung der Finanzierung.

Speziell für kleine und mittlere Unternehmen bedeutet dies einen erheblichen Prozess des Umdenkens. Wer jedoch glaubt, dass die Unternehmen sich diesen neuen Gegebenheiten nicht anpassen könnten, keinen Einfluss mehr nehmen könnten oder den Anforderungen nicht gewachsen wären, der irrt. Die vorliegenden Praxisbeispiele belegen eindrucksvoll, wie die Lösung aussehen kann.

Wird die gebotene Aktivität seitens der Unternehmensverantwortlichen verweigert, kann dies weitreichende Folgen haben, die aktuell nicht selten das wirtschaftliche Ende bedeuten. Es sollte jedem klar sein, dass der größere Schaden immer im Unternehmen entsteht, wenn die Beziehung zu dem Fremdkapitalgeber endet und der Unternehmer sowie die Mitarbeiter persönlich betroffen sind. Eine Tatsache, die langfristig zu fatalen Ergebnissen für unsere Wirtschaft führen könnte.

Ein Schlüssel zur Lösung der Probleme liegt darin, die Situation aus der Sicht des jeweils Anderen zu sehen. Wenn dies passiert, können grundlegende Wissens- und

Verständnislücken geschlossen werden. Erst danach werden optimierte Aktivitäten zur Verbesserung der Beziehung stattfinden können. Aus den Beiträgen in diesem Buch wird klar: Die Phase der gegenseitigen Vorwürfe, die bisher nur zu einem Lähmungszustand auf Unternehmensseite geführt hat, muss enden. Die Zeit ist reif, um die stattfindenden Veränderungen als Tatsache zu begreifen, sich Neuem zu öffnen und aktiv an den „Creditor Relations" zu arbeiten.

Autorenverzeichnis

Henryk Deter

Henryk Deter absolvierte sein Studium der International Business Administration in Wiesbaden und in Missouri, USA. Er sammelte berufliche Erfahrung unter anderem bei einem der weltgrößten Medien- und Unterhaltungskonzerne in Florida, USA, bei einem deutschen Automobilkonzern in Puebla, Mexiko, einem Wertpapierhandelshaus in Frankfurt sowie einer internationalen Personalberatungsgesellschaft. Henryk Deter ist seit Anfang 2001 Berater bei der cometis AG in Frankfurt. Heute ist er Partner und betreut in den Bereichen Creditor Relations und Investor Relations diverse Gesellschaften im Kommunikationsprozess mit Kapitalgebern. Zusätzlich leitet er öffentliche sowie Inhouse-Workshops zu verwandten Themen und ist Referent bei branchennahen Veranstaltungen.

Michael Diegelmann

Michael Diegelmann ist Vorstand und Gründer der cometis AG. Nach seinem Studium in Wiesbaden und den USA (International Business Administration) arbeitete er für ein Frankfurter Brokerhaus und als Projektleiter bei einem internationalen Beratungsunternehmen. In den vergangenen fünf Jahren sammelte er wertvolle Erfahrungen aus diversen Projekten in der Kommunikation zwischen mittelständischen Unternehmen und ihren Kapitalgebern sowie aus 18 Börsengängen und 20 nationalen und internationalen Investor Relations-Mandaten. Michael Diegelmann ist Mitherausgeber des Buches „Moderne Investor Relations – Instrument der strategischen Unternehmensführung", Autor diverser Fachbeiträge sowie Lehrbeauftragter am Lehrstuhl für Internationales Marketing an der Fachhochschule Wiesbaden.

Günter Tallner

Günter Tallner, Bankkaufmann, Jurist und MBA, ist derzeit Leiter Business Management der Dresdner Bank AG im Unternehmensbereich Corporates & Markets, Corporate Banking. Günter Tallner ist seit 1990 in verschiedenen Funktionen für die Dresdner Bank-Gruppe im In- und Ausland tätig. Seit 2001 ist er in der Zentrale des Firmengeschäfts in Frankfurt/M. tätig. Dort wechselte er nach Aufgaben in der Vertriebssteuerung für ca. 12 Monate in das im Mai 2001 etablierte Projektbüro Integration Allianz für das Firmengeschäft der Dresdner Bank und arbeitet nunmehr seit Oktober 2002 in der Funktion Leiter Business Management des Corporate Banking an der strategischen Neuausrichtung des Corporate Banking der Dresdner Bank mit. In dieser Funktion berichtet er direkt an den CEO Corporate Banking und ist mit sämtlichen mit der Neuausrichtung verbundenen Fragestellungen befasst.

Dr. Norbert Irsch

Dr. Norbert Irsch studierte Elektrotechnik und Wirtschaftswissenschaften an der RWTH Aachen und war nach Abschluss des Studiums mit Prädikatsexamina (1971, 1974) Mitarbeiter der deutschen Monopolkommission bis 1977. Anschließend folgte die Promotion im Rahmen einer Assistententätigkeit an der RWTH Aachen. 1981 trat er in die Kreditanstalt für Wiederaufbau (Frankfurt/M.) ein und war zunächst Mitarbeiter, dann Senior Economist in der volkswirtschaftlichen Abteilung. 1990 wechselte er in den Bereich Export- und Projektfinanzierung und übernahm die Stelle eines stellvertretenden Abteilungsleiters. Ende 1993 wurde er stellvertretender Abteilungsleiter im Europasekretariat der KfW und war zuständig für Aufbau, Unterstützung und Refinanzierung von Förderbanken im Ausland, insbesondere in den Ländern Mittel- und Osteuropas. Seit 1996 ist er Leiter der volkswirtschaftlichen Abteilung und seit 2000 Chefvolkswirt der KfW.

Prof. Dr. Jürgen Crössmann

Prof. Dr. Jürgen Crössmann ist Inhaber des Lehrstuhls „Internationales Controlling/Rechnungswesen" der FH Wiesbaden und Unternehmensberater/Managementtrainer. Er trat 1982 in die Zentrale der Deutschen Bank ein und leitete im Bereich Controlling/Rechnungswesen verschiedene Abteilungen. Von 1988 bis 1993 war er als Bereichscontroller weltweit verantwortlich für das Börsen- und Fondsgeschäft der Deutschen Bank. Durch seine langjährige Führungsaufgabe in der Konzernzentrale und zahlreiche Beratungsprojekte besitzt er umfangreiche praktische Erfahrungen in vielfältigen Bereichen des Controllings sowie der kennzahlengestützten Unternehmensführung.

Georg Melzer

Georg Melzer ist als Rechtsanwalt in der Kanzlei Mielert & Collegen in Hofheim bei Frankfurt/M. tätig. Nach seiner Ausbildung zum Bankkaufmann und Stationen in der Bankabteilung eines Industrieunternehmens in Frankfurt und London hat er sich auf das Gesellschaftsrecht und die wirtschaftsrechtliche Beratung mittelständischer Unternehmen spezialisiert.

Carsten Leminsky

Carsten Leminsky (Jahrgang 1967) ist seit Januar 2002 Alleingeschäftsführer der Firma Fr. Cordes junr. GmbH. Er studierte Politische und Wirtschaftswissenschaften an der Universität in Hamburg. Während seiner Tätigkeit als Unternehmensberater bei PricewaterhouseCoopers leitete er Projekteams bei Finanzdienstleistern in London, Zürich und Frankfurt. Als selbständiger Berater unterstützte er deutsche Großbanken vor Ort bei der strategischen Ausrichtung des amerikanischen Private Banking-Geschäfts. Anschließend entwickelte er erfolgreich Restrukturierungskonzepte für die Südamerika-Geschäfte und unterstützte die Neu-Ausrichtung der E-Business Aktivitäten. Nach Jahren verschiedener Tätigkeiten für Financial Services-Unternehmen nutzte er seine gewonnene Managementerfahrung, um als Geschäftsführer Verantwortung zu übernehmen. Konsequente Planung und Steuerung sowie erfolgreiche Mitarbeitermotivation sind dabei seine wichtigsten Stellgrößen zum Erfolg.

Jörg D. Scholtka

Jörg D. Scholtka ist als Senior Consultant und Referent für Rechnungswesen & Controlling beim VDMA in Frankfurt/M. der Ansprechpartner für Firmen des Maschinen- und Anlagenbaus. Nach dem Studium der Betriebswirtschaftslehre arbeitete er 14 Jahre bei einem Großkonzern, wo er als Prüfer und Controller internationale Strukturarbeit (Frankreich, Irland, USA) und in leitender Funktion eigene Projekte durchführte.

Ralph T. Golz

Ralph T. Golz ist als Investmentmanager bei der Hauck & Aufhäuser Corporate Finance GmbH, einer Tochtergesellschaft der Hauck & Aufhäuser Privatbankiers KGaA, tätig. Er begleitete und strukturierte die letzten Jahre eine Vielzahl von Private Equity- und Mezzanine Transaktionen. Nach einer Berufsausbildung und dem Studium der Betriebswirtschaftslehre an der Johann-Wolfgang-Goethe-Universität, Frankfurt/M., absolvierte Ralph T. Golz ein Traineeprogramm im Firmengeschäft einer deutschen Großbank. Er war seitdem in verschiedenen Funktionen in der Unternehmensfinanzierung tätig, unter anderem als Creditanalyst, Firmenkunden-Betreuer und im Bereich „International Trade Finance“. Er ist Referent bei verschiedenen Fachveranstaltungen zum Thema „Mezzanine“ und Autor von Fachartikeln.

Matthias Hoffelner

Matthias Hoffelner arbeitet als Investmentmanager bei der Hauck & Aufhäuser Corporate Finance GmbH, einer Tochtergesellschaft der Hauck & Aufhäuser Privatbankiers KGaA. Sein Tätigkeitsschwerpunkt liegt in der Strukturierung und Durchführung von Private Equity- und Mezzanine Finanzierungen für mittelständische Unternehmen. Hier hat er in den vergangenen Jahren zahlreiche Transaktionen begleitet. Nach einer Ausbildung zum Bankkaufmann und einem Studium der Betriebswirtschaftslehre in Frankfurt/M. absolvierte Matthias Hoffelner ein Traineeprogramm bei einer deutschen Großbank. Anschließend arbeitete er mehrere Jahre als Kredit- und Firmenkundenbetreuer bei diversen Banken. Seit 1998 ist Matthias Hoffelner nebenberuflich als Dozent bei der Bankakademie Frankfurt für Betriebswirtschaft und Corporate Banking tätig.

Ulrike Diehl

Ulrike Diehl, Jahrgang 1953, absolvierte nach ihrem Studium der Rechtswissenschaften an der Johann-Wolfgang-Goethe-Universität, Frankfurt/M., 1982 das Zweite Juristische Staatsexamen. Anschließend war sie im Auslands-Konsortialgeschäft der Commerzbank AG tätig. Seit 1991 ist Ulrike Diehl Geschäftsführerin der DVFA GmbH, seit 1998 Mitglied des Börsenrates der Frankfurter Wertpapierbörse, seit 2002 Mitglied des Börsenrates der Eurex Deutschland und des Fachbeirates der Bundesanstalt für Finanzdienstleistungsaufsicht. Außerdem ist sie Autorin mehrerer Fachpublikationen im Bereich Kapitalmarktkommunikation.

Prof. Dr. Jens Leker

Prof. Dr. Jens Leker ist geschäftsführender Direktor des Instituts für Betriebswirtschaftliches Management/FB Chemie. Von 1984 bis 1988 absolvierte er das Studium zum Diplom-Kaufmann an der Christian-Albrechts-Universität zu Kiel, 1989 bis 1993 war er wissenschaftlicher Mitarbeiter bei Prof. Dr. Dr. h. c. Jürgen Hauschildt am Institut für Betriebswirtschaftslehre der Christian-Albrechts-Universität zu Kiel, 1993 erfolgte die Promotion zum Dr. sc. pol. und 1999 die Habilitation im Fach Betriebswirtschaftslehre. 1999 nahm er den Ruf auf die Stiftungsprofessur Betriebswirtschaftslehre für Naturwissenschaften, insbesondere Chemie, an der Westfälischen Wilhelms-Universität Münster an. Seit 2000 ist er geschäftsführender Direktor des Instituts für Betriebswirtschaftliches Management im Fachbereich Chemie und Pharmazie der Westfälischen Wilhelms-Universität Münster, außerdem auch Leiter der DVFA-Kommission Rating Standards.

Bernd Saitz

Bernd Saitz, Steuerberater und Wirtschaftsprüfer, ist Partner bei PricewaterhouseCoopers in Frankfurt/M. Die Aufgabenschwerpunkte liegen im Risk Management mit Schwerpunkten bei der Konzeption und IT-Unterstützung von Systemen zur Unternehmenssteuerung und zum Risikomanagement. Zu seinen Themen gehören in diesem Zusammenhang auch das externe Reporting sowie die Finanzmarktkommunikation. Er ist Vorstand beim Verband Deutscher Treasurer und gehört dort den Arbeitskreisen KonTraG und Rating an.

Joachim Wolbert

Joachim Wolbert, Wirtschaftsprüfer, ist Partner bei PricewaterhouseCoopers in München. Er hat mehrjährige Erfahrung auf den Gebieten Abschlussprüfung sowie Due Diligence und Bewertung und mehrere bedeutende M&A-Transaktionen und IPO's begleitet. Darüber hinaus ist er seit 1997 an der Entwicklung von Konzepten im ValueReporting-Bereich tätig und berät Unternehmen bei der Erweiterung ihrer externen Kapitalmarktkommunikation in Richtung einer wertorientierten Berichterstattung.

Dr. Claus Huber

Dr. Claus Huber, Jahrgang 1969, Diplom-Volkswirt, war nach Abschluss seines Studiums an der Universität Bamberg von 1994 bis 1996 als Händler für internationale Staatsanleihen bei einer deutschen Großbank tätig. Von 1996 bis 1999 arbeitete er als Wissenschaftlicher Mitarbeiter am Lehrstuhl für Finanzwirtschaft der Universität Bremen. Seit seiner Promotion im Februar 2000 ist er als Corporate Bond Strategist bei der Abteilung Anlage-Strategie Privatkunden der Deutschen Bank beschäftigt. Dort liegen seine Interessenschwerpunkte auf der Bewertung von Unternehmensanleihen sowie der quantitativen Asset Allocation.

Peter Saß

Peter Saß ist seit März 1999 Senior Portfoliomanager bei der DWS Investment GmbH. Er zeichnet insbesondere für das Management von Corporate Bond Fonds verantwortlich. Daneben erstellt er die Anlagestrategie für europäische Unternehmensanleihen und insbesondere für nachrangige Bankenanleihen. Im Rahmen dieser Tätigkeiten trifft er regelmäßig mit dem Senior Management internationaler Unternehmen im Zusammenhang mit Anleiheemissionen zusammen. Peter Saß ist CEFA-Investmentanalyst/DVFA und war zu Beginn seiner Laufbahn bei der Commerzbank in Frankfurt/M. und London als Fixed Income Sales für Institutionelle Investoren tätig. Danach handelte er Genussscheine und Pfandbriefe bei der SGZ-Bank AG. Peter Saß ist seit 1994 Diplom-Kaufmann der Universität Siegen.

Elmar Zurek

Elmar Zurek ist seit Oktober 1999 Credit Analyst bei der DWS Investment GmbH. Er ist für die Branchen Automobil, Aerospace/Defense, Einzelhandel und Transport verantwortlich. Sein Aufgabengebiet umfasst die Beratung des Fondsmanagements der Deutschen Bank Gruppe bei Anlageentscheidungen am Unternehmensanleihenmarkt. Elmar Zurek ist CEFA-Investmentanalyst/DVFA und war zunächst als Sell-Side-Credit Analyst im internationalen Emissionsgeschäft für die Commerzbank in Frankfurt und London tätig. Schon während seines Studiums der Betriebswirtschaftslehre in Deutschland, England und vor allem während seiner Tätigkeit in den USA etablierte er erste enge Kontakte zur Investmentbranche. Elmar Zurek ist seit 1995 Diplom-Kaufmann der Universität Bayreuth.

Carsten Liedtke

Carsten Liedtke ist als Senior Manager „Investor Relations" für die RWE AG tätig. Nach einer Ausbildung zum Industriekaufmann und einem Studium der Betriebswirtschaft war er zunächst als Vertriebskaufmann für die Siemens AG in Dortmund tätig. Im Anschluss daran übernahm er 1994 die Verantwortung für Planung und Controlling eines Teil-Geschäftsgebiets bei Siemens in München im Bereich Telekommunikation. Von dort aus wechselte er 1998 als Vorstandsassistent zur VIAG Interkom. Carsten Liedtke hat einen Abschluss als Betriebswirt (VWA) der VWA Essen sowie als Bachelor of Business Administration (BA) der Hochschule für Ökonomie und Management, Utrecht/NL.

Verband Deutscher Treasurer e.V.

Der Verband Deutscher Treasurer e.V. ist der führende nationale Fachverband für Unternehmenstreasury. Er wurde 1997 gegründet und zählt derzeit 400 Mitglieder aus führenden deutschsprachigen Industriekonzernen, aber auch aus zahlreichen mittelständischen Unternehmen. Fördermitglieder sind Banken, Beratungsunternehmen und Wirtschaftsprüfungsgesellschaften. Die Verbandsarbeit umfasst unter anderem die Aufbereitung von Treasury-relevanten Themen wie die Auswirkungen des KonTraG, Euro-Implikationen auf das internationale Cash-Management, Basel II, Finanzmarktkommunikation und weitere Themen mit hoher Praxisrelevanz.

Dieses Buch entstand mit der freundlichen Unterstützung von:

Bella Vista Film
www.bellavista-film.com

buw Unternehmensgruppe
www.buw.de

cometis AG
www.cometis.de

Dale Carnegie Training
www.dale-carnegie-deutschland.de

Dresdner Bank AG
www.dresdner-bank.de

DWS Investment GmbH
www.dws.de

Grommes Engels Schänzler
Steuerberater

Grommes Engels Schänzler
zentrale@grommes-engels-partner.de

KfW bankengruppe
www.kfw.de

Your Executive Search Company in the Life Science Industry.

RSVP Management Consultants AG
www.rsvp-ag.de